KB273987

물리학, 화학, 생명과학, 지구과학,
국어, 영어, 수학, 사회까지

바로 꺼내 쓰는 중고등 탐구보고서

초판 2쇄 발행 2026년 4월 10일

지은이 **정재호**
발행인 **김태웅**
기　획 **김귀찬**
편　집 **유난영**
표지 디자인 **김지혜**
본문 디자인 **최수정**
마케팅 총괄 **김철영**
제작 **현대순**

발행처 (주)동양북스
등록 제 2014-000055호
주소 서울시 마포구 동교로22길 14 (04030)
구입 문의 전화 (02)337-1737　팩스 (02)334-6624
내용 문의 전화 (02)337-1763　이메일 dymg98@naverl.com

ISBN 979-11-7210-176-3 (43370)

당장의 숙제뿐 아니라
스스로 필요한 탐구를 할 수 있길
진심으로 바라며 — 재호쌤

한 학생이 탐구 보고서를 써야 하는데 너무 막막하다며 조언을 구한 적이 있었습니다. 주제도 정하지 못한 상태여서 시작 자체를 못 하고 있던 학생이었죠. 저는 그 학생이 진로는 어떤 걸 희망하는지, 그동안 공부했던 내용 중에 기억에 남거나 흥미 있던 건 무엇인지 등에 대해 꽤 오랜 시간 같이 대화를 나누었습니다. 그리고 몇 가지 주제를 같이 잡고 방향을 잡아 주었습니다. '탐구 보고서를 쓰는 게 학생들에게는 꽤 힘든 일이구나' 하는 생각에 다른 학생들에게도 방법을 알려 주고 싶어서 유튜브 채널에 영상을 올렸었습니다. 지금으로부터 4년 전에 올렸던 탐구 보고서 작성법 영상이 아직도 꽤 많은 학생에게 도움이 되고 있다는 얘기에 보람을 느꼈습니다. 이미 AI를 이용해 탐구 보고서를 작성하는 학생들도 꽤 많이 있을 텐데요. 충분히 스스로 이해하지 못하고 만들어 낸 탐구 보고서는 선생님들이 보면 사실 바로 알아볼 수가 있습니다. 이런 탐구 보고서에는 학생이 이해하지 못하는 전문적인 지식이 포함되어 있거나 학생이 설명하지 못하는 내용이 들어 있거나, 출처나 인용이 제대로 표시되지 않을 수 있습니다. 또한 매우 치명적인 주의점이 하나 있는데 AI의 답변 내용이 틀린 내용이

거나 오해할 수 있는 부분이 있는데 그걸 보고서 작성자가 알아채서 추가 질문으로 해결하거나 스스로 찾아내지 못하면 의미가 명확하지 않은 보고서를 쓰게 될 수도 있습니다.

예를 하나 들어 볼게요. 로션이나 크림을 바를 때 손바닥에 바르면 다 흡수되어서 얼굴로 안 간다. 손등에 발라서 덜어서 얼굴에 발라야 한다. 어떤 사람들은 과학이라고 알고 있고, 어떤 사람들은 루머라고도 하는 이 내용은 과학적인 사실입니다. 이 부분에 대한 궁금증 해결을 위해 AI를 활용한다고 해 볼게요.

두 AI 모두 '각질층이 두껍고 흡수가 잘된다, 흡수가 잘되는 것처럼 느껴진다'는 설명을 넣었는데 실제로 손바닥의 각질층이 두꺼운 건 맞습니다. 하지만 '각질층이 두꺼운데 더 잘 흡수가 되는가?' 하는 의문이 드네요? 이 의문을 놓치고 그냥 '복사, 붙여넣기'로 글을 쓰게 되면 선생님이나 교수님이 추가 질문을 했을 때 답변을 못 하게 되는 겁니다. 그러면 각질층에 대해 추가 질문을 해 보겠습니다.

추가 질문을 통해 각질층이 두꺼운 것은 흡수를 어렵게 하는 데 영향이 있다는 걸 확인할 수 있죠? 또한 손바닥의 각질층이 두꺼운데도 불구하고 흡수가 되는 원리를 찾아야 한다는 걸 알 수 있습니다. 결국 더 탐구한다면 피부의 구조에 대한 조사, 로션과 피부의 구성 물질의 화학적 성분 비교 등이 따라와야 합니다. 즉 AI를 통한 활동은 적절한 질문과 답변에 대한 검증이 중요하며, 답변의 내용을 본인이 이해할 수 있어야 합니다. 따라서 탐구 보고서의 주체는 결국 글을 쓰는 학생이 되어야 한다는 것입니다. 그래서 AI를 이용한 적절한 활용법도 이 책을 통해 알려 드릴 계획입니다.

동양북스와 인연이 되어 더 많은 학생에게 도움이 되는 책을 만들게 되었고, 그 결실을 담아 여러 학생에게 나누려고 합니다. 가장 좋은 방법은 미리미리 주제 또는 내용을 모아 두는 것이라는 걸 기억해 주시고, 너무 시간이 부족한 경우 당장 보고서 작성을 시작할 수 있는 방법들도 알려 드리겠습니다. 각 단계를 잘 익혀서 탐구 보고서에 본인의 의지와 노력을 보여 주는 것을 잊지 마세요.

진심이 담긴 준비는 보는 사람이 반드시 알아보게 되어 있어요. 자신을 가지고 본인이 하고 싶은 것, 한 것들을 잘 생각하면서 전달하세요.

파이팅입니다.

차 례

추천 댓글   3

여는 글   4

PART 1 탐구 보고서 작성법

Chapter 1

**중고등
탐구 보고서
작성법
자세히 알아보기**

1 탐구 보고서란?   20

2 주제 정하는 방법   22

1) 넓게 주제 방향 잡아 보기   22

2) 주제 구체화하기   23

  (1) 교과서 단원과 연결해 보기   23

    - 중학교 물리학   24

    - 중학교 화학   24

    - 중학교 생명과학   25

    - 중학교 지구과학   25

    - 고등학교 통합과학   26

  (2) 관심 있는 대학, 학과 사이트 방문하기   26

  (3) '국회도서관' 활용하기   28

  (4) 기존 탐구 보고서 '단어'로 접근해 보기   29

  (5) 논문 검색해 보기 (+ChatGPT 활용)   31

    ❶ ChatGPT 활용하기   31

    ❷ 사이언스온 활용하기   34

    ❸ 네이버 학술 정보   34

    ❹ 그 외 참고할 수 있는 사이트들   35

      - 구글 학술 검색 (논문 검색)   35

      - RISS (논문 검색)   35

      - KISS (논문 검색)   35

      - DBpia (논문 검색)   35

      - 빅카인즈 (빅데이터 분석)   36

      - 국가 통계 포털 (통계 자료)   36

- 인구로 보는 대한민국 (인구 자료)   36
- 서울중앙지방법원 사이트 (판결문 검색)   36
- 국립국어원 (언어 자료)   37
- 한국어 어문 규범 (맞춤법)   37

(6) 추가 아이디어 및 탐구 주제 결정하기   37

❶ 하나의 주제에 대해 여러 가지 관점으로 접근하기   37

❷ 주제의 관점을 바꿔 보기   37

❸ 과목 간의 연계로 주제를 확장해 보기   38

❹ 동일한 주제를 서로 다른 탐구 활동의 종류로 접근해 보기   38

❺ 추가 실험이나 조사하기   38

3 주제 정하는 방법 3가지 예시   40

예시 1 **물리** (가방을 앞으로 멨을 때와 뒤로 멨을 때 신체가 받는 힘에 대한 탐구)   40

예시 2 **생명과학** (소화 효소의 원리로 핵산 분해 효소를 의약품 개발로 확장하는 보고서)   42

예시 3 **화학+물리+생명과학** (숨비소리 입술 오므리기 호흡의 효율 분석 실험)   44

4 배경지식 조사하는 방법   46

1) 기존에 있는 자료 조사하기   46

2) 학생이 직접 수집한 자료 이용하기   48

5 탐구 과정 계획하는 방법   50

1) 탐구 주제 다시 확인하기   50

2) 배경지식 정리하기   50

3) 가설 설정이 가능한 경우 가설 세워 보기   50

4) 탐구 방법 설계하기   51

(1) 실험으로 탐구 진행하기   51

(2) 자료 조사로 탐구 진행하기   53

*실험형 탐구 보고서 작성 체크리스트   54

*자료 조사형 탐구 보고서 작성 체크리스트   55

6 탐구를 수행하는 과정에서 주의할 점   56

1. 실험형 탐구를 수행할 때 주의할 점   56

2. 조사형 탐구를 수행할 때 주의할 점   57

7 결과를 정리하는 방법   59

1) 표로 만들 때   59

2) 그래프로 만들 때   59

3) 문장으로 쓸 때   62

4) 설문, 인터뷰 결과 쓸 때   62

8 글 쓰는 방법   63

1) 보고서 형식으로 작성하는 경우   63

2) 서론, 본론, 결론 형식으로 작성하는 경우   64

    *결론에 들어가야 하는 4가지 내용   66

9 유의할 점   68

1) 과도한 전문 용어 줄이기   68

2) 주제나 제목과 내용 불일치 피하기   68

3) 형식, 문법, 맞춤법의 일관성 유지하기   69

PART 2 예시로 배우는 학년별, 주제별 탐구 보고서

Chapter 2

**예시로 배우는
중학교 1~2학년
탐구 보고서**

0 탐구 보고서 작성 방법 및 준비   74

1 물리학 영역   78

예시 1   마찰력 : 슬리퍼 신고 미끄러진 경험 ㅠㅠ, 다양한 발자국 모양~
과학과 관련이 있을까?   78

예시 2   부력 : 물에 둥둥 떠서 놀다가~ 온도가 다르면 부력도 달라질까?   81

예시 3   열평형 : 앗 차가워, 겨울에 철봉을 만지면 나무보다 더 차가운데
온도는 사실 똑같다고?   83

예시 4   정전기 : 찌리릿~ 앗 따가워, 정전기 싫어 ㅠㅠ   87

예시 5   전류와 저항 : 스마트폰 발열! 음... 온도가 전류에 영향을 줄까?   89

예시 6   거울 : 친구의 눈동자 속에 커다란 내가 들어 있네??   91

2 화학 영역　94

예시 1　상태 변화　: 왜 얼음은 가라앉지 않고 떠 있는 걸까?　94

예시 2　기체와 온도　: 여름철 자전거 타이어가 팽팽한 이유는 무엇일까?　96

예시 3　기체와 압력　: 쉐이킷! 쉐이킷~ 스프레이를 뿌리기 전에 흔드는 이유는?　98

예시 4　밀도　: 수면이 찰랑찰랑~ 얼음 녹으면 넘치겠다!?　100

예시 5　끓는점　: 엥? 면이 안 익었나? 비행기에서 먹는 라면은 왜 맛이 없을까?　102

예시 6　어는점　: 바다는 강보다 잘 안 얼지! 근데 동해, 서해, 남해도 비교해 본다면?　104

3 생명과학 영역　108

예시 1　세포　: 코끼리 세포는 크고, 생쥐의 세포는 작을까? 엥? 아니라고?　108

예시 2　기관계　: 내 몸속의 장기와 기능은 무엇일까?　110

예시 3　생물 다양성　: 알록달록 나비의 다양한 무늬와 색의 이유는?　112

예시 4　소화효소　: 내 침에는 아밀레이스가 없을 수도 있다고???
　　　　　　　　　그래도 괜찮나요...ㅠ　115

예시 5　순환계　: 두근! 두근!, 핫식O, 몬O터! 카페인! 날 깨워 줘!?　117

예시 6　호흡계　: 몸의 자세에 따라서도 호흡수가 영향을 받을까?　120

4 지구과학 영역　123

예시 1　태양　: 태양의 흑점 수가 변한다고? 규칙성이 있을까?　123

예시 2　지구의 자전　: 지구가 자전할 때 영향을 주는 효과에는 어떤 것이 있을까?　125

예시 3　지구의 공전　: 한국이 겨울일 때 호주는 여름이라고?　128

예시 4　암석　: 우리나라의 관광 명소에 암석들은 어떤 게 분포할까?　130

예시 5　화산대　: 백두산에서 화산 폭발이 일어날 수 있을까?　132

예시 6　별자리　: 뉴스에서 황도 12궁이 아닌
　　　　　　　황도 13궁이라고? 별자리가 추가된 건가? nope!　135

5 국어, 영어, 수학, 사회 등의 영역　138

예시 1　국어　: '쭈꾸미'가 아닌 '주꾸미'가 맞는 말이라고?　138

예시 2　국어　: 웹툰, 소설, 일상 생활의 대화체는 좀 다른데 그 이유가 뭘까?　140

예시 3　국어　: 숏폼을 많이 보니까 왠지 긴 글이 눈에 안 들어오는 느낌 ㅠㅠ　142

예시 4　영어　: 영어의 구어체와 문어체를 비교해 보면 어떨까?　144

예시 5　영어　: 콩글리시도 시대에 따라 달라지겠지? 어떤 차이가 있을까?　146

예시 6　영어　: 우리 학교 안에서 사용되는 영어 단어에는 무엇이 있을까?　149

예시 7	수학	: 삼각김밥과 라면에 수학을 적용한다면??	151
예시 8	수학	: 소인수 분해가 일상생활에 적용될 수 있을까??	153
예시 9	수학	: 우유갑은 용량이 달라도 모양은 다 비슷하네??	155
예시 10	사회	: 넌 어떤 직업을 가지고 싶니~	157
예시 11	사회	: 지구에는 사람이 몇 명이나 있을까? 70억? 80억?	159
예시 12	사회	: 우유갑의 모양을 사회, 경제적으로 접근할 수 있을까?	161
예시 13	국어	: 발음이 자주 틀리는 단어에는 무엇이 있을까?	163
예시 14	국어	: '빌런'이라는 단어가 원래는 '농민'이었다고??	165
예시 15	국어	: 한글이 있기 전과 후 문학 작품은 어떻게 변했을까?	167
예시 16	영어	: 'Just Do It!'과 같은 여러 기업의 영어 슬로건에 대해 알아보자!	169
예시 17	영어	: 수동태는 왜 필요할까? 그냥 주어로 표현하면 안 되나?	172
예시 18	영어	: 영어 단어에서 개수를 셀 수 있는 경우, 없는 경우에 대해서 알아보자.	174
예시 19	수학	: 우리 학교 안에 피타고라스의 정리가 적용되는 것은 무엇이 있을까?	176
예시 20	수학	: 나의 하루 속에서 일차함수를 찾아보자.	178
예시 21	수학	: 무게중심을 수학적으로 찾고 싶은데 어떤 방법이 가능할까?	181
예시 22	사회	: 날씨가 다른 지역은 관광 방식도 달라지겠지??	182
예시 23	사회	: 사춘기 때문인가? 집에서 가족과 대화가 잘 안돼 ㅠㅠ	185
예시 24	사회	: 주위를 둘러보면 다문화 가정이 많아진 것 같은데 이에 대해 알아보고 싶다~	188

Chapter 3

예시로 배우는 중학교 3학년 탐구 보고서

1 물리학 영역   192

예시 1	물리	: 공기 중에서와 수영장에서 낙하 실험을 해 본다면 어떨까?	192
예시 2	물리	: 실제 롤러코스터의 운동과 역학적 에너지에 대해 탐구해 보자.	194
예시 3	물리	: 물 로켓을 날릴 때 적용되는 물리 원리에는 어떤 것들이 있을까?	196

2 화학 영역   199

예시 1	화학	: 탄산음료가 이를 썩게 한다는데, 이에 대해 더 알아볼까?	199
예시 2	화학	: 햇빛 때문인가? 누렇게 바뀐 거 같아 ㅜㅜ	201
예시 3	화학	: O_2와 O_3 모두 같은 산소로 구성된 분자인데 왜 성질이 다를까?	202

3 생명과학 영역   205

| 예시 1 | 생명 | : 눈은 마음의 창이라는데 과학적으로도 그런 의미가 가능할까? | 205 |

예시 2 생명	: 아빠 ㅜ 가까이 있는 게 잘 안 보여?		207
예시 3 생명	: 춥다고 감기에 걸리는 걸까??		209

4 지구과학 영역   212

예시 1 지구과학	: 사해에서는 가만히 떠서 신문을 볼 수 있네??	212
예시 2 지구과학	: 적도 근처가 제일 더우니까 사막이 많아야 하지 않을까??	214
예시 3 지구과학	: 저 하늘에 떠 있는 인공위성은 어떻게 구름에 대한 정보를 얻을까?	216

5 국어, 영어, 수학, 사회 등의 영역   219

예시 1 국어	: 생활 속 문장에서 나타나는 비음화를 알아보자.	219
예시 2 국어	: 문학 작품 속에서 나타나는 사회의 밝은 면과 어두운 면이 궁금한데?	221
예시 3 국어	: 허생전의 허생을 다양한 관점으로 탐구해 본다면?	223
예시 4 영어	: 영어 뉴스 분석으로 공부를 해 보면 어떨까?	226
예시 5 영어	: 나의 진로와 관련된 영어책을 읽고 분석해 보자.	229
예시 6 영어	: K-pop 속 영어에 대한 분석을 해 보자~	231
예시 7 수학	: 롤러코스터 루프는 왜 완전한 원이 아닐까?	235
예시 8 수학	: 자전거 대여료를 수학적으로 분석해 보자~	237
예시 9 수학	: 아이폰 얼굴 인식이 왜 사진으로는 안 되는 걸까?	239
예시 10 사회	: 장기 독재자는 몇 명이나 있었고, 국가에 어떤 영향을 주었을까?	241
예시 11 사회	: 돈의 액수가 가장 컸던 화폐에는 뭐가 있을까?	243
예시 12 사회	: 우주를 지키는 우주군이 실제로 있다고? 생소한 군대 우주군에 대해~	245

Chapter 4

예시로 배우는 고등학교 1학년 탐구 보고서

1 물리학 영역   250

예시 1 물리	: 음악 파일의 진동수가 44,000Hz? 사람이 들을 수 있는 진동수는 20,000Hz인데 이상하네?	250
예시 2 물리	: 개미는 높은 곳에서 떨어져도 산다고??	252
예시 3 물리	: 만화처럼 매우 큰 운석이 지구에 떨어진다면?	254

2 화학 영역   257

예시 1 화학	: 주기율표에서 21번부터의 원소들은 어떤 특징이 있을까?	257
예시 2 화학	: 전기 분해를 더 알아보고 싶다.	259

예시 3 화학 : 술을 오랫동안 방치하면 식초가 된다던데? 262

3 생명과학 영역 265

예시 1 생명 : 체지방은 어떻게 측정되는 거지? 265

예시 2 생명 : 동물성 기름이 해로운 이유는? 268

예시 3 생명 : 사람이 많이 모여 있는 곳은 덥던데.... 270

4 지구과학 영역 273

예시 1 지구과학 : 지각에 있는 돌의 특성을 조사해 보자 273

예시 2 지구과학 : 비행기가 이동하는 경로는 마찰이 없는 게 좋으니까
공기가 희박한 게 좋을까? 275

예시 3 지구과학 : 자연사 박물관에 가서 내가 직접 찍은 사진으로 화석 도감을 만들자. 278

5 국어, 영어, 수학, 사회 등의 영역 281

예시 1 국어 : 개화기에 문학이 영향을 많이 받았을 것 같은데?? 조사해 봐야지~ 281

예시 2 국어 : 자기소개서 작성하는 방법을 탐구 보고서로 써 볼까? 284

예시 3 국어 : 몽골어는 한국어랑 비슷한 점이 많은 것 같아~ 288

예시 4 영어 : 셰익스피어부터 오웰까지 책을 읽자~ 291

예시 5 영어 : '어젠다' 어제, 오늘이 아닌 영어 단어라고? 292

예시 6 영어 : 패스트 패션 시대~ 장단점을 알아볼까? 300

예시 7 수학 : 의료 기술에 사용된 수학에는 무엇이 있을까? 303

예시 8 수학 : 사회 문제 해결에 수학을 이용할 수 있을까? 306

예시 9 수학 : 견우와 직녀가 만날 가능성을 수학으로 분석한다면 어떨까? 308

예시 10 사회 : 미디어 리터러시가 중요한 이유? 311

예시 11 사회 : 질소 과자? 가격은 그대로인데 과자 양이 줄어든 이유 313

예시 12 사회 : 비교 문화? 비교 문화란 무엇일까? 315

Chapter 5

예시로 배우는 고등학교 2~3학년 탐구 보고서

1 물리학 영역 318

예시 1 물리 : 전기력을 이용한 현미경도 있었다는데?? 318

예시 2 물리 : BAT(Buoyant Airborne Turbine) 공중에 띄우는 풍력 발전기? 320

예시 3 물리 : 투명 망토가 물리학적으로 가능하다고?? 322

2 화학 영역   325

예시 1   화학   : 광학이성질체, 약이거나 독이거나 ~   325

예시 2   화학   : 영화 오펜하이머에 나온 과학자들이 노벨상을 이후에 많이 탔다던데?   328

예시 3   화학   : 화학 평형의 원리는 다양한 곳에서 확인이 되는구나!   330

3 생명과학 영역   333

예시 1   생명   : 후~ 어깨나 다리를 주무르면 시원한 이유가 뭘까?   333

예시 2   생명   : 예전에 콘서트장에서 사람이 쓰러지는 사고를 본 적이 있어.   335

예시 3   생명   : 정상적인 ABO식 혈액형이 아닌 특이한 혈액형에는 어떤 것이 있을까?   338

4 지구과학 영역   341

예시 1   지구과학   : 나비의 날갯짓으로 태풍이 발생??   341

예시 2   지구과학   : 인도네시아에서 발생한 지진이 먼 아프리카에 영향을 준 이유는?   343

예시 3   지구과학   : 해수의 pH가 높아지거나 낮아질 경우
해양 생물은 어떤 영향을 받게 될까?   346

5 국어, 영어, 수학, 사회 등의 영역   349

예시 1   국어   : 비슷한 주제를 다룬 작품을 비교해 보자~   349

예시 2   국어   : 포스트모더니즘이란 무엇일까?   351

예시 3   국어   : 문헌 정보학에 대해 알아보자~   353

예시 4   영어   : 학생들이 자주 실수하는 영어 문법에는 무엇이 있을까?   355

예시 5   영어   : 우리말에는 없는 관사, 한번 정리해 볼까?   358

예시 6   영어   : 관심 진로와 관련된 최근 영어 뉴스 기사를 읽고 영문 보고서를 써 보자.   361

예시 6'   영어   : 영문 보고서의 한글 번역   363

예시 7   수학   : 수학의 난제 타원곡선 이산 로그 문제에 대해서~   364

예시 8   수학   : QR코드 속에 숨어 있는 수학을 찾아보자~!   366

예시 9   수학   : 스마트 볼 마커의 거리 측정 원리를 알아보자.   368

예시 10   사회   : 그로스 해킹(Growth Hacking)이란?   370

예시 11   사회   : 뉴욕 지하철에서는 열차가 운행 중일 때 차량 간 이동이 금지래!   372

예시 12   사회   : 밴드왜건, 스놉, 베블런 소비란?   373

PART 1

탐구 보고서 작성법

탐구 보고서란 무엇인지와 주제를 정하는 다양한 방법, 배경지식 조사하는 방법을 알아보고 탐구 과정을 실험형으로 할지 조사형으로 할지 결정하고 수행하는 과정에서의 주의점, 탐구 결과를 정리하는 방법, 글쓰는 방법까지 상세하게 알아봅니다.

Chapter 01

중고등
탐구 보고서 작성법
자세히 알아보기

1   탐구 보고서란?

탐구 보고서는 학교에서 배운 내용이나 특정 분야에 대한 의문점, 호기심을 해결하기 위해 주제를 정한 후 실험, 자료 수집, 조사 등을 통해 탐구한 내용을 작성한 결과물입니다. 간단한 예시를 들어 탐구 보고서의 일반적인 형식을 보여 드리면 다음과 같습니다. (보고서 유형에 따라 보고서의 구성은 달라질 수 있습니다.)

순서	작성 방법	탐구활동 예시
탐구 제목 (주제)	제목만 보고도 어떤 탐구를 했는지 짐작할 수 있으면 좋다.	인체의 피부 부위에 따른 로션의 흡수 속도 비교
탐구 동기	주제를 정한 이유나 계기를 쓴다.	손바닥이 얼굴에 비해 로션 흡수가 잘되는 이유가 무엇인지 알아보고 싶었다.
탐구 문제	탐구로 알아보려는 내용을 쓴다.	인체의 피부 부위별로 로션이 흡수되는 속도를 관찰, 측정하고 그 이유를 알아본다.
이론적 배경	-탐구와 관련된 자료를 조사한다. -조사한 자료에서 이해한 내용을 정리하여 작성한다.	-피부의 구조(표피: 각질층, 투명층, 과립층) 조사 -각 층의 구성 요소와 특징, 역할 조사 -손바닥, 손등, 볼 피부 특징 조사 -로션의 화학적 성분 조사
탐구 방법	탐구 문제를 해결하는 방법과 과정을 자세히 쓴다. (실험인 경우 준비물, 실험군, 대조군 설정) ⑩ 탄산음료는 온도가 높을수록 기포가 더 잘 발생한다. 실험군 : 온도를 높인 탄산음료 대조군 : 온도를 높이지 않은 탄산음료	-실험할 피부 부위 씻고 건조시키기 -동일한 양의 로션을 동일한 사람의 여러 피부 부위에 바르기 -손바닥, 손등, 볼에 로션을 바른 후 완전히 흡수되어 피부가 끈적거리지 않는 시점까지 핸드폰으로 녹화하기 -흡수가 완료되면 시간 기록하기 -피부 수분 측정기를 이용해 초기 피부 수분도와 흡수가 완료된 시점에 수분도 측정하기

탐구 결과 및 토의	-탐구를 한 후 결과를 쓰고 필요에 따라 실험 결과 사진 또는 관찰 장면 사진을 제시하거나 표나 그래프로 작성한다. -자료를 분석한 결과를 해석하고, 만약 예상과 다른 결과가 나왔다면 그 이유가 무엇인지도 제시한다.	로션 흡수까지 걸린 시간 손바닥 2분, 손등 4분, 볼 10분 피부 수분 측정기 수치 변화 (0~100 기준) **피부 수분 측정기 수치 변화 표:** | 부위 | 처음 | 5분 후 | 30분 후 | |---|---|---|---| | 손바닥 | 20 | 70 | 45 | | 손등 | 30 | 65 | 50 | | 볼 | 40 | 55 | 65 | -손바닥은 피지선이 없고 건조해서 가장 빠르게 흡수되었고, 손등의 경우 피지선은 있지만 다른 피부 부위보다 건조한 편이라 흡수가 빠르게 되었다. 볼은 피지선이 많아 수분 흡수가 지연되었다. -손바닥은 수분 흡수가 초기에 빠르지만 로션의 효과는 시간에 따라 다른 피부에 비해 빠르게 사라졌다. 볼은 초기 흡수는 느리지만 흡수 후 보습 효과는 오래 지속되었다.
결론 및 제언	탐구 결과를 바탕으로 탐구 문제의 답을 찾아낸다. 또한 탐구 과정에서 궁금했던 점이나 더 알아보고 싶은 점을 쓴다.	각 부위의 피부 구조에 따라 로션의 흡수 속도는 달랐고, 흡수 이후 유지되는 능력은 흡수 속도가 아닌 로션의 화학적 성분과 피부 구조의 특성에 따라 결정된다고 볼 수 있다.
참고 문헌	보고서 작성 시 참고했던 책, 논문, 인터넷 사이트 등을 적는다. -책: 저자, 발행 연도, 책 제목, 출판사, 쪽수 -논문: 저자, 발행 연도, 논문 제목, 학술지 제목, 권, 호수, 쪽수 -인터넷 사이트: 제목, 웹 주소, 최종 검색일	이덕환, 2020, 진짜 궁금했던 생활화학 질문, 과학동아, 37. 대한 피부 과학회, https://www.derma.or.kr/new/general/story.php?uid=3259&mod=document, 2025.4.24. 서울 아산 병원, https://www.amc.seoul.kr/asan/healthinfo/body/bodyDetail.do?bodyId=65, 2025.4.24.

- 실험군_목적에 따라 조건을 처리한 집단
- 대조군_실험군과 비교하기 위해 조건 처리를 하지 않은 집단
- 피지선_피부 속에 위치하며, 피지라는 기름기 있는 물질을 분비하여 피부와 모발을 보호하고 광택, 유연성, 탄력성을 부여하는 역할을 합니다.
- 제언_'의견이나 생각을 내놓는 행위', '그런 의견이나 생각' 자체를 의미합니다. 보는 사람에게 방향성을 제시하는 역할을 한다고 생각하면 됩니다.

주제
정하는 방법

1) 넓게 주제 방향 잡아 보기

(1) 본인 관심사 정리, 독서 경험 떠올려 보기

과학, 사회, 언어, 경제, 수학 등 주제의 방향을 설정합니다. 어떤 영역에 관심이 있는지, 관련된 책을 읽은 건 어떤 것이 있는지 파악해 보세요. 학생들에 따라 기계, 운동, 힘 같은 물리적인 영역에 흥미를 느낄 수도 있고, 반응, 변화 등의 화학적인 영역에 흥미를 느낄 수도 있고, 세포, 생명체, 환경 등의 생물적인 영역에 흥미를 느낄 수도 있고, 지구, 암석, 별 등의 지구과학 영역에 흥미를 느낄 수도 있을 겁니다. 과학이 아니어도 통계, 분석 등에 흥미가 있을 수도 있고, 역사일 수도 있고 스스로 관심 가지고 있는 영역을 떠올려 보고 주제의 방향을 잡아 보세요.

(2) 가족과 대화하기

항상 적용되는 경우는 아니지만, 가족들이 '넌 이걸 잘하잖아, 넌 이걸 좋아하는 거 같아' 등의 이야기를 해 주는 데서 참고할 만한 부분이 있을 수도 있습니다. 가장 편하게 대화하며 아이디어를 얻을 수 있는 가족과의 대화 방법은 시간도 오래 걸리지 않으니 이런 방법도 사용해 보면 좋습니다.

통계

어떤 현상을 한눈에 알아보기 쉽게 일정한 체계에 따라 숫자로 나타낸 것을 의미하며, 데이터를 수집·정리·분석하는 데 활용됩니다.

(3) 주변 현상에 미리 호기심 가지고, 스스로 관심 있는 부분을 찾아보기

학교 공부를 하면서 가졌던 흥미 또는 의문들을 떠올려 보는 것이 가장 좋습니다. 수업 내용 중 호기심을 가지게 되거나 진로와 관련된 키워드를 찾아 메모하고 모아 두세요. 더 알아보고 싶었던 내용들, 실생활과 연결해서 생각해 볼 수 있는 것들을 고민해 보면 좋습니다. 한 번 더 강조하지만, 평소에 궁금했던, 더 알아보고 싶었던 주제나 내용이 이미 적혀 있다면 그 내용에서 골라보는 게 가장 좋습니다.

2) 주제 구체화하기

(1) 교과서 단원과 연결해 보기

교과서는 학생들이 배워야 할 지식을 정리하여 구성한 책이므로, 각 교과 단원에서 다루고 있는 내용에서 출발하는 것이 좋습니다. 본인의 진로에만 맞추어 무리하게 교과와 상관없는 주제를 택하는 것은 좋지 않은 판단입니다. 수업 내용에서 호기심이 생겨 더 알아보고 싶어 스스로 탐구 주제를 찾는 것이 중요합니다.

중학교 1~3학년 과학 교과서의 내용과 고1 통합과학을 물리학, 화학, 생명과학, 지구과학으로 나누어 표로 정리해 보았습니다. 어떤 주제를 잡을지 2~3개 정도 찾아보세요. 중1인데 중2 과정에서 찾거나, 고1인데 중3 과정에서 찾아도 영역이나 내용은 연결할 수 있으니 관심이나 흥미 있는 부분을 찾아보세요.

물리학 · 중학교	구분	1학년	2학년	3학년
	힘과 에너지	힘의 표시, 평형 중력 마찰력 탄성력 부력		등속 운동, 자유 낙하 운동 일과 에너지 중력에 의한 위치 에너지 운동 에너지 역학적 에너지 보존
	전기와 자기		전기력, 대전, 정전기 유도 전압, 전류, 옴의 법칙 전기 에너지 자기력, 자기장	
	열	열평형 전도, 대류, 복사 비열, 열팽창		
	빛과 파동		시각과 상 반사와 굴절, 거울과 렌즈 빛의 합성과 색 파동의 발생과 전달 파동의 요소와 소리의 특성	

화학 · 중학교	구분	1학년	2학년	3학년
	물질의 성질	확산, 증발 물질의 상태와 입자 모형 상태 변화와 열에너지 기체의 압력과 부피의 관계 기체의 온도와 부피의 관계	밀도, 용해도 녹는점, 끓는점 순물질과 혼합물	
	물질의 변화			화학 변화, 화학 반응식 질량 보존 법칙 일정 성분비 법칙 기체 반응 법칙 화학 반응에서 열에너지의 출입
	물질의 구조		원소, 원자, 분자, 이온 화합물, 화학식, 주기율표	

구분	1학년	2학년	3학년
생물의 구조와 에너지	세포의 구조와 기능 생물의 구성 단계		
항상성과 몸의 조절		소화계, 순환계, 호흡계 배설계의 구조와 기능 광합성 과정 광합성에 영향을 미치는 요인 식물의 호흡과 광합성의 관계	감각 기관의 구조와 기능 뉴런과 신경계의 구조와 기능 자극에서 반응까지의 경로 호르몬에 의한 항상성 유지
생명의 연속성	변이와 생물 다양성 종의 개념과 분류 체계 생물 다양성 보전의 중요성		세포분열 염색체, 유전자 동물의 발생 과정 멘델 유전, 사람의 유전

구분	1학년	2학년	3학년
고체 지구		지구계 광물과 암석 암석의 순환 풍화 작용 판과 대륙 이동설 지진대와 화산대	
유체 지구			대기와 해양의 층상 구조 수권과 수자원 염분과 해류 온실효과와 지구온난화 대기 대순환 습도, 구름, 강수 과정 기압, 기단, 전선, 일기도
천체	태양계 구성 천체 태양 표면과 태양 활동 지구의 자전, 공전 달의 위상 변화 일식과 월식	연주 시차 별의 특성 우리 은하 우주 팽창, 우주 탐사	

구분	통합 과학 1	통합 과학 2
물리학	디지털, 아날로그 물질의 전기적 성질 중력장 내의 운동 운동량과 충격량	핵융합, 핵분열 전자기 유도, 발전 에너지 전환과 효율 인공 지능, 로봇
화학	원소, 원자 원소의 주기성 이온 결합 공유 결합	산화와 환원 산성과 염기성 중화 반응 발열, 흡열 반응
생명과학	탄소 화합물 세포 소기관 효소, 물질대사 유전자, 전사	자연선택 생물 다양성 생태계 감염병, 병원체
지구과학	원소의 형성 별의 진화 규산염 광물 지구 시스템 판의 운동	지질시대, 화석 대기와 해양 온실기체, 지구온난화

주제의 영역을 어느 정도 정하고 나면 탐구 활동과 관련된 **구체적인 단어**를 찾아야 합니다.

(2) 관심 있는 대학, 학과 사이트 방문하기

대학 홈페이지의 '학과 정보'나 '교육과정' 또는 '비전' 등 학과 소개 글을 참고하여 주제와 관련된 단어나 내용을 찾아보는 방법입니다.

❶ 네이버로 검색할 경우

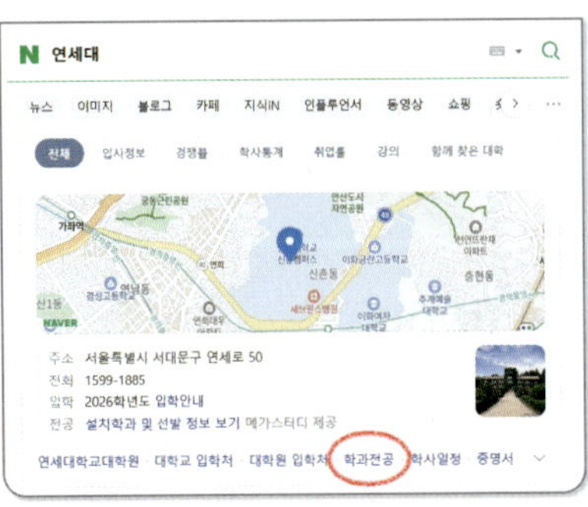

관심 있는 대학을 검색창에 검색한 후 학과 전공을 클릭하세요.

❷ 구글로 검색할 경우

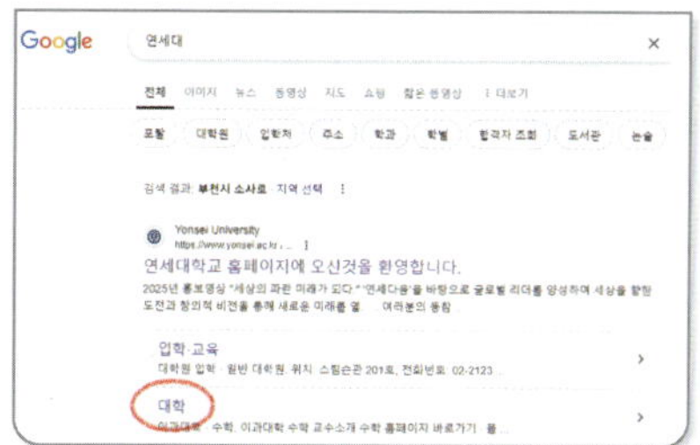

관심 있는 대학을 검색창에 검색한 후 대학을
클릭하세요.

학과 전공이나 대학을 클릭하면 위와 같이
계열별 학과 정보가 나오게 됩니다.

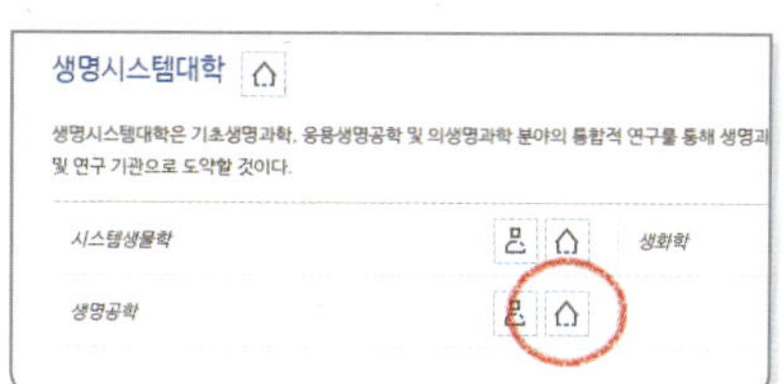

예를 들어 생명공학 홈페이지를 눌러 보면

학과 홈페이지가 나오고, 학부 과정에
교과목 소개를 눌러 보면

학기별로 배우는 과목이 나옵니다.

아직 대학생이 아니라 모르는 과목이 당연히 있겠지만 어떤 과목들이
있는지 과목명을 보고 방향이나 관심 단어를 좀 더 구체적으로 생각해
볼 수 있습니다. 부수적으로 대학 입학에 대한 동기 부여가 될 수도 있
습니다.

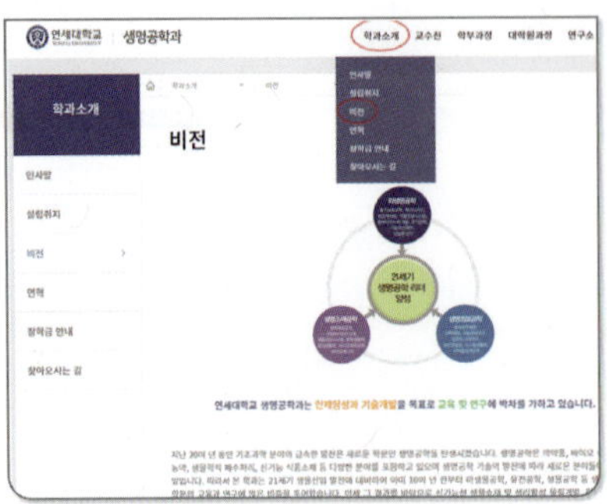

대학의 학과 소개나 비전, 교육과정 등을 보고 주제와 관련된 단어를 찾아보는 것이 하나의 방법입니다. 비슷한 단어의 느낌만 잡아도 됩니다. 하지만 주의하실 점은 대학 교육과정을 참고한다 해도 중고등학교 수준을 너무 넘어서는 탐구는 바람직하지 않습니다. 실제로 수행하기도 어려울뿐더러 추후 면접에서 해당 탐구에 관한 질문이 나올 때 제대로 답을 하기 어려울 수가 있기 때문입니다.

(3) '국회도서관' 활용하기

국회도서관 검색 후 들어가기

https://www.nanet.go.kr

관심 있는 대학을 검색창에 검색한 후

검색 결과 창이 나오면 우측에 '키워드 인포그래픽'을 눌러 보세요.

새로운 창이 하나 뜨는데 '연관어 분포'를 클릭하면 이렇게 미세먼지와 관련된 단어들이 나열됩니다. 단어에 따라서 키워드 인포그래픽이 없는 경우도 있습니다. 또한 띄어쓰기에 따라서도 검색이 안 될 수 있으니 안 나오면 띄어쓰기를 바꿔 보세요. '미세 먼지'로 검색하면 인포그래픽이 안 나오고, '미세먼지'로 붙여서 치면 인포그래픽이 나옵니다. 이런 단어들에서 아이디어를 얻어도 됩니다. 그리고 펼쳐진 단어들 중에서 하나를 선택해 클릭하면, 관련된 내용으로 이동이 됩니다.

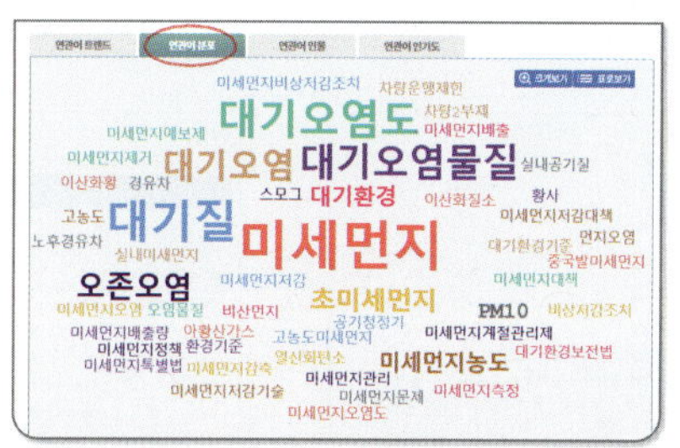

폭넓게 여러 개의 단어를 펼쳐 보면서 탐구 주제 방
향을 더 구체화해 보세요.

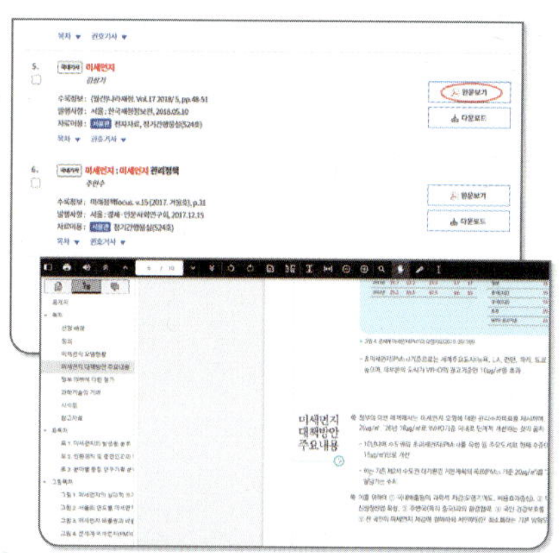

또한, 초기 검색 화면에서 원문보기가 있는 경우 눌
러 보면서 글을 읽을 수도 있습니다. 아래처럼 웹에
서 원문을 볼 수 있는 별도의 창이 생기면서 글을 볼
수 있습니다.

(4) 기존 탐구 보고서 '단어'로 접근해 보기

서울특별시 교육청융합과학교육원과 전국과학전람회 통합검색 두 가지 방법을
소개합니다.

역대 입상 작품에서 아이디어를 얻거나 중복 주제를 피할 수 있는 방법
입니다. 기존 작품들을 참고하여 '아~ 이렇게 할 수도 있구나' 등의 아
이디어를 얻어 볼 수 있습니다. 그리고 만약 이미 생각해 본 주제나 하
고 싶은 주제가 있을 때 그것과 유사한 주제와 방법의 작품이 있다면
바로 생각했던 걸 포기하지 말고 내용을 추가하거나 관점을 다르게 해
서 접근하거나 실험 방법, 조사 방법을 다르게 해서 탐구를 진행할 수
도 있습니다.

- 서울특별시 교육청융합과학교육원 활용하기

❶ 네이버의 경우

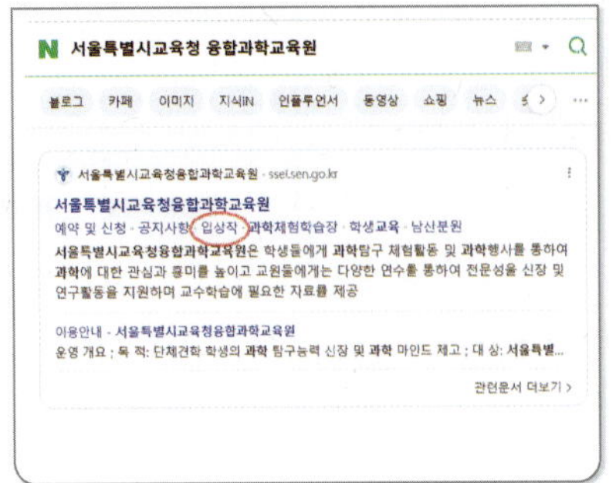

'서울특별시 교육청융합과학교육원' 검색한 후,
'입상작'을 클릭합니다.

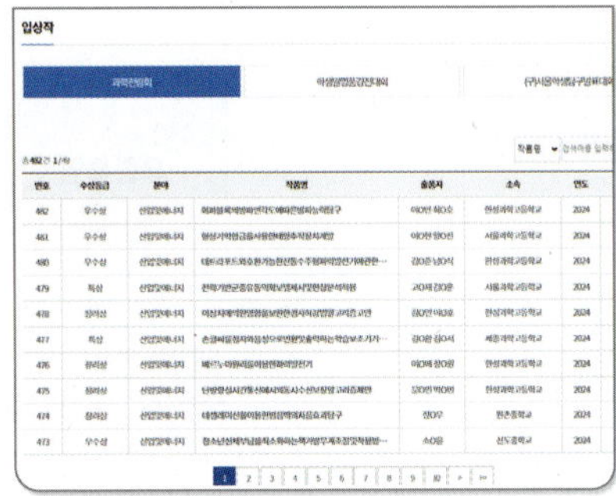

'과학전람회'의 수상작들을 볼 수가 있습니다.

❷ 구글의 경우

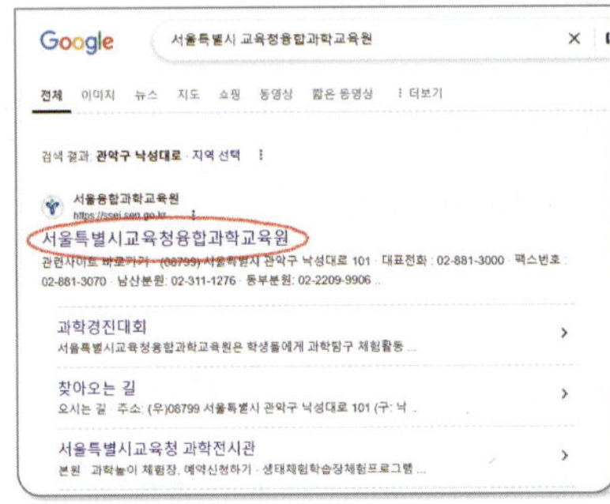

'서울특별시 교육청융합과학교육원'을 검색한 후
홈페이지로 들어갑니다.

'학생교육'의 '과학경진대회'를 클릭합니다.

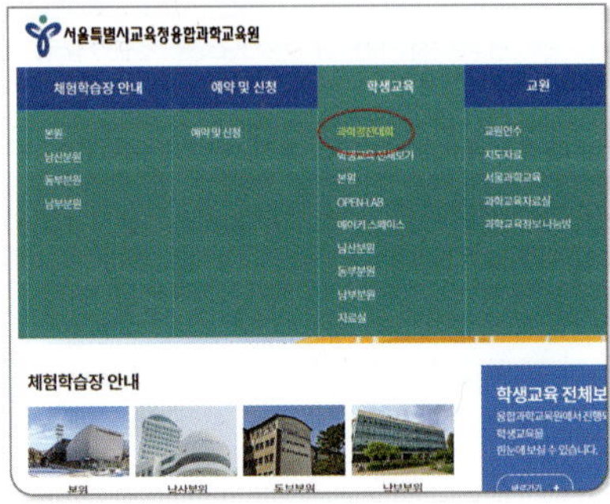

'입상작'을 클릭한 후 '과학전람회'의 수상작들을
볼 수가 있습니다.

❸ 전국과학전람회 통합검색 활용하기

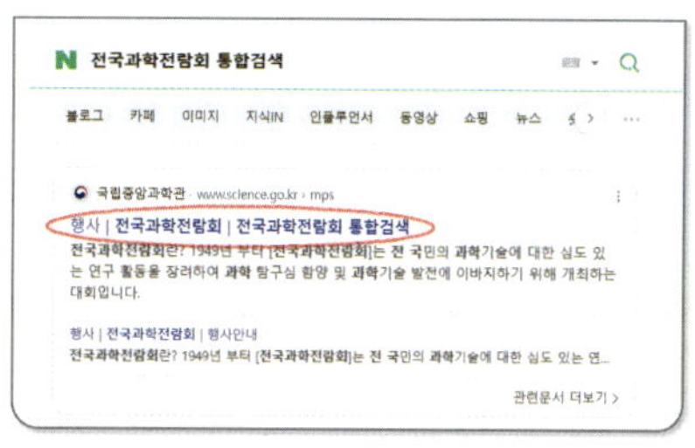

'전국과학전람회 통합검색'을 검색하여
홈페이지로 들어갑니다.

수상 내용과 탐구 내용 등을 볼 수 있습니다.

(5) 논문 검색해 보기 (+ChatGPT 활용)

❶ ChatGPT 활용하기

AI 활용 시 주의점

• 정보의 출처와 정확성을 체크하자.

할루시네이션(Hallucination)

환각, 환영 등을 뜻하는 단어로 ChatGPT와 같은 인공 지능(AI) 언어 모델이 그럴싸한 거짓 정보를 답변하는 현상을 말합니다. 인공 지능 모델의 학습 데이터나 입력 데이터의 부족, 또는 오류 등으로 인해 발생할 수 있습니다. 쉽게 말하면 '그럴듯한 거짓 정보'라고 볼 수 있습니다.

AI의 답변을 검토하면서 확인하지 않고, 너무 의존해서 AI에게 물어보기만 하면 틀린 정보가 나올 때도 그 정보를 그대로 사용하기 쉽습니다. 정보가 부정확하거나 이해가 되지 않을 때는 정보의 출처와 정확성을 점검하면서 사용해야 합니다. 즉 **AI를 도구로 쓰면서 이해와 판단, 결정은 스스로 해야 합니다.**

ChatGPT에게 ChatGPT가 잘못된 답을 낼 수 있는 가능성을 물어 보면 아래와 같이 답변합니다.

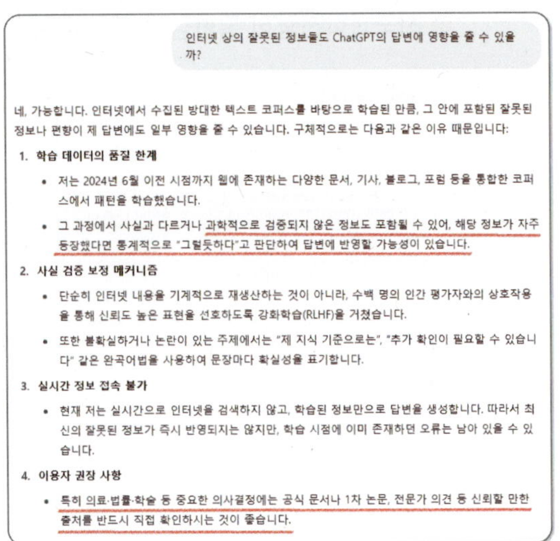

하지만 이용자 중 일부가 ChatGPT의 주의 사항을 무시하고 그대로 ChatGPT의 답을 옮기다 보니 잘못 사용되는 경우가 있는 것입니다. ChatGPT는 기초적인 정보의 수집과 연결에는 도움이 되지만 항상 신뢰할 수 있는 내용을 주지는 않을 수 있습니다.

개발사인 오픈AI도 질문에 대한 오답의 가능성을 이미 알고 있기 때문에 이를 대화창 아래에 늘 공지해 두고 있습니다.

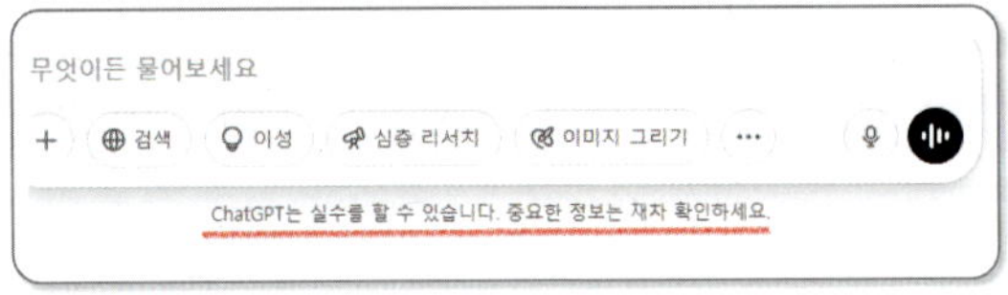

용어 돋보기

편향된 내용

편향되다는 '한쪽으로 치우치게 되다'라는 뜻으로, 사고, 시각, 태도, 여론, 주장 등이 어느 한쪽으로만 기울어진 내용을 말합니다.

즉, 잘못된 정보가 생성될 수도 있고, 유해한 지침이나 편향된 내용을 생성할 수도 있다고 알려 둔 겁니다.

• 가장 적절한 활용은 기초 자료 조사, 주제 찾기 등 시작점에서 사용하기

이미 일부 대학의 경우 ChatGPT로 리포트를 작성하면 불이익을 주고 있습니다. 1차 자료 조사에 참고하는 정도는 괜찮지만, 실제 리포트 작성에 100% 활용하는 것은 금지하고 있죠. 교수들이 직접 ChatGPT를 돌려 보고 확인하기도 하고 표절 프로그램을 돌려 확인할 수도 있습니다. 그대로 리포트를 작성한 것으로 확인되면 페널티를 받게 됩니다. 일부 교수들은 ChatGPT의 무분별한 사용은 '오답의 우려가 있어 검증이 필요하고, 학생들의 학습에도 부정적인 영향을 줄 수 있다'라고 얘기합니다.

• 적절한 질문을 하여 필요한 정보를 모으자.

탐구 주제나 단어를 어느 정도 정했다면 주제에 맞는 질문을 구체적으로 해서 자료를 모아 봅니다.

예를 들면 '생물 탐구 보고서 주제 추천해 줘' 가장 많이들 사용하는 일반적인 질문이죠?

나오는 답변도 비슷할 것이고, 나오는 답변에서 추가 질문으로 주제를 확장해도 다른 학생들과 겹치거나 흔한 주제가 되기 쉽습니다. 결국 ChatGPT를 잘 활용하려면 적절한 질문을 하여 필요한 정보를 얻어야 합니다.

주제나 방향을 어느 정도 정해 둔 후 내가 원하는 주제에 맞는 창의적인 질문이 필요합니다. '핵산 분해 효소가 사람의 소화에 미치는 영향에 대한 논문이나 책을 찾아줘', ChatGPT가 어느 정도 내용을 찾아 주면 바로 보고서로 만들 것이 아니라 찾아 준 내용을 읽고 이해한 후 추가 질문으로 정보를 더 얻어야 합니다. '핵산 분해 효소의 작용 방법은 어떻게 될까?', '소화계 내에서 핵산 분해 효소의 생리학적 역할은 어떻게 되지?' 등의 질문은 ChatGPT의 첫 답변 후 내용을 통해 더 궁금해할 수 있는 내용입니다. 추가 질문과 중간중간 알게 된 내용들을 학생이 직접 학습을 해야 합니다. 즉 ChatGPT를 결과가 아닌 과정의 도구로 사용해야 합니다. 시뮬레이션 결과를 보여 준다 해도 참고만 해야 하고, 실험이나 조사의 마무리는 스스로 해야 합니다. 또한 사용하는 학생 스스로 확실하지 않거나, 필요 없는 정보를 거를 줄 알아야 하고, 다른 자료와 비교하여 검증을 할수 있어야 합니다. ChatGPT를 통해 관련 논문을 찾으면 논문에 따라링크를 받아 이동하거나 원문을 받아 읽어 보면서 주제의 방향을 구체화해 봅니다.

❷ 사이언스온 활용하기

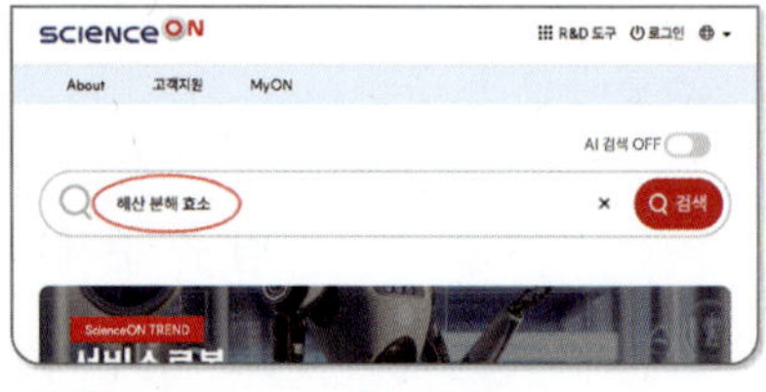

검색창에 주제나 단어를 검색합니다.

'사이언스온'을 검색해서 들어갑니다.

관련 논문이나 특허, 보고서 등을 확인할 수 있습니다.

학술 정보
학문 분야의 연구 성과를 담고 있는 연구에 대하여 전문적으로 다루는 자료를 통틀어 이르는 말

❸ 네이버 학술 정보

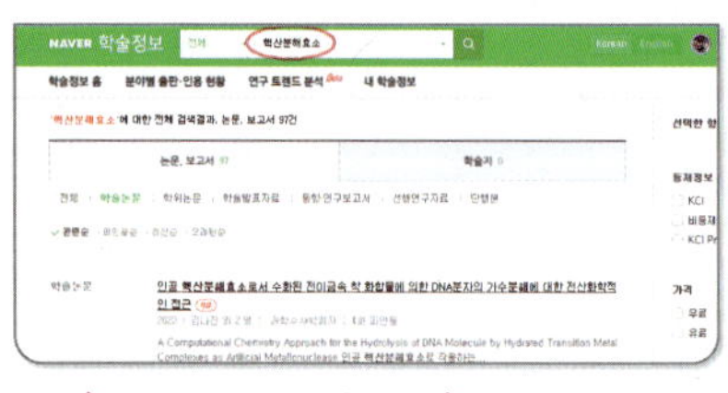

검색창에 주제나 단어를 검색합니다.

'네이버 학술 정보'를 검색해서 들어갑니다.

검색창에 주제나 단어를 검색하면 관련 논문, 보고서 등이 나옵니다.발행 연도, 가격 등을 선택해서 볼 수 있기 때문에 자료를 편하게 찾아보고 읽어 볼 수 있습니다.

❹ 그 외 참고할 수 있는 사이트들

- 구글 학술 검색

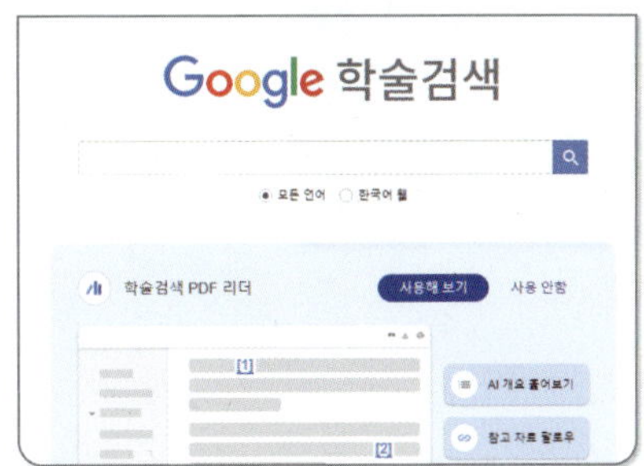

https://scholar.google.com/?hl=ko

논문이 얼마나 많이 인용되었는지 알 수 있고 기간을 설정해서 논문을 검색하기도 편하며 체크해 둔 문서만 따로 모아 확인도 가능합니다.

- RISS

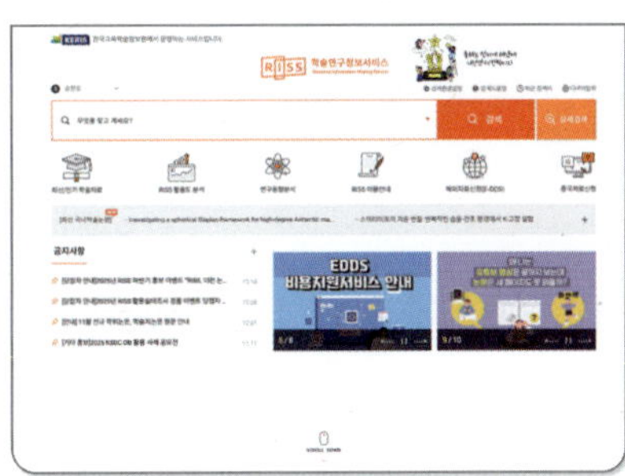

https://www.riss.kr/index.do

학술 연구 정보 사이트-한국 교육 학술 정보원이 운영하는 사이트로 전국 4년제 대학이 모두 참여하는 서비스를 제공합니다.

- KISS

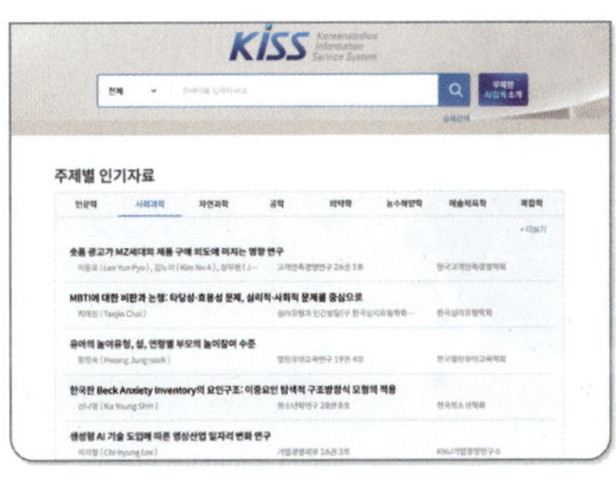

https://kiss.kstudy.com

한국 학술 정보-한국 학술 정보 원문 검색 시스템으로 국내 각 분야 학술지의 수록 논문, 연구소 자료 등을 취급합니다.

- DBpia

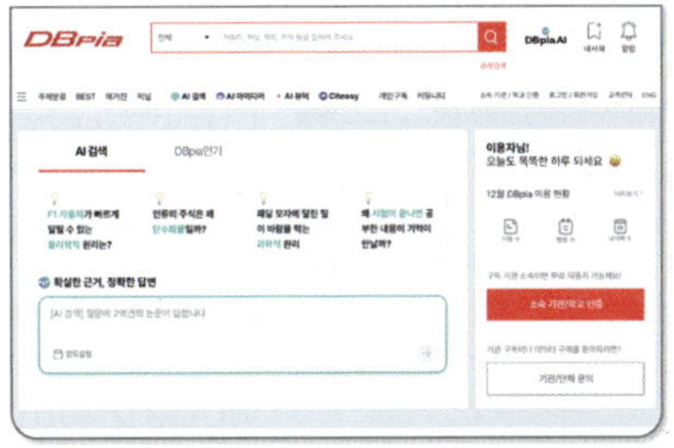

https://www.dbpia.co.kr

국내 최대의 학술 데이터베이스로 추천 논문 서비스 등을 제공합니다.

- 빅카인즈

https://www.bigkinds.or.kr
뉴스 빅데이터 분석 시스템으로 주
제 선정 후 관련 이슈에 대한 폭넓
은 정보 탐색에 유리합니다.

- 국가 통계 포털

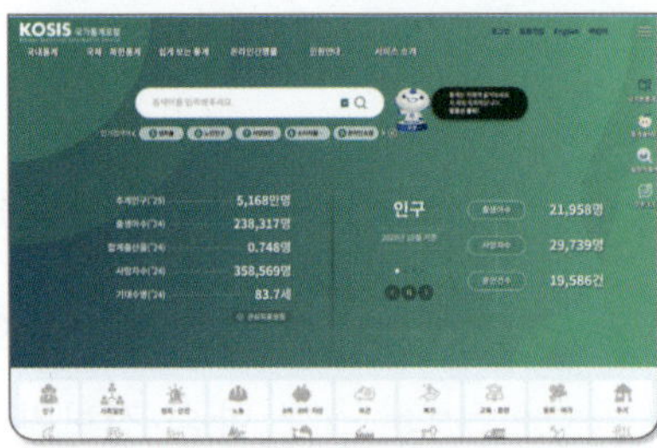

https://kosis.kr
각종 통계 자료를 쉽게 찾아볼 수
있는 사이트입니다. 400여 개 기관
이 작성하는 경제·사회·환경에 관한
모든 국가 승인 통계를 수록하고
있습니다. 국제금융·경제에 관한 IMF, World bank, OECD 등의 최신
통계도 제공하고 있습니다.

- 인구로 보는 대한민국

https://kosis.kr/visual/
populationKorea
과거 1960년에서 미래 2072년까
지 연령별 구성비와 총 부양비 등
을 그래프와 수치로 볼 수 있습니
다. 연령별, 주제별 인구 변화 등 다양한 인구 자료가 있습니다.

- 서울중앙지방법원 사이트

https://seoul.scourt.
go.kr/dcboard/new/
DcNewsListAction.
work?gubun=44

실제 민사, 형사 판결문에 대해 볼 수 있습니다.

- 국립국어원

https://www.korean.go.kr
1991년에 설립된 문화체육관광부 소속 기관으로, 바르고 편리한 언어 생활을 지원하고 있습니다.

국가적 규모의 언어 자료 수집과 통합 서비스를 제공하고 있습니다.

- 한국어 어문 규범

https://korean.go.kr/kornorms
한글 맞춤법, 표준어 규정, 외래어 표기법, 국어의 로마자 표기법 등 4대 어문 규범을 제공합니다.

관련 자료와 용례, 파일 다운로드, 인쇄 기능까지 제공합니다.

(6) 추가 아이디어 및 탐구 주제 결정하기

❶ 하나의 주제에 대해 여러 가지 관점으로 접근하기

예를 들어 미세먼지가 주제라면 과학 영역으로 직접적 피해 관점으로 접근하면 미세먼지 측정 기술, 정화 원리 등으로 접근해 볼 수 있고, 사회 영역으로 국가적 관계 관점으로 접근하면 규제 방안, 국제 협약 등으로 접근해 볼 수 있습니다.

❷ 주제의 관점을 바꿔 보기

부정적인 주제를 긍정적인 주제로 바꿔 보거나, 긍정적인 주제를 부정적인 주제로 바꿔 볼 수도 있습니다.

예를 들어 '코로나의 피해'는 부정적인 주제라고 할 수 있지만 '코로나로 인한 방역 시스템의 변화' 이런 식으로 긍정적인 주제로 아이디어를 얻을 수도 있고, '플라스틱의 편리한 용도'의 긍정적인 주제는 '해양의 미세 플라스틱이 사람에게 미치는 영향' 이렇게 부정적인 주제로 방향을 잡을 수도 있습니다.

❸ 과목 간의 연계로 주제를 확장해 보기

예를 들면, 물리 내용을 화학으로, 생명을 물리로 과목 간의 연계를 고려한 탐구를 해 보는 것도 좋습니다. 사람이 걸어가는 것은 체내의 물질대사의 결과인 ATP를 사용하는 것인데, 에너지를 가장 적게 쓰고 걷기 위한 보행속도는 어떤 관계가 있을까? 다리가 움직이는 각도는? 적절한 보폭은? 단진자의 운동처럼 다리의 운동을 단순화하여 주기와 비교가 가능할까 등등…. 생명으로 출발한 호기심을 물리와 연계하여 해결해 볼 수도 있습니다.

❹ 동일한 주제를 서로 다른 탐구 활동의 종류로 접근해 보기

실험을 하는 탐구 활동을 자료 조사 탐구 활동으로 진행해 보거나, 자료 조사 탐구 활동을 실험을 하는 탐구 활동으로 진행하는 식으로 접근 방식을 바꾸어서 진행해 볼 수 있습니다. 예를 들어, '호흡을 할 때 입을 오므리는 것이 입을 크게 벌리고 하는 것보다 기체를 효율적으로 얻을 수 있다'라는 내용을 통해 조사해 보았다. '관련 논문이나 이론으로 기체가 통과하는 베르누이의 원리, 압력, 저항력 등으로 설명하는 내용이 있었다'라고 하면 실제 실험으로 고안하여 확인해 보는 방식으로 탐구 활동을 진행할 수도 있습니다. '어떤 방식으로 해야 관련 내용을 실험으로 구성할 수 있을까' 이런 것들에 대한 고민도 스스로 탐구 활동에 기여하고 있는 부분이기 때문입니다.

❺ 추가 실험이나 조사하기

첫 탐구 활동 주제가 아니라 이미 관련된 주제와 단어에 대한 탐구 활동을 한 경험이 있다면 탐구 활동의 깊이에 따라 연계하여 추가 실험

이나 조사를 하는 방법도 있습니다. 예를 들면 이런 방법이라고 할 수 있습니다.

- 1학기에 분자 구조에 대한 탐구를 한 후 2학기에 의약품의 분자 구조를 탐구하기
- 1학년 때 질병의 종류와 원인에 대한 탐구를 한 후 2학년 때 바이러스를 인간에게 유리한 방식으로 이용할 방법에 대해 탐구하기

탐구 주제가 확정되면 탐구 방법(조사, 실험, 관찰, 견학 등)을 고안합니다.

주제가 정해진 후에도 배경지식이나 이론을 조사하다 보면 주제 방향이 수정될 수도 있습니다. 따라서 탐구 동기를 중요시하고 주제나 실험은 진행하면서 바뀔 수도 있다는 것을 고려하면서 조사해야 합니다.

지금까지의 내용을 이용해 주제를 정하는 예시를 3가지 보여 드리겠습니다.

주제 정하는 방법
3가지 예시

1) 넓게 주제 방향 잡아 보기

(1) 본인 관심사 정리, 독서 경험 떠올려 보기

물리와 관련된 주제를 해 봐야겠다. 힘의 계산이나 분석 같은 것을 활용할 수 있는 주제는 뭐가 있을까?

(2) 가족과 대화하기

학생: 물리 관련 탐구를 하려고 하는데, 힘에 대한….

가족: 가방을 메는 방법, 끈의 길이, 각도 이런 것도 괜찮지 않을까?

학생: 가방이라….

가족: 특히나 학생들의 가방은 무거운데 너도 그 무거운 걸 메고 매일 가고 있잖니….

(3) 주변 현상에 미리 호기심을 가지고, 스스로 관심 있는 부분을 찾아보기

그러고 보니 공공장소에서 다른 사람을 배려하기 위해 가방을 앞으로 메는 것은 습관이 되어 있는데, 가방을 앞으로 메는 것은 뒤로 메는 것과 어떤 물리적 차이가 있을까? 버스나 전철에서 가방을 앞으로 메는 것에 대해서 물리적인 힘을 분석하고 이것이 신체에 미치는 영향에 대해 접근해 보면 어떨까? 뒤로 메는 것과 어떤 차이가 있을지 궁금한데?

2) 주제 구체화하기

(1) 교과서 단원과 연결해 보기

중학교 1학년 과정 - 힘, 중력

중학교 3학년 과정 - 중력에 의한 위치 에너지

고등학교 1학년 과정 – 중력장 내의 운동

가방의 무게 즉, 중력이 키워드가 되겠구나, 힘의 작용과 평형도 포함될 수 있겠다. 여러 학년에서 힘이나 중력은 언급이 되고 있으니까 나의 학년에 맞는 과정에서 중력과 연결을 하면 가능하겠다.

(2) 관심 있는 대학, 학과 사이트 방문하기

(3) '국회도서관' 활용하기

책가방, 무게, 장력, 무게 중심, 접촉 면적과 힘, 압력 등 검색해 보기

(4) 기존 탐구 보고서 '단어'로 접근해 보기

(5) 논문 검색해 보기 (+Chat GPT 활용)

책가방에 가해지는 무게, 어깨끈과 장력, 책가방과 무게 중심, 접촉 면적에 따른 책가방의 무게, 책가방의 각도와 신체에 가해지는 힘

(6) 추가 아이디어 및 탐구 주제 결정하기

가방의 무게뿐 아니라 가방이 몸에 접촉하는 면적도 영향을 줄 수 있겠다.

가방을 메는 위치로 인해 몸의 무게 중심의 위치가 바뀌는 것도 생각해 볼 수 있겠다.

정지해 있는 상태와 이동하는 상태에서의 가방을 멘 방식의 차이도 고려해 볼 수 있겠다.

(7) 제목 정하기

가방을 앞으로 멨을 때와 뒤로 멨을 때 끈에 작용하는 장력과 신체가
받는 힘에 대한 탐구

예시 2 생명과학

1) 넓게 주제 방향 잡아 보기

(1) 본인 관심사 정리, 독서 경험 떠올려 보기

생명과학 관련 탐구 활동을 하고 싶은데, 어떤 주제가 좋을까? 생물체
내에서는 물질대사라고 하는 여러 화학 반응이 중요하게 일어나고….

(2) 가족과 대화하기

학생: 생명 관련 주제 고민 중이야.

가족 : 식사 중….

학생 : 식사 중….

(3) 주변 현상에 미리 호기심을 가지고, 스스로 관심 있는 부분을 찾아보기

아! 소화 효소에 대한 생각을 해 볼까? 수업 시간에 소화 효소는 다양
하다는 것을 배웠는데, 탄수화물 분해 효소, 단백질 분해 효소, 지방 분
해 효소 등. 그리고 보니 생명체를 구성하는 탄소 화합물은 크게 탄수
화물, 단백질, 지질, 핵산 등인데 소화 효소에는 탄수화물 분해 효소,
단백질 분해 효소, 지방 분해 효소 등 다양한 효소가 있지. 그런데 왜
DNA나 RNA 같은 핵산의 분해 효소는 없을까?

2) 주제 구체화하기

(1) 교과서 단원과 연결해 보기

중학교 1학년 과정 - 세포

중학교 2학년 과정 - 소화

중학교 3학년 과정 - 유전자

영양소의 분해, 다양한 소화 효소, 핵 속의 주성분인 핵산(DNA, RNA), 다른 생물체의 핵산은 영양소로 쓰지 않는 걸까? 핵산을 분해하는 효소가 사람한테 없어서인가?

(2) 관심 있는 대학, 학과 사이트 방문하기

(3) '국회도서관' 활용하기

조사를 하다가 더 알게 된 부분.

교과 과정에서는 자세히 다루지 않지만 침 속에 핵산 분해 효소(DNase, RNase)가 존재하는구나.

입안으로 세균이나 바이러스가 들어올 수 있기 때문에 면역의 수단으로 주로 핵산 분해 효소가 존재하는 건가. 소화의 관점보다 면역의 관점으로 접근을 해야겠네.

(4) 기존 탐구 보고서 '단어'로 접근해 보기

(5) 논문 검색해 보기 (+Chat GPT 활용)

소화 효소의 종류와 역할, 체내에서 분비되는 핵산 분해 효소의 종류, 세균, 바이러스의 핵산과 인체의 핵산 분해 효소의 관계, 항생제와 항바이러스제에 핵산 분해 효소를 사용한 의약품의 아이디어

(6) 추가 아이디어 및 탐구 주제 결정하기

침 속의 핵산 분해 효소를 통해 항바이러스제, 항생제 제작의 아이디어 의약품을 먹는 형태로 개발하는 게 유리한지, 분무하는 형태로 개발하는 게 유리한지도 생각해 볼 수 있겠다.

(7) 제목 정하기

소화 효소의 원리를 아이디어로 하여 핵산 분해 효소를 의약품 개발로
확장하는 연구 보고서

1) 넓게 주제 방향 잡아 보기

(1) 본인 관심사 정리, 독서 경험 떠올려 보기

화학, 물리, 생명 여러 영역이 혼합된 주제를 찾아보고 싶다.
화학 반응? 고체? 액체? 기체?

(2) 가족과 대화하기

학생: 탐구 주제 보고서 고민 중….

가족: TV 시청 중….

가족: 해녀는 저렇게 물에서 나오면 휘파람을 불어... 애순아~

학생: 휘파람??

(3) 주변 현상에 미리 호기심을 가지고, 스스로 관심

엄마가 즐겨 보는 드라마에서 해녀가 물질을 마치고 수면 위로 올라올
때 '숨비소리'라고 하는 휘파람을 부는 행동을 하는 것을 알게 되었다.
해녀의 위치를 알리는 기능도 있다고 하지만 좀 더 찾아보니 호흡법의
한 종류라는 것을 알게 되었고, 왜 입을 오므리고 호흡을 하는 것일까
궁금해졌다.

2) 주제 구체화하기

(1) 교과서 단원과 연결해 보기

중학교 1학년 과정 - 물리 영역의 힘

중학교 1학년 과정 - 화학 영역의 기체의 압력

중학교 2학년 과정 - 물리 영역의 대류, 파동

중학교 2학년 과정 – 생명 영역의 호흡계
고등학교 1학년 과정 – 생명 영역의 물질대사

다양한 영역과 연결되는 주제인 것을 알게 되었다.
호흡과 기체의 운동이 중요한 연결 고리 같은데?

(2) 관심 있는 대학, 학과 사이트 방문하기

(3) '국회도서관' 활용하기

숨비소리, 숨비 소리, 해녀의 호흡, 호흡과 기체의 압력

(4) 기존 탐구 보고서 '단어'로 접근해 보기

(5) 논문 검색해 보기 (+Chat GPT 활용)

호흡과 산소 포화도, 산소 포화도 측정 실험, 입의 크기에 따른 호흡 속
도와 호흡 효율, 숨비소리와 과학

(6) 추가 아이디어 및 탐구 주제 결정

해녀가 내는 숨소리는 단순한 신호만이 아닌 기체 교환을 효율적으로
돕는 호흡법이었다.
입술을 오므려서 호흡을 하게 되면 기체 교환 속도가 더 빨라져 산소
포화도가 더 증가한다.
이론 조사를 할 계획이었는데 입술을 오므린 호흡과 입을 크게 벌린 호
흡의 효율을 비교하는 실험으로 방향을 수정해 봐야겠다.

(7) 제목 정하기

숨비소리를 통해 알게 된 입술 오므리기 호흡과 입을 크게 벌리는 호흡
의 실제 효율 분석 실험

4 배경지식 조사하는 방법

본인이 정한 주제에 따라 관련된 배경지식을 조사해야 합니다.
자료를 조사하며 알고 있는 것과 모르는 것을 구분해야 합니다.
배경지식은 크게 2가지로 분류됩니다.

1) 기존에 있는 자료 조사하기

첫 번째는 기존에 있는 자료들로 책, 논문, 인터넷, AI를 통해 알아낼 수 있는 자료 등에 해당합니다.
주로 배경지식의 대부분이 되는 자료죠.
주제와 관련된 배경지식을 조사할 땐 ==날짜와 출처를 꼭 잘 확인==하면서 조사해야 합니다.

예를 들어, 과학의 경우 현재의 이론으로는 잘못된 정보인데도 과학 사이트나 일반 웹사이트에서 그 당시에는 알지 못했기 때문에, 잘못된 정보인 상태로 게시되어 있는 경우가 있습니다.

대표적인 사례가 '물속에서 손가락이 쭈글쭈글해지는 이유'인데요. 몇 년 전까지만 해도 삼투 현상이라고 알고 있던 사람들이 많았을 겁니다. 물론 지금도 그렇게 생각하고 있는 사람이 있을 수 있어요. 잘못 알고 있는 것이 이해가 되는 건 손가락이 쭈글쭈글해지는 것이 교과서에 수록되거나 한 내용이 아니고, 현재도 정확한 이유를 모르기 때문에 '이렇다더라'라며 퍼질 수 있습니다. 하지만 인터넷 검색을 통해 여러 게시글을 확인해 보면 손가락이 물속에서 쭈글쭈글해지는 이유가 이전의 물이 피부에 스며드는 삼투압이 아닌 신경계의 작용으로 혈관이 수축해서 혈액량의 감소로 쭈글쭈글해진다는 내용을 꽤 볼 수 있습니다.

또한, 꽤 오래된 과학 오개념으로 알려진 미각 지도 역시 마찬가지 예입니다. 지금의 약 40대 이상의 어른들의 경우 미각 지도(혀의 앞쪽은 단맛, 옆쪽은 신맛, 짠맛, 뒤쪽은 쓴맛을 느낀다는 그림)를 학교에서 배웠던 세대였기 때문에 이를 기억하고 있는 경우가 많습니다. 1901년 독일의 학자 더크 P. 헤니히의 논문 '미각의 심리 물리학'을 1942년 미국 학자 에드윈 보링이 번역하는 과정에서 '특정 맛을 해당 부분에서만 느낄 수 있다'로 잘못 해석하여 퍼지게 된 대표적 과학의 오개념입니다. 이후 1974년 버지니아 콜링스에 의해 모든 미각이 혀의 모든 부위에 존재한다는 것이 확인되었고, 1990년대 이후 맛 수용 단백질 발견, 유전자 연구 등으로 확실히 혀 전체에서 모든 맛을 느낄 수 있다는 것이 밝혀져, 해당 내용은 모든 교과서에서 삭제되었습니다.

사회 또는 역사 과목의 경우, 전쟁, 정치 등 과거의 사건이나 주제를 현재의 시각에서 어떻게 서술할지, 어떤 용어와 표현을 사용할지가 항상 중요한 이슈가 되고 있습니다. 역사적 사건에 대한 표현의 논란, 국가 통제에 따른 교과서 서술 방식의 변화, 특정 시각의 역사 인식 왜곡 등 여러 가지 요인으로 인해 교과서 내용이 시대에 따라 수정, 보완되고 있는 대표적 과목이기도 합니다. 예를 들어, 과거 교과서는 특정 정치적 관점이나 국가 중심적 서술을 강조하는 경향이 있었다면, 최근에는 다양한 시각을 균형 있게 제시하고 역사적 맥락을 충분히 설명하려는 노력이 반영된다는 특징이 있죠. 또한 사회 변화와 학문적 연구 성과를 반영하여 사건 해석, 용어 선택, 사례 제시 방식이 시간이 갈수록 변화하며, 학생들이 더욱 다양하고 비판적이고 종합적인 역사 이해를 할 수 있도록 교과서 내용이 발전하고 있기 때문에 교과서 관련 내용으로 배경지식을 얻을 경우 그 시기의 특징도 고려하며 자료를 수집해야 합니다.

국어 과목의 경우, 대표적으로 맞춤법과 띄어쓰기, 언어 사용 방식의 변화가 시대에 따라 반영되어 왔다고 볼 수 있습니다. 과거에는 문장이 길고 복잡하며, 띄어쓰기 규칙도 지금보다 느슨하게 적용되는 경향이 있었지만, 현재는 의미 단위를 중심으로 한 띄어쓰기 규칙이 강화되고, 긴 표현보다는 간결하고 직접적인 문장으로 서술하는 경향이 뚜렷해졌습니다. 또한 새로운 어휘와 표현이 사회적 변화와 기술 발전을 반영하며 교과서에 포함되고, 학생들이 현대적 문장 이해와 표현 능력을 보다 효율적으로 익힐 수 있도록 교과서 내용이 조정되고 있죠.

2) 학생이 직접 수집한 자료 이용하기

두 번째 배경지식은 실험, 설문조사, 인터뷰 등을 통해 학생이 **직접 수집한 자료**가 됩니다.

주제에 대한 배경지식을 쌓고 탐구 방향을 설정하는 데 필수적인 자료 조사는 신뢰성, 객관성, 윤리성, 기존 탐구와의 연계를 충분히 고려할 때, 학생이 직접 얻은 자료를 배경지식으로 활용할 수 있습니다. 따라서 학생이 직접 실험, 설문조사, 인터뷰 등을 통해 얻은 자료를 탐구 보고서의 배경지식으로 활용할 때에는 몇 가지 주의할 점이 있습니다.

(1) 자료의 객관성과 신뢰성 확보하기

실험이나 관찰 결과는 가능성을 고려하여 활용하여야 합니다. 예를 들어 한 번의 실험 결과만으로 일반적인 결론을 내리면 안 됩니다. 여러 번의 실험 또는 관찰을 통해 사실을 일반화해야 합니다.

설문조사와 인터뷰는 대상의 대표성과 편향 가능성을 검토해야 합니다. 특정 집단이나 개인 의견만 반영하면 그 결과는 신뢰할 수 없으며 심지어 왜곡될 수 있습니다.

(2) 자료 해석 시 주관적 판단 주의하기

실험, 설문조사, 인터뷰 결과를 해석할 때 감정이나 개인 의견이 섞이지 않도록 주의할 필요가 있습니다. 예를 들어 "많은 학생이 ~라고 생각했다 → ~라는 결론이 맞다"처럼 단정적으로 결론 내리는 실수를 하면 안 됩니다.

(3) 윤리적인 부분 고려하기

인터뷰나 설문조사에서 개인 정보 보호와 동의를 반드시 지켜야 합니다. 또한 실험에서 생물체나 환경을 다루는 경우 윤리적 기준을 지켜야 합니다. 생물의 혈액으로 실험을 할 때 특히 주의해야 합니다.

(4) 자료 기록과 근거 제시하기

실험 방법, 설문 질문, 인터뷰 방식, 참여 인원 등 자료 수집 과정을 자세히 기록해야 합니다.
보고서에는 "누가, 언제, 어떻게" 자료를 수집했는지 명확히 제시하여, 다른 사람이 확인할 수 있도록 해야 합니다.

(5) 기존 탐구 내용과 연결

학생이 이미 이전 탐구에서 한 적이 있는 실험이나 조사인 경우, 얻은 자료를 배경지식으로 연결할 수도 있습니다. 이전 탐구에서 왜 이런 결과가 나왔는지, 기존 탐구와 비교했을 때 이번 탐구의 방향 차이는 무엇인지 분석하여 기존의 탐구와 연결해 볼 수 있습니다.

탐구 과정 계획하는 방법

배경지식 조사가 끝났다면 탐구 과정을 계획하는 것은 보고서의 뼈대를 잡는 단계라고 할 수 있습니다. 체계적으로 계획하면 실험이나 조사 과정이 명확해지고 결과에 대한 해석도 수월해집니다. 아래 내용으로 설명 후 체크 리스트를 보여 드릴 테니 확인하면서 진행해 보면 됩니다.

1) 탐구 주제 다시 확인하기

관심 있는 현상이나 질문이 구체적인지 확인합니다.

문제는 너무 광범위하지 않게, 한 가지 핵심 질문으로 좁히는 것이 좋습니다.

2) 배경지식 정리하기

주제와 관련된 기존 연구, 교과서 내용, 논문, 신문 기사 등을 정리, 선별합니다.

3) 가설 설정이 가능한 경우 가설 세워 보기

조사와 배경지식을 바탕으로 예상되는 결과를 정리합니다. 가설은 "~라면 …일 것이다" 형태로 원인과 결과가 드러나게 명확하게 적습니다.

ⓔ "가방을 앞으로 멨을 때 뒤로 멨을 때보다 끈에 작용하는 장력은 작을 것이다."

"입술을 오므린 호흡은 입을 크게 벌린 호흡보다 효율이 높을 것이다."

"손가락이 쭈글쭈글해지는 현상은 피부 표면의 신경 반응 때문일 것이다."

4) 탐구 방법 설계하기

탐구의 방향을 실험으로 할지, 조사를 통한 결론 내리는 방향으로 할지, 설문 또는 인터뷰를 통한 결론 내리기로 갈지 등의 방법을 결정합니다.

(1) 실험으로 탐구 진행하기

실험형 탐구는 실험을 설계하고 수행하여 결과를 분석하는 탐구 방법입니다. 실험 재료, 준비물, 변인, 실험 방법을 결정합니다. 실험 설계가 불완전하면 결과 해석이 어려워지므로 구체적으로 계획합니다.

제목	실험 내용과 목적이 파악되도록 작성합니다.
탐구 목적	실험을 하는 이유와 문제를 명확히 제시합니다.
배경지식	실험을 해석하기 위해 필요한 여러 정보, 변인 설정을 위한 기본 개념, 원리를 이해합니다. 실험 결과를 분석하고 해석하기 위한 배경지식을 확보합니다. 즉, 과학적 근거를 통해 '~한 실험을 하려 하는지'가 드러날 수 있게 됩니다. 그래서 배경지식을 통해 왜 이 실험을 하는지, 어떤 결과를 기대하는지를 연결하는 역할을 한다고 보면 됩니다.
가설 설정	배경지식을 바탕으로 '이러하면 이렇게 되겠다'라는 예상을 할 수 있게 되면 원인과 결과로 구성하여 변인을 연결합니다. 변인이란? 조작 변인: 실험의 목적에 따라 바꾸는 요인 종속 변인: 실험을 통해 측정되는 결과 통제 변인: 실험에서 일정하게 유지하는 조건
실험 재료 및 방법	사용한 시약, 기구, 장비 등을 구체적으로 나열합니다. 실험 순서와 과정, 주의 사항을 단계별로 상세히 정리합니다. 변인을 어떻게 조절할지 결정하고 종속 변인의 측정 방법을 고안합니다.
실험 과정	관찰 내용, 수치, 변화 등의 과정을 기록합니다. 표, 그래프, 사진, 영상 등으로 시각화합니다.
결과 분석	실험 결과를 분석하여 의미를 찾습니다. 가설과 비교하여 맞는지 확인합니다.
결론	실험의 전체 결과를 요약합니다. 실험 과정에서의 문제점, 오차의 원인, 개선할 수 있는 방향을 제시합니다.
참고 문헌	사용한 책, 논문, 기사, 웹사이트 등 출처를 표기합니다.

(2) 자료 조사로 탐구 진행하기

자료 조사형 탐구 보고서는 직접 실험하지 않고 기존 자료, 문헌, 설문, 인터뷰 등을 활용해 문제를 탐구하는 형태입니다.

주제와 목적에 따른 배경지식을 단계별로 준비합니다.

자료 조사형 탐구 목차 예시

제목	조사 내용과 목적이 파악되도록 작성합니다.
탐구 목적	탐구를 통해 무엇을 알아내고자 하는지 나타냅니다.
배경지식	관련 교과서, 논문, 기사, 통계자료 등을 정리합니다. 이미 알려진 내용과 문제점을 구분합니다. 조사 내용을 표, 그림, 그래프 등으로 시각화합니다.
자료 조사 방법	문헌 조사: 책, 학술 자료, 인터넷 자료 설문조사: 대상, 질문지, 방법 인터뷰: 대상, 질문, 방식
자료 기록 방법	관찰 일지, 사진, 동영상, 설문지, 인터뷰 기록 등의 측정 방법과 단위를 명확히 표시합니다. 자료 수집 시기와 횟수 계획 나타냅니다.
자료 선정 기준	신뢰성 있는 자료를 어떻게 선택했는지 기록합니다.
자료 분석 방법	통계, 비교, 요약, 분류 등을 사용합니다.
조사 결과 정리	수집한 자료를 정리하여 제시합니다. 표, 그래프, 그림 등 활용합니다. 자료 간 비교, 유사점/차이점을 씁니다. 안전과 윤리를 고려합니다. 실험 안전: 화학약품, 가열, 전기 등 위험 요소 확인하기 조사/인터뷰 윤리: 개인 정보 보호, 동의서, 비밀 유지 확인하기
분석 및 해석	자료 간 경향을 분석합니다. 수집한 자료를 어떻게 정리, 계산, 비교할지 계획합니다. 표, 그래프, 통계, 비교 분석 등 분석 도구나 방법도 미리 정합니다.
결론	자료 분석을 바탕으로 탐구 질문에 대한 답을 제시합니다. 자료 조사 과정에서 아쉬웠던 점을 한계점으로 정리합니다. 추후 연구나 탐구 방향을 제안합니다. 자료 조사 탐구 보고서는 실험 대신 '자료를 어떻게 모으고 분석했는지'가 핵심입니다.
참고 문헌	사용한 책, 논문, 기사, 웹사이트 등 출처를 표기합니다.

단계	내용	확인
1. 탐구 주제와 목적	내가 관심 가지는 주제를 구체적으로 적었는가?	
	실험을 통해 알아내고 싶은 질문이 명확한가?	
	질문의 범위가 너무 넓지 않은가?	
2. 배경지식 조사	관련 교과서, 논문, 기사, 자료 등을 조사했는가?	
	실험을 해석하기 위해 필요한 내용을 이해하고 있는가?	
	직접 이전 실험 또는 관련 실험 자료를 참고했는가?	
3. 가설 설정	배경지식을 바탕으로 예상 결과를 예측했는가?	
	가설이 "~일 것이다" 형태로 명확한가?	
	가설이 검증할 수 있게 설정되었는가?	
4. 실험 방법 설계	필요한 재료를 확인했는가?	
	실험 순서가 단계별로 계획되었는가?	
	조작 변인의 처리 방법을 결정했는가?	
	종속 변인의 측정 방법을 고안했는가?	
	통제 변인을 명확히 정했는가?	
5. 실험 과정	결과를 어떤 방법으로 기록할지 정했는가?	
	측정 방법과 단위를 명확히 정했는가?	
	결과를 언제, 몇 번 수집할지 계획했는가?	
	실험 중 위험 요소를 확인하고 안전 대책을 마련했는가?	
6. 결과 분석 방법	자료를 정리할 방법을 계획했는가? (표, 그래프, 통계 등)	
	가설 검증에 필요한 분석 방법이 준비되었는가?	
7. 결론 및 정리	탐구 과정을 단계별로 순서화했는가?	
	계획한 순서대로 실험할 수 있게 구성되었는가?	
8. 참고 문헌	출처를 기록해 두었는가?	

단계	내용	확인
1. 탐구 주제와 목적	내가 관심 가지는 주제를 구체적으로 적었는가?	
	조사를 통해 알아내고 싶은 질문이 명확한가?	
	주제의 범위가 너무 넓지 않은가?	
2. 배경지식 조사	관련 교과서, 논문, 기사, 자료 등을 조사했는가?	
	조사한 내용을 정리하며 알고 있는 것과 모르는 것을 구분했는가?	
	설문, 인터뷰 자료를 참고했는가?	
3. 자료 조사 방법	조사 방법을 정했는가?	
	자료 기록 방법을 정했는가?	
	조사한 내용을 바탕으로 예상 결과를 예측했는가?	
4. 자료 수집 계획	자료를 어떤 방법으로 기록할지 정했는가? (일지, 사진, 설문지 등)	
	측정 방법과 단위를 명확히 정했는가?	
	자료를 언제, 몇 번 수집할지 계획했는가?	
	조사/인터뷰 시 개인정보와 윤리를 고려했는가?	
5. 자료 분석 방법	자료를 정리할 방법을 계획했는가? (표, 그래프, 통계 등)	
	자료 분석 도구나 방법이 준비되었는가?	
6. 결론 및 정리	탐구 과정을 단계별로 순서화했는가?	
	자료 조사 과정에서 한계점을 확인했는가?	
7. 참고 문헌	출처를 기록해 두었는가?	

탐구를 수행하는 과정에서 주의할 점

정해 놓은 주제와 계획에 따라 실제 행동으로 탐구를 실행하는 순간입니다. 항상 예상과 달리 의도치 않은 결과나 변수가 생길 수 있기 때문에 탐구를 수행하는 과정에서 각 과정을 잘 기록하고 살펴볼 필요가 있습니다. 메모를 하는 것도 좋고 영상으로 전체 과정을 촬영해 두는 것도 방법이 될 수 있습니다.

1. 실험형 탐구를 수행할 때 주의할 점

1) 실험 기록 구체적으로 남기기

시간, 온도, 사용 도구, 시약 농도 등을 빠짐없이 적어 두거나 촬영해 두면 재현성 있는 결과를 얻을 수 있습니다.

용어 풀이

재현성
똑같이 다시 해도 같은 결과가 나오는 성질. 즉, 누가 언제 하더라도 비슷한 결과가 나와서 그 탐구가 신뢰할 만하다고 볼 수 있게 됩니다.

2) 변인 통제하기

일반적으로는 하나의 조작 변인만 바뀌도록 실험 조건을 조절해야 합니다. 예를 들어 온도를 바꾸는 실험이라면 빛의 종류, 용기의 크기, 시약 양 등 다른 조건은 최대한 동일하게 유지해야 합니다.

실험에 따라 조작 변인을 여러 개 설정하는 경우에도 마찬가지로 탐구 목적에 맞게 각각의 조작 변인만 조절하며 나머지 실험에 영향을 줄 수 있는 변인들은 통제해 주어야 합니다.

3) 안전 수칙 준수하기

기체가 발생하는 실험이라든지, 몸에 해로운 액체가 튈 수 있는 실험이라든지 등등의 필요한 경우 보호안경과 장갑 착용, 환기 여부 등 기본적인 안전 규칙을 반드시 지켜야 합니다. 또한 실험이 끝난 후 실험 폐수를 처리하는 것도 신경 써야 합니다.

4) 반복 실험으로 결과 얻기

한 번의 실험 결과로 결론을 내리지 않고, 최소 2~3회 또는 필요에 따라 10회 반복해 일관성을 확인합니다.

5) 돌발 상황 대처 준비하기

기구의 고장과 파손, 시약 부족 같은 변수가 생길 수 있으므로 대체 방법이나 예비 계획을 준비해 두어야 합니다. 여분을 확보해 두고 실험에서 생길 수 있는 변수를 예상해 두어야 합니다.

2. 조사형 탐구를 수행할 때 주의할 점

1) 자료를 잘 분류하기

단순히 조사한 자료를 나열할 것이 아니라, 공통점과 차이점, 원인과 결과, 내가 알고 있던 것과 모르고 있던 것 등을 비교하고 분석하는 태도가 필요합니다.

2) 자료 편향성 주의하기

원하는 결론에 맞는 자료만 고르지 말고, 상반된 자료가 있다면 함께 검토해서 자료의 객관성을 높여야 합니다.

3) 자료의 최신성 확인하기

현대의 지식은 계속 업데이트되므로, 되도록 최근 연구나 최신 데이터

저작권

창작자가 자신의 창작물에 대해 가지는 독점적인 권리를 말합니다.

공신력

공신력은 공식적으로 믿을 수 있는 힘을 의미하며, 사회적으로 널리 인정받을 수 있는 믿음을 의미합니다.

(예: 최근 5년 이내)를 참고하는 것이 좋습니다. 또한 과거에 비해 어떤 부분이 달라졌는가를 통해 추가적인 해석도 가능할 수 있습니다.

4) 출처와 저작권 고려하기

그래프, 그림 등을 사용할 때는 출처를 반드시 표시해야 합니다.

5) 자료의 신뢰도 파악하기

인터넷 자료를 사용할 경우 신뢰성 있는 학술 자료, 논문, 교과서, 공신력 있는 기관의 자료를 우선적으로 검토해야 합니다. 특히 교육 매체와 관련된 기사라고 무조건적으로 맹신해서는 안 됩니다. 기자의 주관이 지나치게 들어간 기사들도 다수 존재하기 때문입니다.

7 결과를 정리하는 방법

결과로 나온 자료는 두 가지로 나눌 수 있습니다. 하나는 원래 자료로 실제 실험 결과나 설문 응답 결과이며, 다른 하나는 가공 자료로, 결과를 표, 그림, 그래프 등으로 요약하거나 변환한 것을 말합니다. 결과는 사실 위주로 나타내고 결과에 대한 해석은 결론에서 다루면 됩니다. 가공 자료를 만드는 과정에서 주의할 점은 다음과 같습니다.

1) 표로 만들 때

표의 제목을 작성하고, 각 열과 행의 내용을 나타내야 합니다.
단위가 있는 경우 표시해야 합니다.

예 온도(℃), 시간(s)

표 예시

은하	거리(Mpc)	후퇴 속도(km/s)
처녀자리	19	1210
큰곰자리	300	15000
목동자리	770	39300
바다뱀자리	1200	61200

▲ 은하의 거리와 후퇴 속도

2) 그래프로 만들 때

그래프의 제목을 작성하고, 각 x축과 y축의 내용과 단위를 나타내야 합니다. 자료 특성에 따라 적절한 그래프를 선택하는 것이 좋습니다.

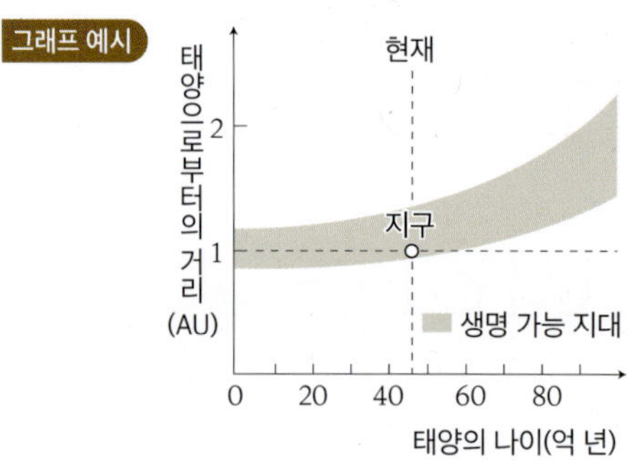

▲ 태양의 나이에 따른 생명 가능 지대의 거리

범례

지도, 그래프 등에서 사용된 기호나 표기의 의미를 설명하는 표지판 역할을 합니다.

필요에 따라 범례를 나타낼 수도 있습니다. 범례는 간결하게 하는 것이 좋습니다. 그래프의 종류는 다음과 같습니다.

(1) 막대그래프

2개~3개의 항목을 비교할 때 유용하며 성별, 나이를 표현하기에 적합합니다.

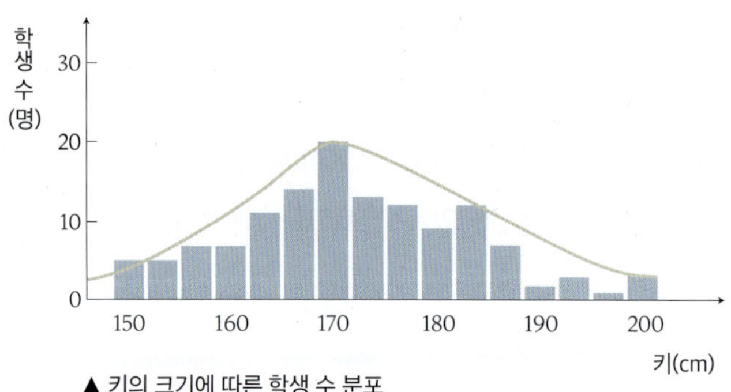

▲ 키의 크기에 따른 학생 수 분포

1일 대사량

하루 동안 필요한 총에너지입니다.

기초 대사량

호흡, 심장 박동 등 생명 유지에 필요한 최소한의 에너지입니다.

활동 대사량

일상적인 신체 활동에 필요한 에너지입니다.

(2) 원그래프

하나의 변수에 대한 구성 비율을 나타낼 때 유용합니다.

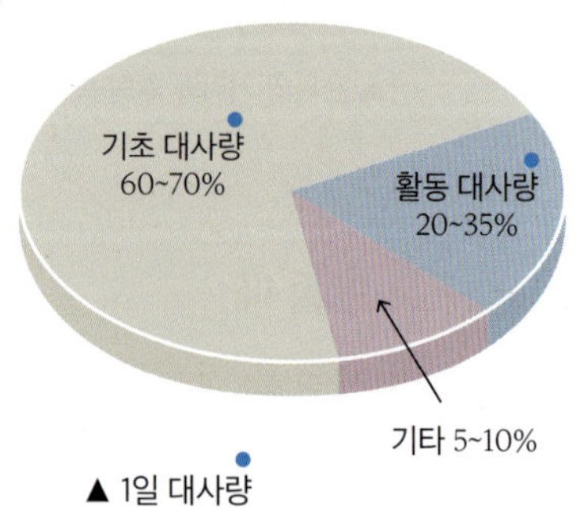

▲ 1일 대사량

(3) 꺾은선 그래프

시간에 따른 변화를 나타낼 때 효과적이며 2개 이상의 항목을 비교할 때 유용합니다.

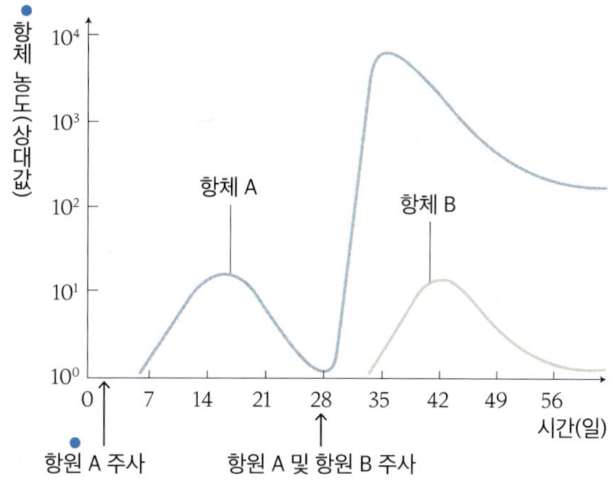

▲ 1차 면역 반응과 2차 면역 반응

(4) 영역 그래프

꺾은선 그래프와 유사하지만, 시간별로 비율의 변화를 강조할 때 좋습니다.

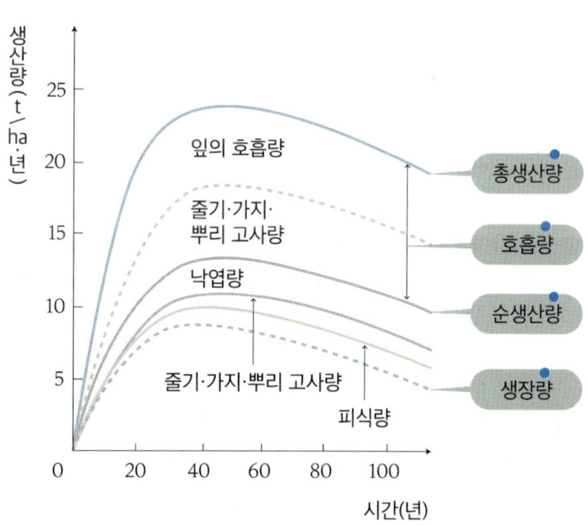

▲ 숲의 생산량과 소비량의 변화

(5) 산점도

데이터 패턴을 파악할 때 적합하며, 변수 간의 관계를 시각화할 때에도
유용합니다.

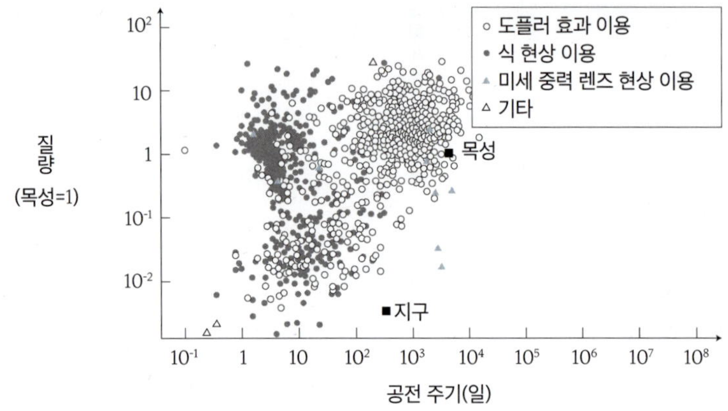

▲ 외계 행성 탐사 결과

3) 문장으로 쓸 때

수치와 방향, 근거를 나타냅니다.

예 온도가 10℃ → 20℃로 증가할 때 거품의 지속 시간은 10s 증가하였
습니다.

문장으로 쓰는 결과에서는 설명을 최소화하고 관련된 설명은 해석, 토의,
결론 등에 쓰도록 합니다.

4) 설문, 인터뷰 결과 쓸 때

응답 수(명), 응답률(%), 표본 특성(나이, 학년, 성별 등)을 제시합니다.

예 고등학교 2학년 학생 200명을 대상으로 스마트폰 하루 6시간 이상
사용: 52%

기존 통계 자료를 사용할 경우 출처와 연도를 제시해야 합니다.

예 청소년 흡연율(%), 질병관리청, 2025

8 글 쓰는 방법

1) 보고서 형식으로 작성하는 경우

(1) 주제 또는 제목 쓰기

제목만 보고도 어떤 탐구를 했는지 알 수 있게 명확하게 작성하면 됩니다.

(2) 탐구 동기 또는 목표 쓰기

주제를 정한 이유나 계기를 쓰고, 탐구로 알아보려는 내용을 써 주면 됩니다.

(3) 배경 이론

탐구와 관련된 자료를 조사합니다.
조사한 자료에서 이해한 내용을 정리해서 작성합니다.

(4) 탐구 방법 및 수행

실험 도구와 재료 등 준비물을 빠짐없이 작성하고, 탐구 문제를 해결하는 과정을 번호를 붙여 실험 방법을 상세히 작성합니다. 탐구과정 중에 오류, 예상치 못한 상황이 생겨도 그것을 기록해 두었다가 보완점으로 활용합니다. 필요에 따라 실험 과정 사진이나 관찰 장면 사진을 제시하거나 표나 그래프로 작성합니다.

(5) 탐구 결과

표, 그림, 그래프 등을 활용해 결과 데이터를 정리합니다. 데이터 종류에 따라 어떤 그래프를 사용할지 판단합니다. 주로 비교는 막대그래프 형태로, 변화는 꺾은선 그래프 형태로, 비율은 원그래프 형태로 사용됩니다. 결괏값은 평균값을 내고 단위를 표시합니다.

(6) 분석, 토의, 결론

탐구 결과를 바탕으로 탐구 문제의 답을 찾아내 작성합니다. 자료를 분석한 결과를 해석하고, 만약 예상과 다른 결과가 나왔다면 그 이유가 무엇인지도 작성합니다. 진로와 연결하여 느낀 점을 작성하고 탐구과정에서 궁금했던 점이나 앞으로 다른 탐구에서 더 알아보고 싶은 점을 써 줍니다.

(7) 참고 문헌

보고서 작성 시 참고했던 책, 논문, 인터넷 사이트 등을 적습니다.

❶ 책: 저자, 발행 연도, 책 제목, 출판사, 쪽수

❷ 논문: 저자, 발행 연도, 논문 제목, 학술지 제목, 권, 호수, 쪽수

❸ 인터넷 사이트: 제목, 웹 주소, 최종 검색일

(8) 검토하기

탐구 과정상의 잘못된 내용이나 오타를 확인합니다. 결괏값과 결론의 일치도를 확인합니다. 진로에 대한 방향도 연결이 잘되었는지 확인합니다.

2) 서론, 본론, 결론 형식으로 작성하는 경우

(1) 서론

주제를 선정하게 된 동기를 구체적으로 작성합니다.

배경과 필요성이 들어가도록 구성하면 좋습니다. 배경은 최근 이슈나 본인의 진로 및 관심사 중에서 선정하면 됩니다. 필요성은 교과 또는 수

용어 돋보기

이슈

관심사, 화제, 문제, 논쟁거리, 또는 해결이 필요한 문제를 의미하는 말입니다.

업과 연결하여 현재의 상황, 중요성 등을 이용하여 나타내면 됩니다.

수업을 통해서 또는 스스로 알아보다가 알게 된 내용에 대해서 더 알고 싶은 것, 호기심이 생긴 것에 대해서 궁금했던 점은 무엇인지, 왜 이 주제를 선택했는지를 나타내면 됩니다.

가설을 제시하면서 무엇을 탐구할지 명확하게 서술하는 것도 좋습니다.

(2) 본론

본론에는 배경지식 작성이 들어가는데 실험형 탐구 보고서는 서론에 배경지식을 작성하고, 조사형 탐구 보고서는 본론에 배경지식을 작성하는 것이 좋습니다.

본론에는 탐구의 과정과 결과가 들어가면 되는데 실험형 탐구 보고서의 경우 사용한 재료, 기구, 실험 설계, 변인 통제 방법이 주로 들어가고, 자료 조사형 탐구 보고서의 경우 자료 수집 경로, 과정, 분석 방법을 작성하면 됩니다. 탐구과정에는 진행한 실험, 조사, 분석 과정을 구체적으로 써 주면 됩니다. 또한 **표, 그림, 그래프 등을 활용하여 시각적으로 정리**하는 것도 좋습니다. 탐구 활동의 결과로 수치, 관찰 결과, 분석 내용을 제시하고 가설의 답을 비교하고 판단해 주면 됩니다.

(3) 결론

탐구 보고서의 내용을 최종 요약한다고 생각하면 됩니다. 주제를 정한 이유, 탐구를 위해 어떤 정보를 탐색했는지, 의문점이나 호기심의 해결이 어떻게 되었는지 등을 기록하면 됩니다. **진로와 연결된 느낀점도 같이 넣어 주면 좋습니다.** 결론이 나지 않은 추가적인 의문점이 있다면 다른 어떤 방법으로 찾을지도 고민해 봐야 합니다. 해결되지 않은 것을 제시하게 되면 추가적인 심화 탐구에 활용할 수도 있습니다.

결론에는 다음 4가지 내용이 들어가야 합니다.

❶ 주제의 의미

~해서 ~하게 되었다.

(탐구를 하게 된 이유, 조사를 하게 된 계기를 넣어 주면 됩니다.)

❷ 전체 내용의 요약

~를 실험하고 ~를 알아보려 하였다.

~를 조사하고, ~를 알아보려 하였다.

(탐구를 통해 알아보려 한 내용을 넣어 주면 됩니다.)

❸ 자신의 의견, 느낀 점

~라는 걸 알 수 있었다.

~라고 할 수 있다.

(탐구를 통해서 알게 된 사실, 진로와의 연관성을 넣어 주면 됩니다.)

❹ 추가로 확장하기

~것들을 더 알아볼 수 있을 것이다.

~를 통해 비교해 볼 수 있을 것이다.

(확장할 수 있는 내용에 대해 넣어 주면 됩니다.)

단, 무엇을, 어떤 방식으로, 어떻게 알아볼 것인가 구체적으로 작성해 주면 좋습니다.

또한 보완해야 할 부분들이 드러났다면 역시 마찬가지로 구체적으로 작성해 주는 것이 좋습니다.

즉, 결론의 주요 형태는 결론만 읽어도 어떤 탐구였는지 알 수 있게 쓰면 잘 써진 것이고, 탐구 후 깨달은 점이 드러나게 써 줘야 합니다. 특히 고등학생은 진로와 연결된 느낀 점이 포함되면 더욱 좋습니다.

느낀 점은 "결과는 ~~했다. 이는 ~~하기 때문이라고 볼 수 있다. 이번 탐구 결과를 통해 ~~~하다는 것을 알 수 있었고, 추후에 ~~~을 하고자 한다."와 같은 식으로 쓰면 됩니다.

탐구를 통해 깨달은 점, 배운 점도 다음과 같이 넣어 줄 수 있습니다.
~~~를 이해하게 되었다. (배운 것을 강조할 수 있습니다.)
~~~의 시각의 볼 수 있게 되었다. (관점의 변화를 드러낼 수 있습니다.)

요약하면, "(탐구 동기)를 통해 주제를 선정하고, 해결하기 위해 (탐구 과정)을 시도했다. (탐구 결과)를 알게 되어 결과를 바탕으로 (탐구 결론)을 도출하게 되었다. (추가 확장)을 해 보고 싶다."의 형태가 됩니다.

유의할 점

탐구 보고서를 작성할 때 자주 하는 실수들이 있습니다. 실수를 줄이기 위한 세 가지 방법을 소개하겠습니다.

1) 과도한 전문 용어 줄이기

배경지식을 활용할 때, 스스로 이해되는 용어까지 숙달한 후 활용하여야 하는데, 그대로 가지고 와서 복사, 붙여넣기를 하게 되면 뜻도 모르는 단어를 사용하게 될 수 있으므로 주의하여야 합니다. 하지만 그렇다고 해서 전문 용어를 아예 사용하지 말라는 것이 아닙니다. 꼭 필요한 전문 용어라면 사용 후 간단히 용어 설명을 추가해 주면 됩니다.

2) 주제나 제목과 내용 불일치 피하기

실제 실험이나 조사 내용과 크게 관련이 없는 내용이 추가되는 경우가 있는데, 책이나 논문을 인용할 때 주로 이런 실수가 나타나기 쉽습니다. 특정 페이지의 일부분을 활용하여야 하는데 전체 문단을 인용하기 때문에 관련 없는 내용이 같이 포함되기 쉽습니다. 단순히 퍼오는 식으로 자료를 모으면 안 되고 내가 이해한 부분과 그렇지 않은 부분, 탐구 과정이나 결론에 필요한 부분과 그렇지 않은 부분을 구별하여 정보를 이용해야 합니다.

3) 형식, 문법, 맞춤법의 일관성 유지하기

조사형 탐구 보고서의 경우 설문이나 인터뷰 내용을 그대로 사용할 수도 있습니다. 이럴 경우 대화체의 구어체가 활용되므로 조사한 내용과 보고서를 쓴 학생이 분석하는 내용은 형식이 달라질 수 있습니다. 따라서 설문, 인터뷰 예를 드는 부분과 각 내용을 분석하는 부분의 표현은 구별하면서 작성을 할 필요가 있습니다. 또한 전체 보고서가 완성되고 난 후 맞춤법 검사기를 돌려서 확인을 해 줄 필요도 있습니다. 단순 오타뿐 아니라 의미가 전혀 달라지는 단어가 실수로 사용되는 경우도 있기 때문입니다.

2

예시로 배우는
학년별, 주제별
탐구 보고서

탐구 보고서를 실제로 쓰기 위해 보고서 작성법과 주의할 사항을 정리해 놓았으니 확인하세요. 학년별, 주제별로 다양한 보고서 예시를 통해 보고서 작성의 아이디어를 얻어 보세요. 각 보고서 끝에 팁을 추가하여 변형, 응용하는 방법과 다른 주제들도 소개해 놓았습니다.

Chapter 02

예시로 배우는
중학교 1~2학년
탐구 보고서

탐구 보고서 작성 방법 및 준비

0

앞서 제시된 탐구보고서 작성법을 모두 숙지했다면 이제 탐구보고서를 직접 작성해 볼 차례입니다. 만약 앞의 내용을 완전히 파악하지 못한 경우에는 아래 순서의 추가 설명을 한 번 더 참고하여 작성해 보세요. 각 과목별로 예시 탐구보고서를 보여드릴 테니 참고하여 작성하면 됩니다.

단, 예시를 그대로 옮기려 하지 말고 어떤 식으로 쓰는지 샘플로 참고하되, 관련 아이디어를 얻어 변형, 응용하거나 일부 관점이나 접근방법을 바꿔 내용을 추가해서 진행해 보면 좋습니다. 기존 탐구를 변형하는 예도 수록하였으니 참고해 주세요.

1. 주제와 동기 정하기 (주제를 선택한 이유 메모하기)

1) 넓게 주제 방향 잡아보기

  ⑴ 본인 관심사 정리, 독서 경험 떠올려보기

  ⑵ 가족과 대화하기

  ⑶ 주변 현상에 대한 호기심과 스스로 관심 있던 부분 확인해 보기

2) 주제 구체화하기

  ⑴ 교과서 단원과 연결해 보기

주제를 정한 후 제목을 정확히 확정하지 않아도 됩니다.
탐구 활동을 수행하고 난 이후에 좀 더 다듬어도 됩니다.

(2) 관심 있는 대학, 학과 사이트 방문하기

(3) 주제 단어 검색해 보기

  ChatGPT, 사이언스온, 네이버 학술정보 등 활용하기

(4) 아이디어 및 탐구 주제, 방향 결정하기

2. 배경지식 조사하기

기존에 있는 자료 조사와 학생이 직접 수집한 자료를 이용할지 결정하기

한 걸음 더!

기존 탐구를 변형해서 활용하는 방법

l. 공통된 핵심 원리를 활용해 탐구 내용 변형하기

탐구의 핵심 내용을 이용해 다른 탐구에 활용해 볼 수 있습니다. 예를 들면,

① [치매 예방 로봇에 대한 탐구]는 '혼자 있는 사람을 위한' 핵심을 캐치하여 [혼자 있는 반려견을 위한 로봇에 대한 탐구]로 변형해 볼 수 있습니다.

② [인간 활동으로 인한 기후 변화]는 최근에 많이 고려하는 주제인데, 발상을 바꿔보면 인간이 없던 시절에도 지구의 환경은 변화해 왔으므로 '지질시대 중 가장 온도가 높았던 시절 생물의 생활' 같은 [자연 활동으로 인한 기후 변화]로 바꾸어 탐구해 보는 것도 아이디어가 될 수 있습니다.

③ [피부 부위에 따른 수분 흡수율 탐구]는 [연령에 따른 수분 흡수율 탐구]나 [성별에 따른 수분 흡수율 탐구] 등으로 변형해 볼 수 있습니다.

2. 관점을 바꿔서 접근하기

미세먼지가 주제라면 과목에 따라 관점을 다르게 하여 접근해 볼 수 있습니다.

과학 영역은 직접적 피해 관점으로 접근 → 미세먼지 측정 기술, 정화 원리

사회 영역은 국가적 관계 관점으로 접근 → 규제 방안, 국제 협약

부정적인 주제는 긍정적인 주제로, 긍정적인 주제는 부정적인 주제로 바꿔볼 수도 있습니다.

예를 들어 '코로나의 피해'는 부정적인 주제라고 할 수 있지만 '코로나로 인한 방역 시스템의 변화'와 같이 긍정적인 주제로 아이디어를 얻을 수도 있고, '플라스틱의 편리한 용도'라는 긍정적인 주제는 '해양의 미세 플라스틱이 사람에게 미치는 영향' 같은 부정적인 주제로 방향을 잡을 수 있습니다.

3. 탐구 과정 계획하기

1) 탐구 주제 다시 확인

2) 배경지식 정리하기

3) 가설 설정이 가능한 경우 가설 세워보기

4) 탐구 방법 설계하기(실험 또는 자료 조사형 방향 결정하기)

실험 탐구보고서 체크리스트 확인, 자료조사 탐구보고서 체크리스트 확인

4. 탐구 수행하기

1) 실험형 탐구: 실험 기록 구체적으로 남기기, 반복 실험하기

2) 조사형 탐구: 자료 잘 분류하고, 출처와 신뢰도 확인하기

5. 결과 정리하기

1) 수치로 결과가 나올 경우, 표, 그래프로 표현하기

2) 문장, 설문, 인터뷰 결과를 쓸 경우, 표현 방법 고민하기

6. 글쓰기 (작성 형태 결정하기)

1) 탐구보고서 형태로 작성할지

(주제 → 목표 → 배경 이론 → 탐구 방법 → 탐구 결과 → 분석, 토의, 결론
→ 참고 문헌 순으로 쓰고 일부 내용은 다시 추가 보완하면 됩니다.)

2) 서론, 본론, 결론 구조로 작성할지 결정하기

(본론을 먼저 작성 → 결론 작성 → 서론 작성 → 제목 확정 → 참고 문헌
순으로 쓰면 됩니다.)

7. 검토하기

1) 과정상의 잘못된 내용, 오타 확인하기
2) 결괏값과 결론의 일치도 확인하기
3) 진로에 대한 방향도 연결되었는지 확인하기

탐구보고서 쓰는 방법 간단 정리

1. 주제 정하기	관심사·독서·대화·주변 현상에서 아이디어 얻기 교과 단원, 전공·학과, 학술자료, AI 이용해 구체화 기존 탐구의 변형 또는 관점을 바꾸어 새 아이디어 얻기
2. 배경지식 조사	기존 연구와 직접 수집 자료 활용 여부 결정
3. 탐구 과정 계획	주제 확인, 배경 정리, 가설 설정, 탐구 방법(실험/조사형) 설계
4. 탐구 수행	○ 실험형 탐구: 실험 기록 구체적으로 남기기, 반복 실험하기 ○ 조사형 탐구: 자료 잘 분류, 출처와 신뢰도 확인
5. 결과 정리	수치: 표·그래프, 비수치: 문장, 설문, 인터뷰 등 정리
6. 글쓰기	○ 탐구보고서 형태 　주제 → 목표 → 배경 이론 → 탐구 방법 → 탐구 결과 → 분석, 토의, 결론 → 　참고 문헌 ○ 서론, 본론, 결론 형태 　본론을 먼저 작성 → 결론 작성 → 서론 작성 → 제목 확정 → 참고 문헌
7. 검토하기	오타·과정 오류 확인, 결론과 결과의 일치 여부 확인 진로와의 연계 검토

1 물리학 영역

**마찰력 : 슬리퍼 신고 미끄러진 경험 ㅠㅠ,
　　　　다양한 발자국 모양~ 과학과 관련이 있을까?**

1. 주제　　　신발 밑창 패턴이 마찰력에 미치는 영향

2. 탐구 목표　　신발(운동화, 구두, 슬리퍼 등) 밑창 패턴이 마찰력에 어떤 영향을 주는지 알
아본다.

3. 배경 이론　　마찰력은 두 물체가 맞닿아 있을 때 생기는 저항력이다.
물체가 미끄러지지 않고 버티는 힘을 '정지마찰력', 물체가 미끄러질 때 운
동하는 반대 방향으로 작용하는 힘을 '운동마찰력'이라고 한다.

마찰력의 크기는 다음과 같은 요소들에 의해 결정된다.
❶ 접촉하는 표면의 재질(고무, 가죽, 플라스틱 등)
❷ 표면의 거칠기(매끈한지, 거친지)
❸ 표면에 물이나 기름이 있는지
❹ 신발 밑창의 홈이나 돌기 모양

4. 탐구 방법　　(1) 준비물
나무 판자(경사면으로 사용), 각도기, 같은 무게의 나무 블록 3개, 운동화,

구두, 슬리퍼 밑창 조각, 물 스프레이, 자, 스톱워치

(2) 실험 과정 (실험: 경사면에서 신발이 미끄러지기 시작하는 각도 측정)

❶ 나무 블록 밑면에 각각 다른 신발 밑창 조각을 붙인다.

❷ 경사면을 수평(0도)부터 시작해서 천천히 각도를 높인다.

❸ 블록이 미끄러지기 시작하는 각도를 측정한다.

❹ 각 신발당 3번씩 반복하여 평균을 구한다.

❺ 경사면에 물을 뿌리고 같은 방법으로 측정한다.

5. 탐구 결과

신발 종류	조건	1차	2차	3차	평균
운동화	마른 상태	26.5°	27.2°	26.8°	26.8°
구두	마른 상태	28.0°	27.5°	28.3°	27.9°
슬리퍼	마른 상태	18.5°	19.2°	18.8°	18.8°
운동화	젖은 상태	20.0°	19.5°	20.2°	19.9°
구두	젖은 상태	21.5°	22.0°	21.8°	21.8°
슬리퍼	젖은 상태	12.0°	12.5°	11.8°	12.1°

(1) 마른 상태에서의 결과:

❶ 구두: 평균 27.9도에서 미끄러짐(가장 잘 버팀)

❷ 운동화: 평균 26.8도에서 미끄러짐

❸ 슬리퍼: 평균 18.8도에서 미끄러짐(가장 빨리 미끄러짐)

(2) 젖은 상태에서의 결과:

❶ 구두: 평균 21.8도에서 미끄러짐(마른 상태보다 6.1도 낮아짐)

❷ 운동화: 평균 19.9도에서 미끄러짐(마른 상태보다 6.9도 낮아짐)

❸ 슬리퍼: 평균 12.1도에서 미끄러짐(마른 상태보다 6.7도 낮아짐)

6. 결론

(1) 신발 밑창 재질과 패턴의 영향

❶ 구두가 마른 상태에서 가장 높은 각도까지 버텼는데, 그 이유는 가죽

밑창이 나무 표면과 잘 맞물리기 때문이다.

❷ 운동화는 고무 밑창의 홈 패턴이 있어서 구두보다는 조금 낮지만 좋은 성능을 보여 준다.

❸ 슬리퍼는 매끄러운 표면 때문에 가장 빨리 미끄러진다.

(2) 물의 영향

젖은 상태에서는 모든 신발이 6~7도 정도 일찍 미끄러졌다. 특히 운동화는 홈 사이에 물이 끼면서 마찰력이 감소하기도 했다.

(3) 일상생활 적용

❶ 마른 바닥에서는 구두나 운동화 모두 안전하다.

❷ 젖은 바닥에서는 구두가 가장 안전하지만, 운동화도 괜찮다.

❸ 슬리퍼는 젖은 바닥에서 매우 위험하므로 피해야 한다.

(4) 느낀 점과 개선점

이번 실험을 통해 평소에 당연하게 생각했던 신발의 차이가 과학적으로 설명될 수 있다는 것을 알게 되었다. 앞으로는 상황에 맞는 신발을 선택해서 안전사고를 예방할 수 있을 것 같다. 아쉬운 점은 더 다양한 종류의 신발과 표면(타일, 콘크리트 등)을 실험하지 못한 것이다. 다음에는 실제 신발을 신고 직접 측정하는 방법도 시도해 보고 싶다.

실험형 보고서이며 아이디어를 얻어서 할 경우 직접 실험해 보고 결과를 작성하세요~
운동화 브랜드별 비교나, 운동화의 종류별 비교(런닝화, 농구화 등등. 단, 무게는 같아야 합니다.) 등으로 변형해 볼 수도 있습니다.

<table>
<tr><td>예시 2·
중1</td><td>부력 : 물에 둥둥 떠서 놀다가~
　　　온도가 다르면 부력도 달라질까?</td></tr>
</table>

1. 주제　　　온도에 따른 부력 변화

2. 탐구 목표　　물의 온도에 따라 밀도가 어떻게 달라지는지 이해한다.

같은 물체라도 물 온도에 따라 떠오르는 정도가 달라질 수 있음을 확인한다.

3. 배경 이론　　**(1) 부력**

물체가 액체 속에 잠기면, 밀어낸 액체의 무게만큼 위로 미는 힘(부력)을 받는다.

(2) 물의 밀도와 온도 관계

일반적으로 물은 차가울수록 밀도가 크고, 따뜻할수록 밀도가 작다.

(단, 물은 4℃에서 밀도가 가장 크다는 특별한 성질이 있다.)

같은 물체라 하더라도, 차가운 물에서는 부력이 크게 작용해 더 많이 뜨고, 뜨거운 물에서는 부력이 줄어들어 더 많이 잠길 수 있다.

4. 탐구 방법　　**(1) 준비물**

투명 수조 3개, 탁구공, 달걀, 작은 플라스틱 블록, 온도계, 뜨거운 물, 얼음

(2) 실험 방법

❶ 세 개의 수조에 각각 차가운 물(약 5℃), 상온의 물(약 20℃), 따뜻한 물(약 35~40℃)을 준비한다.

❷ 같은 물체를 각각의 수조에 넣는다.

❸ 물체가 물 위로 얼마나 떠오르는지(노출된 높이, 잠긴 깊이)를 자로 측정한다.

❹ 각 수온에서 물체가 뜨는 정도를 비교 기록한다.

5. 탐구 결과

수온 (℃)	물체 종류	수면 위로 나온 길이 (cm)	수면 아래 잠긴 길이 (cm)	관찰 내용
5	탁구공	2.4	1.6	가장 많이 떠오름, 안정적
20	탁구공	2.3	1.7	보통 정도로 떠오름
40	탁구공	2.2	1.8	가장 적게 떠오름
5	플라스틱 블록	0.8	2.2	차가운 물에서 더 잘 뜸
20	플라스틱 블록	0.7	2.3	중간 정도
40	플라스틱 블록	0.6	2.4	따뜻한 물에서 더 많이 잠김
5	달걀	0.0	6.0	완전히 가라앉음
20	달걀	0.0	6.0	완전히 가라앉음
40	달걀	0.0	6.0	완전히 가라앉음

❶ **탁구공**: 온도가 낮을수록 더 많이 떠올랐다. 5℃에서 2.4cm, 40℃에서 2.2cm로 0.2cm 차이를 보였다.

❷ **플라스틱 블록**: 탁구공보다 무겁지만, 여전히 온도 효과를 보다. 차가운 물에서 0.2cm 더 많이 떠올랐다.

❸ **달걀**: 모든 온도에서 완전히 가라앉았다. 온도 변화의 효과를 관찰하기 어려웠다.

6. 결론

(1) 온도와 밀도의 관계

차가운 물일수록 밀도가 커져, 물체가 더 많이 떠오르는 것을 확인할 수 있었다.

(2) 부력의 변화

따뜻한 물에서는 밀도가 작아져, 같은 물체라도 조금 더 잠기는 경향을 보였다.

부력의 크기는 액체의 밀도와 밀접한 관련이 있으며, 온도 변화가 물체의 부력에 직접적인 영향을 준다는 사실을 알 수 있었다.

이번 실험을 통해 일상생활에서 경험하는 현상들이 과학적 원리로 설명될 수 있다는 것을 알게 되었다. 특히 온천과 찬물에서 느끼는 부력의 차이가 실제로 존재한다는 것이 신기했다. 아쉬운 점은 달걀처럼 너무 무거운 물체는 변화를 관찰하기 어려웠다는 것이다. 다음에는 물과 비슷한 밀도를 가진 다양한 물체들로 실험해 보고 싶다.

Tip

실험형 보고서이며 아이디어를 얻어서 할 경우 직접 실험해 보고 결과를 작성하세요~
액체의 종류(음료수, 잉크 등)별 밀도 비교나 농도에 따른 실험으로 변형해 보는 것도 좋습니다.
조사하는 보고서 형태로 바꾸어 봐도 좋고 '해양의 오염 물질과 밀도의 관계' 등 환경 주제로 확장해 볼 수도 있습니다.

예시 3· 중1	열평형 : 앗, 차가워! 겨울에 철봉을 만지면 나무보다 더 차가운데 온도는 사실 똑같다고?

1. 주제   추운 날 공원의 철제 의자가 나무 의자보다 더 차갑게 느껴지는 이유

2. 탐구 목표   금속과 나무의 열전도도 차이가 사람의 피부에서 느끼는 온감(차갑게/따듯하게)을 어떻게 만드는지 이해한다.

3. 배경 이론   (1) 열평형(thermal equilibrium)

서로 다른 온도의 두 물체가 접촉하면 열이 고온에서 저온으로 흐르다가 온도가 같아지면 더 이상 열이 이동하지 않는 상태를 말한다.

(2) 열전도도(thermal conductivity)

물질이 열을 얼마나 잘 전달하는지를 나타내는 성질이다.
금속은 열전도도가 높아 열을 빠르게 전달하고, 나무는 열전도도가 낮아 열전달이 느리다.

(3) 비열(specific heat)

물질 1g의 온도를 1℃ 올리는 데 필요한 열의 양이다.

비열이 큰 물질은 같은 양의 열로 온도가 잘 변하지 않는다.

4. 탐구 방법

(1) 준비물

금속판, 나무판, 적외선 온도계, 시계, 기록지, 알코올 솜

(2) 실험 방법

실험 A: 온도 측정 및 체감 온도 비교

❶ 금속판과 나무판을 표면이 더럽지 않도록 알코올 솜으로 닦아 둔다.

❷ 실온에서 30분 이상 두어 두 판이 같은 온도가 되도록 한다.

❸ 적외선 온도계로 두 판의 표면 온도를 각각 3번씩 측정하여 평균을 구한다.

❹ 손바닥을 편 상태로 금속판과 나무판 위에 10초간 가볍게 올려 두고 체감 온도를 5단계로 기록한다.

  (1: 매우 차가움, 2: 차가움, 3: 보통, 4: 따뜻함, 5: 매우 따뜻함)

실험 B: 열전달 속도 측정

❶ 따뜻한 물(약 40℃)에 담근 손을 물기를 닦고 준비한다.

❷ 따뜻한 손을 금속판과 나무판에 각각 10초간 올려 둔다.

❸ 손을 뗀 직후부터 5초 간격으로 표면 온도 변화를 30초간 측정한다.

❹ 온도가 원래대로 돌아가는 시간을 기록한다.

실험 C: 차가운 조건에서의 실험

❶ 두 판을 냉장고에 1시간 넣어 둔다.

❷ 꺼낸 직후 온도를 측정하고 체감 온도를 기록한다.

❸ 실온에서 온도가 올라가는 속도를 비교한다.

5. 탐구 결과

실험 A: 온도 측정 및 체감 온도 비교(실온 조건)

재질	측정 온도(℃)	평균 온도(℃)	체감 온도 점수	느낌
금속판	22.1, 22.3, 22.0	22.1	2	차가움
나무판	22.0, 22.2, 21.9	22.0	3	보통

실험 B: 열전달 속도 측정(따뜻한 손 접촉 후)

시간(초)	금속판 온도(℃)	나무판 온도(℃)
0	28.5	25.2
5	26.8	24.6
10	25.1	24.1
15	23.9	23.8
20	23.2	23.5
25	22.7	23.1
30	22.3	22.8

원래 온도로 돌아가는 시간: 금속판 약 25초, 나무판 약 35초

실험 C: 차가운 조건에서의 실험(냉장고 보관 후)

재질	냉장고에서 꺼낸 직후 온도(℃)	체감 온도 점수	10분 후 온도(℃)
금속판	4.2	1	18.5
나무판	4.1	2	12.8

❶ **실제 온도는 같음**: 실온에서 측정한 결과, 금속판과 나무판의 실제 온도는 거의 같았다(22.0℃ vs 22.1℃). 하지만 체감 온도는 달랐다.

❷ **열전달 속도의 차이**: 따뜻한 손을 올려 둔 후 온도 변화를 보면,
금속판: 28.5℃까지 빠르게 올라갔다가 25초 만에 원래 온도로 돌아왔다.
나무판: 25.2℃까지만 올라갔고 35초가 걸려서 원래 온도로 돌아왔다.

❸ **차가운 상태에서의 차이**: 냉장고에서 꺼낸 후 온도 변화를 보면,
금속판: 매우 차갑게 느껴졌고, 실온에서 빠르게 온도가 올라갔다.

나무판: 같은 온도였지만 덜 차갑게 느껴졌고, 온도 상승이 느렸다.

6. 결론

(1) 실제 온도는 같지만 체감은 다름

금속과 나무가 같은 온도여도 금속이 더 차갑게 느껴지는 것이 확인되었다.

(2) 열전도도가 체감 온도를 결정

금속은 열전도도가 높아서 손의 열을 빠르게 빼앗아 가므로 차갑게 느껴진다. 나무는 열전도도가 낮아서 열을 천천히 전달하므로 덜 차갑게 느껴진다.

(3) 열 회복 속도도 다름

금속은 외부 열을 받으면 빠르게 온도가 올라가고, 열원이 사라지면 빠르게 원래 온도로 돌아간다. 나무는 모든 변화가 천천히 일어난다.

(4) 일상생활에서의 응용

겨울철 철봉이나 금속 의자가 나무보다 차갑게 느껴지는 이유가 실제 온도 차이가 아니라 열전도도 차이 때문임을 알 수 있었다.

(5) 느낀 점과 개선점

이번 실험을 통해 일상에서 당연하게 받아들였던 현상이 과학적으로 설명될 수 있다는 것을 알게 되었다. 특히 '차갑다'라는 감각이 실제 온도와는 다른 개념이라는 것이 신기했다. 다음에는 플라스틱, 유리, 종이 등 더 다양한 재질로 실험해 보고, 두께가 열전도에 미치는 영향도 알아보고 싶다.

Tip

실험형 보고서이며 아이디어를 얻어서 할 경우 직접 실험해 보고 결과를 작성하세요~
금속판을 다른 금속(알루미늄, 구리 등)으로 바꿔 금속 종류별 열전도 차이를 비교하거나, 같은 재질이라도 두께를 다르게 해서 접촉 후 온도 변화 속도를 비교해 보세요.
열화상 카메라를 사용해 접촉 전후의 온도 분포를 시각적으로 관찰해 보는 것도 가능합니다.

1. 주제 정전기 방지제의 원리와 효과

2. 탐구 목표 정전기 방지제가 정전기 발생에 미치는 영향을 관찰한다. 정전기 방지제를 사용했을 때와 사용하지 않았을 때 알루미늄 조각이 이동한 거리의 차이를 비교한다. 정전기 방지제의 원리를 이해하고 일상생활에서의 활용 가능성을 탐구한다.

3. 배경 이론 (1) 정전기

물체가 전하를 띠어 서로 밀거나 끌어당기는 현상

(2) 정전기 방지제

❶ 표면에 수분 막을 만들어 습도를 높여 전하가 쉽게 흘러감.
❷ 전도성 물질이 포함되어 있어 전하가 빠르게 퍼져 나감. 정전기 발생을 줄이는 물질.

(3) 실생활 예시

겨울철 옷, 헤어드라이기, 전자기기 보호 등에 사용.

(4) 정전기 유도

외부 전하에 의해 도체 내부 전하가 재배치되는 현상. 방지제를 사용하면 전하 재배치가 최소화된다.

4. 탐구 방법 (1) 준비물

알루미늄 조각(작은 크기, 가벼운 것), 플라스틱 막대 또는 풍선, 정전기 방지제(스프레이형), 자, 줄자, 노트

(2) 실험 방법

❶ 알루미늄 조각을 평평한 책상 위에 놓는다.

❷ 플라스틱 막대 또는 풍선을 문질러 대전한다.

❸ 대전된 물체를 알루미늄 조각에 가까이 가져가면서 움직임 관찰 및 거리 측정(정전기 방지제 미사용).

❹ 알루미늄 조각 표면에 정전기 방지제를 스프레이로 뿌린다.

❺ 동일한 방법으로 다시 실험하여 알루미늄 조각의 움직임 거리 비교(정전기 방지제 사용).

❻ 각 경우를 3회 이상 반복하여 평균값 기록.

5. 탐구 결과

실험 조건	알루미늄 조각 이동 거리(cm)	평균(cm)	관찰 내용
방지제 미사용	5, 6, 5	5.3	알루미늄 조각이 활발하게 움직임
방지제 사용	2, 1.5, 2	1.8	알루미늄 조각의 움직임이 감소

정전기 방지제를 사용하였을 때 알루미늄 조각의 움직임이 현저히 줄어듦.
방지제 표면으로 전하가 쉽게 흘러가 전기력 감소 효과가 나타남.
반복 실험 결과에서도 안정적으로 효과 확인 가능.

6. 결론

정전기 방지제를 사용하면 정전기 발생으로 인한 물체의 움직임이 줄어드는 것을 확인했다. 이는 방지제가 물체 표면 전하를 흘려보내거나 재분배를 방해하여 정전기 유도를 최소화하기 때문이다. 따라서 겨울철 전자기기 보호, 의류, 헤어 관리 등 일상생활에서 정전기 방지제를 효과적으로 활용할 수 있다. 추가 탐구에서는 다양한 방지제 종류와 표면 재질에 따른 효과 차이를 비교해 보고 싶다.

Tip

실험형 보고서이며 아이디어를 얻어서 할 경우 직접 실험해 보고 결과를 작성하세요~
실험 시 실험실 온도, 습도 기록도 하고, 알루미늄 조각의 무게, 크기도 기록하면 좋습니다.
결괏값을 이용해 그래프로 만들어서 사용 전과 후를 비교하는 형식도 좋고, 표면 재질(플라스틱, 금속, 천 등)에 따른 효과로 변행해도 좋습니다.

전류와 저항 : 스마트폰 발열!
음... 온도가 전류에 영향을 줄까?

1. 주제

온도 변화가 전류에 미치는 영향

2. 탐구 목표

전선이나 저항체의 온도가 변할 때 전류가 어떻게 변하는지 관찰하고, 온도와 전류의 관계를 이해한다.

3. 배경 이론

(1) 옴의 법칙

전류가 흐르려면 전압과 저항이 필요하다. 전류(I), 전압(V), 저항(R)의 관계는 $V=I \times R$으로 나타낼 수 있다. 전압이 일정하다면, 저항이 커질수록 전류는 줄어들고, 저항이 작아지면 전류는 커진다.

(2) 온도와 저항의 관계

금속 같은 도체는 온도가 올라가면 내부의 원자들이 더 심하게 움직이게 된다. 그러면 전류를 이루는 전자들이 원자와 부딪히는 일이 많아져서 전자가 잘 흐르지 못하고, 결과적으로 저항이 커진다.

반대로, 반도체(예 탄소, 실리콘 등)는 온도가 올라가면 전자가 더 자유롭게 움직일 수 있어 저항이 줄어드는 경우도 있다.

(3) 저항의 온도 계수

물체의 재질에 따라 온도에 따라 저항이 얼마나 변하는지가 다르다.

금속: 온도가 올라가면 저항 증가

반도체: 온도가 올라가면 저항 감소

4. 탐구 방법

(1) 준비물

건전지, 전선, 저항체(니크롬선 등), 전류계, 온도계, 알코올램프 혹은 히터, 얼음물, 절연 집게

(2) 실험 방법

❶ 회로를 구성하여 전류계를 연결하고 일정한 전압(건전지)을 유지한다.

❷ 저항체의 온도를 측정하면서 전류계를 관찰한다.

   저온: 얼음물에 담가 온도를 낮춘 상태 측정

   실온: 상온 상태 측정

   고온: 히터나 알코올램프를 이용해 온도를 높인 상태 측정

❸ 각 온도에서 전류값을 기록하고 표와 그래프로 정리한다.

5. 탐구 결과

온도(℃)	전류(A)
5	0.52
20	0.50
40	0.47
60	0.44
80	0.41

측정 결과, 온도가 올라갈수록 전류의 크기가 점점 감소하는 것을 확인할 수 있었다. 같은 전압을 사용했음에도 불구하고 전류가 줄어든 이유는 저항체의 저항이 온도에 따라 증가했기 때문이다.

6. 결론

이번 실험을 통해 도체(니크롬선)의 온도가 높아질수록 전류가 감소하는 현상을 확인하였다. 이는 옴의 법칙 V=IR에 따라 전압이 일정할 때 저항이 커지면 전류가 줄어들기 때문이다. 즉, 금속 도체는 온도가 올라가면 원자들의 진동이 심해져 전자의 이동을 방해하고, 그 결과 저항이 증가한다는 사실을 알 수 있었다. 따라서 "온도가 올라가면 금속 도체의 저항은 증가하고 전류는 감소한다."라는 것을 확인할 수 있으며, 이는 배경 이론과도 잘 일치한다. 또한 이번 탐구를 통해 일상생활에서 전류가 변하거나, 전기저항이 중요한 역할을 한다는 점을 이해할 수 있었다. 예를 들어 전선이 열을 받으면 효율이 떨어지는 이유 등을 설명할 수 있다.

Tip

실험형 보고서이며 아이디어를 얻어서 할 경우 직접 실험해 보고 결과를 작성하세요~
다른 재질(구리 선, 탄소막대, 반도체 등)을 사용했을 때 온도와 전류의 관계 비교, 저항체의 길이와 두께에 따른 결과 변화, 온도가 매우 낮거나 매우 높은 극한 상황에서의 전류 변화 실험으로 변형해 봐도 좋습니다.
조사형 보고서로 형태를 바꾸어 작성해도 좋습니다.

<table>
<tr><td>예시 6·
중2</td><td>거울 : 친구의 눈동자 속에 커다란 내가 들어 있네??</td></tr>
</table>

1. 주제　　볼록 거울과 오목 거울의 실생활 탐구

2. 탐구 목표　　볼록 거울과 오목 거울이 우리 주변에서 어떻게 사용되는지 이해한다. 거울의 모양에 따라 상의 크기, 위치, 형태가 달라지는 원리를 관찰하고 설명할 수 있다. 주변 사물을 이용해 상의 특성을 직접 확인하며 실생활과 과학 원리를 연결한다.

3. 배경 이론

(1) 거울의 종류

평면 거울: 상이 실제와 같은 크기이며 뒤쪽에 생김.

볼록 거울: 가운데가 오목하게 들어간 형태. 상이 작게 보이고, 넓은 시야를 확보할 수 있음.

　　→ 자동차 사이드미러, 친구 눈동자, 슈퍼마켓 도어 손잡이 거울 등

오목 거울: 가운데가 볼록하게 튀어나온 형태. 상이 확대되어 보임.

　　→ 화장 거울, 손거울, 손전등 반사경 등

(2) 거울의 상 특징

볼록 거울: 상이 항상 작고, 정립상, 실제보다 멀리 있는 것처럼 보임.

오목 거울: 상이 물체와 거리에 따라 확대되거나 뒤집힌 상으로 보임.

4. 탐구 방법

(1) 준비물

볼록 거울, 오목 거울, 평면거울, 손전등, 작은 물체(연필, 지우개 등), 줄자

(2) 실험 방법

볼록 거울 관찰

❶ 자동차 사이드미러를 관찰하고, 지나가는 사람이나 물체가 어떻게 보이는지 기록

❷ 친구의 눈동자를 확대해 볼 때 볼록 거울처럼 보이는 부분 관찰

❸ 숟가락 뒷면(볼록한 부분)을 이용하여 상의 크기와 위치 비교

❹ 볼록 거울의 예시 찾아보기

오목 거울 관찰

❶ 화장용 오목 거울로 손가락, 작은 물체를 가까이 대어 확대되는 상 관찰

❷ 손전등 반사경에 작은 물체를 비추어 상의 확대와 위치 확인

❸ 관찰 내용을 표로 정리: 물체와 거울의 거리, 상의 크기, 상의 정립/도립 여부 기록

❹ 오목 거울의 예시 찾아보기

5. 탐구 결과

거울 종류	물체와의 거리	상의 크기	상의 정립/도립
볼록 거울	가까움, 멀다	작음	똑바론 선 상(정립)
오목 거울	가까움	큼	똑바론 선 상(정립)
오목 거울	멀다	작음	거꾸로 된 상(도립)

(1) 볼록 거울

상이 실제보다 작게 보임 → 넓은 범위를 한눈에 볼 수 있음, 정립상이며, 실제보다 멀리 있는 것처럼 느껴짐.

(2) 오목 거울

가까이에서 물체를 보면 상이 확대되며, 거리에 따라 상이 거꾸로 뒤집히기도 함.

(3) 볼록 거울의 예시

- 자동차 사이드미러 – 사각지대 확인, 넓은 시야 확보
- 친구 눈동자 – 눈동자의 둥근 형태가 볼록 거울처럼 작게 반사
- 숟가락 뒷면 – 볼록 면에 비친 상이 작게 나타남
- 버스/택시 내부 백미러 일부 – 운전자가 넓은 시야 확보
- ATM 기계 주변 감시용 작은 반사거울 – 주변 사람 확인
- 상점 출입구 천장 거울 – 도둑 방지, 넓은 영역 관찰
- 화장실 세면대 수도꼭지 상단 – 둥근 금속 표면에서 상이 작게 보임

(4) 오목 거울의 예시

- 화장용 확대 거울 – 피부 관찰, 메이크업용
- 카메라 렌즈 내부 반사경 – 빛 집중, 초점 강화
- 현미경 조명 반사경 – 빛을 시료에 집중
- 돋보기 내부 반사면 – 확대된 상 관찰
- 태양열 조리기 반사경 – 빛과 열을 한 점에 모음
- 손전등 배터리 반사경 – LED 빛 집중
- 치과용 확대 거울 – 치아 세부 관찰

6. 결론

볼록 거울은 상을 작게 만들어 넓은 시야를 제공하므로 안전과 관찰용으로 사용된다. 오목 거울은 상을 확대해 세부를 자세히 볼 수 있어 화장이나 반사광 집중에 활용된다. 일상생활 속 사물에서도 볼록 거울과 오목 거울의 원리를 쉽게 관찰할 수 있으며, 거울의 모양에 따라 상의 크기와 형태가 달라짐을 확인하였다. 친구의 눈동자, 숟가락, 자동차 사이드미러 등 친근한 예시를 통해 과학 원리가 실생활과 연결됨을 이해할 수 있었다.

Tip

실험과 조사가 혼합된 형태의 보고서이며 아이디어를 얻어서 할 경우 직접 해 보고 결과를 작성하세요~
다양한 예시와 빛의 경로를 작도해서 그리면서 작성해도 좋습니다.
용도에 따른 거울의 각도에 대한 고찰을 해 봐도 좋습니다.

화학 영역

상태 변화 : 왜 얼음은 가라앉지 않고 떠 있는 걸까?

1. 주제 물과 파라핀의 상태 변화 비교 실험

2. 탐구 목표 얼음과 파라핀의 상태 변화를 관찰한다.

고체와 액체로 상태 변화할 때 부피 변화 차이를 비교한다.

물의 특이성을 이해하고, 왜 얼음이 물에 뜨는지 설명할 수 있다.

3. 배경 이론

(1) 상태 변화

물질은 온도에 따라 고체, 액체, 기체로 바뀐다.

대부분 물질은 고체 → 액체로 변하면 분자 간 거리가 멀어져 밀도가 작아지고 부피는 커진다.

(2) 파라핀의 특징

파라핀은 일반적인 물질처럼 고체 → 액체로 상태 변화하면 분자 배열이 늘어나므로 부피가 증가한다.

(3) 물의 특성

물은 수소결합 때문에 얼음에서 육각형 구조를 형성하여 분자 사이에 빈

공간이 많다. 따라서 얼음의 부피는 물일 때보다 크고, 얼음의 밀도보다 물의 밀도가 더 크다.

4. 탐구 방법

(1) 준비물

눈금 실린더 2개, 얼음 조각, 파라핀 조각, 따뜻한 물, 집게

(2) 실험 방법

❶ 눈금 실린더 2개를 준비한다.

❷ 첫 번째에는 일정량의 얼음을 넣고, 두 번째에는 잘게 부순 파라핀 조각을 넣는다.

❸ 각각의 초기 부피를 기록한다.

❹ 얼음과 파라핀을 따뜻한 물이나 열로 가열하여 완전히 녹인다.

❺ 녹은 뒤의 부피를 눈금 실린더에서 다시 측정한다.

❻ 상태 변화 전후의 부피 차이를 비교한다.

5. 탐구 결과

물질	초기 상태	최종 상태	초기 부피(ml)	최종 부피(ml)	변화량
물	얼음	물	50	45	-5
파라핀	고체	액체	50	55	+5

❶ **얼음**: 녹으면서 눈금 실린더 눈금이 줄어든다.

　부피가 줄어든다 → 물보다 밀도가 낮아 물에 뜬다.

❷ **파라핀**: 녹으면서 눈금 실린더 눈금이 커진다.

　부피가 늘어난다 → 일반적인 물질과 비슷한 성질.

6. 결론

파라핀은 일반적인 물질처럼 부피가 증가하고, 물은 고체에서 액체로 상태 변화할 때 부피가 감소하는 특이한 성질을 가지고 있다. 얼음이 물에 뜨는 이유는 물보다 부피가 더 커서 밀도가 작기 때문이다. 이 실험을 통해 물의 특이한 물리적 성질과 상태 변화 과정의 차이를 이해할 수 있었다.

예시 2· 중1   기체와 온도 : 여름철 자전거 타이어가 팽팽한 이유는 무엇일까?

1. 주제

온도 변화에 따라 자전거 타이어 공기압이 달라지는 이유

2. 탐구 목표

기체의 온도와 압력의 관계를 정리하여 자전거 타이어에서 일어나는 변화
를 설명할 수 있다.

실제 온도 변화에 따라 공기압이 얼마나 달라지는지 수치로 계산해 본다.

3. 배경 이론

(1) 기체 분자 운동과 압력

기체는 많은 분자가 빠르게 움직이며 그들이 용기(타이어 내부 벽)에 충돌
할 때 압력이 발생한다.

온도가 높아지면 분자 운동이 활발해져 같은 부피에서 충돌 횟수와 세기
가 증가하므로 압력이 증가한다.

(2) 이상기체 상태방정식

이상기체 법칙: $PV=nRT$

P: 압력, **V**: 부피, **n**: 기체 몰수, **R**: 기체 상수, **T**: 절대온도(K)

타이어의 부피(V)와 기체의 양(n), 기체 상수(R)는 일정하므로 압력은 온
도에 비례한다.

4. 탐구 방법

❶ 여름철과 겨울철의 기온 차이를 설정한다.(겨울 0℃, 여름 30℃)

❷ 타이어의 초기 압력을 3기압(약 300kPa)이라 가정한다.

❸ 이상기체 법칙의 $\frac{P}{T}$=일정 관계를 적용하여 여름철에 압력이 어떻게 변하는지 계산한다.

❹ 계산 결과를 토대로 실제 상황(계절 변화, 주행 중 마찰열 발생)에 대해 분석한다.

5. 탐구 결과

(1) 온도 변화에 따른 압력 계산

절대온도 변환:

겨울 0℃ = 273K

여름 30℃ = 303K

초기 상태: P_1=3.0atm, T_1=273K

최종 상태: , $P_2=P_1\times\frac{P_2}{T_1}$, $P_2=3.0\times\frac{303}{273}\approx3.33$atm

즉, 온도가 30℃ 상승하면 압력이 약 10% 증가한다.

(2) 주행 중 마찰열에 의한 추가 상승

자전거 타이어는 달릴 때 노면 마찰로 온도가 더 오를 수 있다.

타이어 내부 공기가 50℃(323K)까지 올라간다면:

$P_2=3.0\times\frac{323}{273}\approx3.55$atm

압력이 약 18% 상승 → 타이어가 매우 팽팽하게 느껴짐.

6. 결론

기체의 압력은 온도에 비례하기 때문에, 기온이 높아지면 자전거 타이어 내부 압력이 올라간다.

겨울 0℃와 여름 30℃의 차이만으로도 압력이 약 10% 증가하며, 주행 중 타이어 온도가 더 오르면 15~20%까지 증가할 수 있다. 따라서 여름철에는 타이어가 더 팽팽해지고, 과도한 공기 주입은 폭발 위험을 높일 수 있다. 이 탐구를 통해 이상기체 법칙이 일상생활의 현상(타이어 공기압 변화)을 설명해 줄 수 있다는 사실을 확인할 수 있었다.

예시 3· 중1	기체와 압력 : 쉐이킷! 쉐이킷~ 스프레이를 뿌리기 전에 흔드는 이유는?

1. 주제

스프레이를 흔들어서 분사하는 이유

2. 탐구 목표

스프레이 내부 기체와 액체의 상태를 이해하고, 압력과 부피의 관계를 조사한다.

흔들어서 사용하는 이유를 기체 법칙(보일의 법칙, 기체 압력) 관점에서 설명할 수 있다.

3. 배경 이론

(1) 기체 압력과 부피의 관계(보일의 법칙)

일정한 온도에서 기체의 압력(P)과 부피(V)는 반비례한다.

$P \times V = $ 일정

즉, 부피가 줄어들면 압력이 증가하고, 부피가 늘어나면 압력이 감소한다.

(2) 스프레이 캔 구조

스프레이 캔에는 분사할 액체 성분과 압축된 기체가 함께 들어 있다.

기체가 액체 위에 존재하면서 압력을 가해, 분사구를 열면 액체가 미세한 입자로 밖으로 뿜어져 나온다.

4. 탐구 방법

❶ 스프레이 제품의 사용 설명서를 조사한다. 대부분의 스프레이에는 "사용 전 흔들어 주십시오."라는 안내 문구가 적혀 있는데, 이는 스프레이

의 구조와 성분 분리 현상 때문임을 알 수 있다.

❷ 과학 자료(교과서, 인터넷 과학 사이트, 논문 요약)를 통해 스프레이 내부의 구조와 기체 압축 원리를 조사한다. 스프레이에 사용되는 기체(부탄 가스, LPG 등)와 액체 성분이 어떻게 들어 있는지 확인한다.

❸ 기체 법칙 중 보일의 법칙을 참고하여, 기체 압력과 부피가 일정한 관계를 가지므로 일정한 압력이 유지되어야 고르게 분사될 수 있다는 점을 조사한다.

❹ 흔들지 않았을 때와 흔들었을 때 스프레이의 차이에 대한 실험 보고 사례(페인트 스프레이, 화장품, 방향제 등)를 찾아 비교, 정리한다.

5. 탐구 결과

(1) 스프레이의 내부 구조

스프레이는 단순히 액체만 담겨 있는 것이 아니라, 액체 성분과 함께 압축된 기체가 들어 있다. 기체는 액체 위에 존재하면서 일정한 압력을 가하고, 밸브를 열면 이 압력 차이로 인해 액체가 밖으로 밀려 나오게 된다.

(2) 흔들지 않았을 경우의 문제점

액체 성분이 아래쪽으로 가라앉고, 기체가 위쪽에만 모여 있는 상태가 유지될 수 있다. 이때 분사하면 액체가 뭉쳐서 나가거나 분사력이 약해져 사용 효과가 떨어진다.

(3) 흔들었을 경우의 장점

액체와 기체가 잘 섞이면서 압력이 전체적으로 균일해진다. 균일한 압력이 유지되면, 액체가 고르게 작은 입자로 퍼져서 안정적인 분사가 가능하다. 실제로 페인트 스프레이의 경우 흔들지 않고 뿌리면 얼룩이 생기고, 흔들면 고르게 색이 퍼지는 사례가 많이 보고되었다.

6. 결론

스프레이를 사용하기 전에 흔드는 이유는 내부에 들어 있는 액체 성분과 압축 기체가 균일하게 섞이도록 하기 위해서이다. 스프레이를 흔들지 않으면 액체가 분리되거나 가라앉아, 기체 압력이 고르게 작용하지 못하고 분사력이 떨어지게 된다. 그러나 스프레이를 흔들면 기체가 액체 전체에 골고루 퍼져 압력이 일정하게 유지되므로, 액체가 미세한 입자로 안정적으로 분사된다. 이 현상은 보일의 법칙과도 관련이 있다. 기체는 부피와 압력이 서로 반비례하는 성질을 가지므로, 스프레이 내부에서 기체가 일정한 압력을 유지해 주어야 액체가 효과적으로 밖으로 나올 수 있다. 흔드는 과정은 바로 이 압력 균일화를 돕는 중요한 역할을 한다. 따라서 스프레이 제품에서 "사용 전 흔들어 주십시오."라는 안내가 붙어 있는 이유는 단순한 권장 사항이 아니라, 스프레이가 본래의 기능을 제대로 발휘하기 위해 꼭 필요한 과학적 원리라는 것을 알 수 있었다.

Tip

조사형 보고서이며 아이디어를 얻어서 할 경우 직접 조사해 보고 결과를 작성하세요~
분무기, 스프링클러의 원리를 조사할 수도 있고, 분사구의 지름과 액체 입자의 크기 관계 등을 탐구해도 좋습니다. 탄산음료를 흔들면 용기가 터지는 원리도 연결 가능한 주제입니다.

예시 4·
중2

밀도 : 수면이 찰랑찰랑~
얼음 녹으면 넘치겠다!?

1. 주제

얼음물이 녹아도 수면의 높이가 변하지 않는 이유

2. 탐구 목표

얼음이 물 위에 떠 있을 때와 얼음이 다 녹은 후의 수면 높이를 비교하고, 밀도 개념을 이용하여 수면 높이가 변하지 않는 원리를 이해한다.

3. 배경 이론

(1) 밀도

밀도(ρ)는 물질의 질량(m)을 부피(V)로 나눈 값이다.

$$P = \frac{m}{V}$$

(2) 물과 얼음의 밀도 차이

물의 밀도: 약 $1.0g/cm^3$

얼음의 밀도: 약 $0.92g/cm^3$

같은 질량에서 얼음은 물보다 부피가 크다.

얼음은 밀도가 작으므로 물에 뜨게 된다.

(3) 부력 원리(아르키메데스의 원리)

물체가 액체에 뜨면, 물체가 밀어낸 물의 무게 = 물체의 무게이다.

얼음이 물에 떠 있을 때, 물 위에 나온 부분은 작지만, 물속에 잠긴 부분의 부피가 얼음의 무게를 지탱하게 된다.

4. 탐구 방법

(1) 준비물

투명한 컵 2개, 얼음, 눈금자, 유성펜

(2) 실험 방법

❶ 컵 두 개에 같은 양의 물을 담는다.

❷ 한 컵에만 얼음을 넣는다.

❸ 두 컵의 수면 높이를 눈금자와 펜으로 표시한다.

❹ 얼음이 완전히 녹을 때까지 기다린 뒤, 다시 수면 높이를 확인한다.

5. 탐구 결과

실험에서 얼음이 녹기 전후로 수면 높이는 변하지 않았다.

(1) 얼음이 되는 과정

물은 액체에서 고체(얼음)가 될 때 부피가 약 9% 늘어난다.

그래서 같은 질량의 물이라도, 얼음 상태일 때는 더 큰 부피를 차지한다.

따라서 얼음은 밀도가 작아져서 물 위에 뜨게 된다. 얼음 전체 부피 중 약 9% 정도가 수면 위로 올라온다.

(2) 얼음이 녹을 때의 변화

얼음이 녹으면서 부피가 다시 줄어들어 물이 된다. 줄어든 부피는 바로 수면 위로 나와 있던 얼음 부분의 부피와 같다. 즉, 잠긴 얼음의 녹으면서 줄어든 부피를 떠올라 있던 부분의 얼음이 녹으면서 채워 주기 때문에 수면 높이가 그대로 유지된다.

6. 결론

얼음은 물보다 밀도가 작아 일부가 수면 위로 떠오른다. 그러나 수면 아래 잠긴 부분의 부피가 이미 얼음의 무게를 지탱하며, 이는 녹았을 때의 물 부피와 같다. 따라서 얼음이 다 녹아도 수면 높이는 변하지 않는다. 즉, 얼음이 녹기 전 잠긴 부분의 부피 = 녹은 뒤 물로 바뀐 부피가 되어 수면은 일정하게 유지된다. 이 탐구를 통해 겉보기에는 "얼음이 녹으면 물이 더해져 넘칠 것 같다."라는 직관과 달리 과학적 근거를 통해 수면이 일정하다는 사실을 확인할 수 있었다.

Tip

실험형 보고서이며 아이디어를 얻어서 할 경우 직접 실험해 보고 결과를 작성하세요~
음료수에 얼음이 있는 경우도 수면의 높이가 변하지 않는지 실험해 볼 수 있습니다. 콜라, 사이다 같은 탄산음료도 주성분은 물이라서 수면의 높이는 거의 변하지 않을 것입니다. 하지만 이산화탄소가 빠져나가면서 부피가 조금 줄어들 수 있습니다. 눈으로 관찰이 안 될 정도의 미세한 차이가 날 수도 있습니다.

예시 5·중2

끓는점 : 엥? 면이 안 익었나?
비행기에서 먹는 라면은 왜 맛이 없을까?

1. 주제

기압에 따른 물의 끓는점 변화와 라면 조리 온도 비교

2. 탐구 목표

기압이 높이(층수, 해발)에 따라 어떻게 달라지는지 이해한다.

기압 변화가 물의 끓는점과 라면 조리 온도에 미치는 영향을 실험으로 확인한다.

3. 배경 이론

대기압이란 공기의 무게로 인해 지표면에 가해지는 압력이다.

고도가 높아질수록 대기압은 낮아진다.

물의 끓는점은 대기압이 낮아지면 낮아진다.(표준기압 1기압인 101.3kPa에서는 100℃)

라면을 끓일 때 물이 끓는 온도에 따라 조리 속도가 달라진다.

기압과 끓는점의 관계

높이	기압	물 끓는점
1층 (0~3m)	101.3kPa	100℃
33층 (≈100m)	100.2kPa	99.95℃
산 중턱 캠핑장 (900m)	91.5kPa	96.5℃

4. 탐구 방법

(1) 실험 장소

❶ 1층 친구 집 ❷ 33층 아파트 ❸ 산 중턱 캠핑장(해발 900m)

(2) 실험 방법

❶ 각 장소에서 디지털 기압계를 이용해 기압 측정

❷ 동일한 양(500 mL)의 물을 냄비에 넣고, 전기레인지 또는 휴대용 버너로 가열

❸ 물이 끓기 시작하는 온도를 디지털 온도계로 기록

❹ 라면 1봉지를 각 장소에서 끓여 조리 속도 비교

❺ 실험 전후 데이터를 표와 그래프로 정리

5. 탐구 결과

장소	기압(hPa)	물 끓는점(℃)	라면 완성 시간(분)
1층(0~3m)	101.3	100	4
33층(≈100m)	100.2	99.95	4~4.1
산 중턱 캠핑장(900m)	91.5	96.5	5

6. 결론

고도가 높아질수록 대기압이 낮아지고, 이에 따라 물의 끓는점도 낮아졌다. 산 중턱에서는 물이 96.5℃에서 끓어 라면이 완전히 익는 데 시간이 더 걸렸다.

일상생활에서는 고층 건물에서도 끓는점 변화가 거의 없어 체감하기 어렵지만, 높은 산에서는 라면 조리 등 끓는 물을 이용한 요리에 영향을 준다는 것을 알 수 있었다.

Tip

예시 6· 중2 — 어는점 : 바다는 강보다 잘 안 얼지! 근데 동해, 서해, 남해도 비교해 본다면?

1. 주제

한강과 우리나라 연안 바닷물의 어는점 비교

2. 탐구 목표

한강, 동해 연안, 서해 연안, 남해 연안 바닷물의 염분과 온도 차이에 따라 어는점이 어떻게 다른지 비교한다.

3. 배경 이론

순수한 물의 어는점은 0℃이지만, 소금이 녹으면 어는점이 내려가는 현상(어는점 내림)이 발생한다. 바닷물은 염분 때문에 어는점이 낮아지며, 염분이 많을수록 어는점이 더 낮아진다.

우리나라 연안 바닷물의 염분

동해: 약 33‰ 남해: 약 34‰ 서해: 약 30‰ 한강 하구: 약 20~25‰

따라서 같은 온도에서도 바닷물의 어는점은 지역별로 달라질 수 있다.

(1) 어는점 내림 현상

순수한 물은 0℃에서 얼지만, 물에 소금과 같은 용질이 녹으면 어는점이 낮아지는 현상이 일어난다. 이를 어는점 내림 현상이라고 한다.

물 분자들이 규칙적으로 배열되어 얼음 결정을 만들려고 할 때, 용질 입자(염분)가 방해한다. 따라서 더 낮은 온도에서 물 분자의 운동이 충분히 느려져야 얼음이 형성된다.
염분 농도가 높을수록 어는점은 더 낮아진다.

(2) 우리나라 연안 바닷물의 염분 특징

우리나라 주변 바다는 지역별로 염분 농도가 다르다:

지역	평균 염분 농도	특징
동해	약 33‰	깊고 차가운 해류의 영향
남해	약 34‰	쿠로시오 난류의 영향으로 염분 높음
서해	약 30‰	황하강, 양쯔강 등 중국 하천수 유입
한강 하구	약 20~25‰	민물과 바닷물이 만나는 구역

※ ‰(퍼밀)은 천분율로, 물 1kg에 녹아 있는 염분의 g수를 의미함.

4. 탐구 방법

(1) 준비물

증류수 500mL, 천일염 또는 정제염, 전자저울(0.1g 단위), 비커 4개 (250mL), 디지털 온도계 4개(0.1℃ 단위), 냉동고 또는 얼음-소금 혼합물, 초시계, 실험 기록지

(2) 실험 방법

[1단계] 모의 바닷물 제작

❶ 전자저울로 각 지역의 염분 농도에 맞게 소금을 정확히 측정한다.

한강 하구 물: 물 100mL + 소금 2.2g(염분 22‰)

서해 바닷물: 물 100mL + 소금 3.0g(염분 30‰)

동해 바닷물: 물 100mL + 소금 3.3g(염분 33‰)

남해 바닷물: 물 100mL + 소금 3.4g(염분 34‰)

❷ 각 비커에 물과 소금을 넣고 완전히 녹을 때까지 젓는다.

[2단계] 어는점 측정

❶ 각 비커에 온도계를 꽂고 초기 온도(실온)를 기록한다.

❷ 냉동고(설정 온도: -10℃ 이하)에 4개의 비커를 동시에 넣는다.

❸ 10분마다 냉동고에서 꺼내 온도를 측정하고 얼음이 생기는지 관찰한다.

❹ 얼음이 처음 생기기 시작하는 순간의 온도를 어는점으로 기록한다.

❺ 비커 벽면의 얼음이 아닌, 물 표면이나 내부에서 얼음 결정이 생기는 것을 관찰한다.

❻ 각 시료당 3회 반복 실험하여 평균값을 구한다.

5. 탐구 결과

(1) 각 지역 물의 어는점

지역	염분 농도(‰)	1차 측정(℃)	2차 측정(℃)	3차 측정(℃)	평균 어는점(℃)
한강 하구	22	-0.7	-0.9	-0.8	-0.8
서해	30	-1.4	-1.6	-1.5	-1.5
동해	33	-1.8	-2.0	-1.9	-1.9
남해	34	-1.9	-2.1	-2.0	-2.0

염분 농도가 가장 낮은 한강 하구 물이 가장 먼저 얼기 시작했다.

염분 농도가 가장 높은 남해 바닷물이 가장 늦게 얼었다.

염분 농도가 1‰ 증가할 때마다 어는점이 약 0.1℃씩 낮아지는 경향을 보였다.

6. 결론

바닷물의 염분 농도가 높을수록 어는점이 낮아진다는 어는점 내림 현상을 실험을 통해 확인할 수 있었다.

우리나라 주변 바다는 지역별로 염분 농도가 다르며, 이에 따라 어는점도 달라진다. 한강 하구(염분 22‰): 어는점 약 -0.8℃, 서해(염분 30‰): 어는점 약 -1.5℃, 동해(염분 33‰): 어는점 약 -1.9℃, 남해(염분 34‰): 어는점 약 -2.0℃. 겨울철 한강이 바다보다 쉽게 어는 이유는 염분 농도가 낮기 때문이다. 또한 같은 바다라도 서해가 동해나 남해보다 더 잘 어는 경향이 있다.

이번 탐구를 통해 혼합물의 성질을 물리적 실험을 통해 확인 가능하다는 점을 알 수 있었고, 혼합물의 농도와 물리적 성질(어는점)의 관계를 실제 자연 환경에서 관찰하며 이해할 수 있었다.

Tip

실험형 보고서이며 아이디어를 얻어서 할 경우 직접 실험해 보고 결과를 작성하세요~
실제 바닷물에는 소금 외에도 다양한 미네랄과 유기물이 포함되어 있어, 순수한 소금물과는 차이가 있을 수 있다는 것을 활용하거나, 냉동고의 온도가 일정하지 않아 측정 오차가 발생할 수 있다는 것도 고려하여 실험해도 좋습니다. 실제 각 지역 바닷물을 모아 실험하는 것도 하나의 방법입니다. 도로 제설제나 자동차 부동액의 원리로 탐구를 하는 것도 방법이 될 수 있습니다.

생명과학 영역

<table>
<tr><td>예시 1 ·
중1</td><td>세포 : 코끼리 세포는 크고, 생쥐의 세포는 작을까?
　　　 엥? 아니라고?</td></tr>
</table>

1. 주제　　　세포의 크기가 작은 이유

2. 탐구 목표　　세포의 크기가 작을수록 물질 교환이 효율적인 이유를 알아보고, 세포의 크기와 표면적·부피의 관계가 생명 활동에 어떤 의미를 가지는지 탐구한다.

3. 배경 이론　　**(1) 세포의 크기와 물질 교환**

세포는 끊임없이 외부에서 영양분과 산소를 받아들이고, 내부에서 생긴 이산화탄소나 노폐물을 밖으로 내보내야 한다. 이러한 물질 교환은 세포의 표면을 통해 일어나기 때문에, 세포의 표면적이 넓을수록 교환이 더 잘 이루어진다.

(2) 표면적과 부피의 관계

세포가 커질수록 부피는 빠르게 증가하지만, 표면적은 상대적으로 덜 증가한다. 따라서 세포가 커지면 부피 대비 표면적 비율(표면적/부피)이 작아져, 단위 부피당 물질을 드나들 수 있는 면적이 줄어든다. 즉, 세포가 너무 커지면 산소와 영양분이 내부까지 도달하기 어렵고, 노폐물 배출도 느려져 생명 활동이 비효율적이 된다.

4. 탐구 방법

(1) 준비물

정육면체 모형 블록(한 변 1cm, 2cm, 3cm 등 여러 크기), 계산기, 기록지, 자, 그래프 종이

(2) 실험 과정

❶ 각 정육면체 블록의 한 변의 길이를 측정한다.

❷ 각 블록의 표면적과 부피를 계산한다.

❸ 표면적을 부피로 나누어 표면적/부피 비율을 구한다.

❹ 결과를 표로 정리하고, 한 변의 길이에 따른 비율의 변화를 그래프로 나타낸다.

❺ 세포의 크기가 커질수록 비율이 어떻게 변하는지 관찰한다.

5. 탐구 결과

한 변 길이(cm)	표면적(cm²)	부피(cm³)	표면적/부피 비율
1	6	1	6
2	24	8	3
3	54	27	2

세포가 작을 때는 표면적이 상대적으로 넓어 외부와의 물질 교환이 활발하다. 세포가 커질수록 부피에 비해 표면적이 좁아져, 물질 교환이 비효율적이 된다.

6. 결론

이번 탐구를 통해 세포가 작은 이유는 물질 교환 효율을 높이기 위해서임을 확인할 수 있었다. 정육면체 모형의 실험 결과, 세포의 크기가 커질수록 표면적/부피 비율이 감소하였고, 이는 세포가 너무 커지면 내부까지 영양분과 산소가 빠르게 전달되지 못한다는 것을 알 수 있다. 따라서 세포는 일정 크기 이상으로 커지지 않고, 대신 세포분열을 통해 개수를 늘려 생명 활동을 유지한다. 코끼리의 세포가 생쥐의 세포보다 더 큰 것이 아니라, 세포의 수가 훨씬 많기 때문에 몸집이 큰 것이다. 이 탐구를 통해 세포의

크기 제한 이유뿐만 아니라, 생물의 구조가 효율적인 물질 교환을 위해 어떻게 적응해 왔는지 이해할 수 있었다.

예시 2· 중1 — 기관계 : 내 몸속의 장기와 기능은 무엇일까?

1. 주제

사람의 기관계에 대한 분석

2. 탐구 목표

사람의 주요 기관계를 종류별로 조사하고, 각 기관계의 구조와 기능을 이해한다.

3. 배경 이론

(1) 기관계의 정의

사람의 몸은 수많은 세포로 이루어져 있으며, 세포들이 모여 조직을 이루고, 조직들이 모여 기관을 형성한다. 이 기관들이 서로 협력하여 특정 기능을 수행할 때 '기관계'라고 부른다.

(2) 주요 기관계와 기능

기관계	주요 기관	주요 기능
소화계	입, 위, 소장, 대장	음식물의 소화와 영양분 흡수
호흡계	코, 기관, 폐	산소 흡수와 이산화탄소 배출
순환계	심장, 혈관	산소·영양분 운반 및 노폐물 제거

신경계	뇌, 척수, 신경	자극 전달과 반응 조절
근골격계	근육, 뼈	운동, 자세 유지, 보호 기능
배설계	신장, 방광	체내 노폐물과 물의 균형 조절
내분비계	갑상선, 췌장, 부신	호르몬 분비 및 생리 작용 조절
생식계	난소, 정소	생식과 2차 성징 발현
면역계	비장, 림프절	병원체 방어와 면역 반응

(3) 기관계 간 상호작용 예시

호흡계 ↔ 순환계: 폐에서 흡수한 산소가 순환계를 통해 온몸의 세포로 전달됨.

소화계 ↔ 순환계: 소화된 영양분이 혈액을 통해 세포로 운반됨.

신경계 ↔ 근골격계: 신경의 명령에 따라 근육이 수축하여 운동 발생.

내분비계 ↔ 생식계: 호르몬이 생식 기능과 발달을 조절함.

4. 탐구 방법

(1) 자료 조사

과학 교과서, 인체 모형, 신뢰할 수 있는 인터넷 자료를 통해 각 기관계의 구조와 기능을 조사한다.

인체 모식도나 장기 그림을 참고하여 기관 간 연결 관계를 시각적으로 파악한다.

(2) 생활 관찰

운동할 때 심박수와 호흡수 변화를 관찰하여 호흡계와 순환계의 협동을 분석한다.

식사 후 소화와 에너지 생성 과정을 기록하여 소화계의 역할을 확인한다.

긴장하거나 놀랐을 때 심장이 빨리 뛰는 현상을 관찰해 신경계와 순환계의 관계를 이해한다.

5. 탐구 결과

기관계	주요 기관	주요 기능	생활 속 사례
소화계	위, 소장, 대장	음식물 소화 및 영양분 흡수	밥 먹고 소화 후 에너지 생성
호흡계	폐, 기관	산소 공급, 이산화탄소 배출	달리기 후 숨이 가빠짐
순환계	심장, 혈관	혈액과 영양분 운반	운동 중 심박수 상승
신경계	뇌, 척수, 신경	자극 전달, 반응 조절	뜨거운 물체에 닿았을 때 손을 빠르게 뗌
근골격계	근육, 뼈	운동, 체형 유지	물건 들기, 걷기
배설계	신장, 방광	노폐물 제거	소변을 통한 체내 노폐물 배출
내분비계	갑상선, 췌장	호르몬 분비	성장, 혈당 조절
생식계	난소, 정소	번식	생식세포 생성
면역계	림프절, 비장	병원체 방어	감염 시 백혈구 반응

6. 결론

사람의 신체는 여러 기관계가 협동하여 생명 활동을 유지한다. 기관계는 각각의 역할이 다르지만, 어느 하나라도 기능이 제대로 작동하지 않으면 전체 시스템이 영향을 받는다. 이번 탐구를 통해 인체의 복잡한 조절 과정을 이해하고, 운동, 영양, 수면 등 건강한 생활 습관이 기관계의 조화로운 작용에 중요함을 깨달았다.

Tip

조사형 보고서이며 아이디어를 얻어서 할 경우 직접 조사해 보고 결과를 작성하세요~
운동 전후의 심박수를 측정하고 순환계와 호흡계의 반응을 비교하는 탐구나, 스트레스가 신경계와 내분비계에 미치는 영향을 알아보기 위한 스트레스 상황에서 호르몬 분비 변화를 조사하는 탐구도 좋습니다. 또한 호흡과 말하기의 관계를 탐구하는 발성 시 폐활량과 호흡 패턴의 변화 분석 등의 주제도 연결해 볼 수 있습니다.

예시 3·중1 **생물 다양성 : 알록달록 나비의 다양한 무늬와 색의 이유는?**

1. 주제

나비 날개의 무늬와 색이 다양한 이유에 대한 탐구

2. 탐구 목표　　　나비의 날개 색과 무늬가 다양한 이유를 유전적 요인과 환경적 요인으로 나누어 조사하고, 이러한 차이가 생존과 번식에 어떤 이점을 주는지 탐구한다.

3. 배경 이론

(1) 변이(Variation)

같은 종이라도 개체마다 유전자의 조합이 달라 서로 다른 특징을 보일 수 있다. 이러한 차이를 유전적 변이라 하며, 이는 부모로부터 물려받은 유전자 차이, 돌연변이, 유전자 재조합 등에 의해 발생한다.

(2) 환경적 요인

생물이 살아가는 환경(온도, 습도, 빛, 먹이 등)은 개체의 표현형(겉으로 드러난 특징)에 영향을 준다. 예를 들어, 일부 나비는 낮은 온도에서 색소가 진하게 발현되는데, 이는 체온 유지에 유리하다. 이는 환경 요인이 유전적 발현에 영향을 주는 유전-환경 상호작용의 사례이다.

(3) 적응과 생존

나비의 날개 색과 무늬는 단순한 장식이 아니라, 생존과 번식에 중요한 기능을 한다.

보호색: 주변 환경과 비슷한 색으로 포식자로부터 숨음(예 갈색 팔랑나비)

경고색: 독이 있음을 알리는 선명한 색(예 호랑나비류)

짝짓기 유도: 특정 색·무늬가 짝을 유인하는 역할 수행

(4) 유전과 표현형

날개 색과 무늬는 한 가지 유전자로 결정되지 않고, 여러 유전자가 함께 작용하는 다유전자형질(polygenic trait)의 예이다. 같은 유전자를 가진 개체라도 환경 조건이 다르면 표현형이 달라질 수 있다.

4. 탐구 방법

(1) 자료 조사

과학 교과서, 생물 도감, 인터넷 자료를 활용해 다양한 나비의 색과 무늬 조사

각 나비의 서식 환경(기후, 식생 등)과의 관계를 비교

(2) 관찰 자료 정리

나비의 대표 종 3~5가지를 선정하여 색, 무늬, 서식 환경, 관찰 시기 등 정리

같은 종이라도 지역별, 계절별 차이를 함께 기록

(3) 비교 분석

나비의 날개 색과 무늬의 차이를 유전적 요인(종 간 유전자 차이)과 환경적 요인(온도, 빛 등)에 따라 구분

서로 다른 환경에서 서식하는 개체의 색·무늬 차이를 통해 환경 적응의 사례 분석

5. 탐구 결과

나비 종	서식 지역	날개 색·무늬 특징	환경적 요인	해석
모란나비	온대 숲	주황색 바탕, 검은 점무늬	온도, 햇빛	온도 높을수록 색 선명
제비나비	아열대 지역	푸른빛, 은색 줄무늬	햇빛 강함	햇빛 반사 효과로 포식자 회피
팔랑나비	습윤 지역	갈색·흰 점무늬	습도, 나무 그늘	주변 환경과 유사한 보호색

같은 종이라도 계절, 기온, 일조량 등에 따라 날개 색의 밝기나 무늬의 크기가 달라지는 경우가 있음. 예를 들어, 봄철 개체는 밝고 선명한 색, 여름철 개체는 진하고 어두운색을 가지는 경향이 보고됨.

6. 결론

나비의 날개 무늬와 색은 유전적 변이와 환경적 요인이 함께 작용하여 나타나는 결과이다. 날개 색과 무늬는 단순한 외형적 특징이 아니라, 생존(보호색·경고색)과 번식(짝짓기 신호)에 유리한 적응적 특징이다. 이 탐구를 통해 생물의 다양성이 유전적 요인과 환경의 상호작용으로 형성됨을 이해할 수 있었다.

예시 4· 중2 — 소화 효소 : 내 침에는 아밀레이스가 없을 수도 있다고??? 그래도 괜찮나요...ㅠ

1. 주제

침 속 아밀레이스의 활성 정도와 개인차 조사

2. 탐구 목표

침 속 아밀레이스의 활성 정도를 측정하여 사람마다 차이가 있는지 알아보고 실제 소화 과정에 어느 정도 영향을 줄 수 있는지 조사한다.

3. 배경 이론

(1) 아밀레이스(amylase)

아밀레이스는 침샘에서 분비되는 소화 효소이다.

전분(탄수화물)을 엿당(말토스)으로 분해하는 역할을 한다.

전분 → 말토스 → 포도당

(2) 아밀레이스의 개인차

사람마다 아밀레이스 유전자가 다르다. 전분이 많은 음식을 주로 먹는 사람은 아밀레이스 활성이 더 높은 경향이 있다.

건강 상태나 수분량, 식사 직전/직후 여부에 따라서도 효소 활성이 달라질 수 있다.

(3) 소화 과정에서의 역할

침 속 아밀레이스는 입에서 음식이 씹힐 때 전분을 일부 분해하여 소화를 시작한다. 위에 도달하면 위산(pH 2~3) 때문에 효소가 변성되어 작용이

멈춘다. 따라서 입안 소화는 짧지만, 전체 소화를 돕는 준비 단계로 중요
하다.

4. 탐구 방법

(1) 준비물

전분 용액(1%), 아이오딘-아이오딘화칼륨 용액(I_2-KI), 시험관 3~5개, 스포
이트, 타이머, 개인별 침(약 2mL), 온수 조(37℃ 유지)

(2) 실험 방법

❶ 전분 용액 5mL를 시험관에 담는다.

❷ 각 개인의 침 1mL를 넣고 잘 섞는다.

❸ 시험관을 37℃ 온수 조에 넣고, 각각 1분, 5분, 10분간 반응시킨다.

❹ 일정 시간이 지난 뒤 아이오딘 용액 몇 방울을 떨어뜨려 색 변화를 관
찰한다.

파란색 유지 → 전분이 남아 있음.(아밀레이스 활성이 낮음)

연한 갈색 또는 무색 → 전분이 분해됨.(아밀레이스 활성이 높음)

색 변화를 5단계(1~5)로 점수화한다.

5. 탐구 결과

실험자	반응 시간(분)	아이오딘 반응 색	아밀레이스 활성 정도(점수 1~5)	해석
김OO	5	옅은 갈색	5	전분이 잘 분해되어 효소 활성이 높음
최OO	5	연한 파란색	3	일부만 분해됨
정OO	5	진한 파란색	1	전분이 거의 분해되지 않음

사람마다 아밀레이스 활성에 뚜렷한 차이가 있었다.

침 속 효소의 양이나 활성은 유전적 요인, 침 분비량, 건강 상태, 식습관
등에 영향을 받는 것으로 보인다.

반응 시간이 길수록 전분 분해 정도가 증가하였으며, 효소가 시간이 지남
에 따라 지속적으로 작용함을 알 수 있었다.

6. 결론

침 속 아밀레이스는 사람마다 활성 정도가 다르며, 이는 유전적 차이와 환경적 요인에 의해 결정된다. 아밀레이스가 부족하다고 해서 전체 소화 과정이 크게 문제가 되지는 않지만, 탄수화물의 1차 분해 속도에는 차이가 생길 수 있다. 즉, 아밀레이스 활성은 입안 소화의 효율성을 좌우하는 중요한 요소이다. 이번 탐구를 통해 효소가 단순히 '존재하느냐'보다 '얼마나 잘 작용하느냐'가 더 중요함을 확인하였고, 우리 몸의 생화학적 다양성이 개인마다 다르다는 사실을 이해할 수 있었다.

Tip

<table>
<tr><td>예시 5·
중2</td><td>순환계 : 두근! 두근! 핫식○, 몬○터!
카페인!! 날 깨워 줘!?</td></tr>
</table>

1. 주제

카페인 음료 섭취가 순환계에 미치는 영향

2. 탐구 목표

카페인이 순환계(심장·혈압·맥박 등)에 미치는 영향을 문헌과 사례를 통해 조사한다. 청소년기에 안전한 카페인 섭취량을 알아보고, 올바른 섭취 습관을 제안한다.

3. 배경 이론

(1) 카페인의 화학적 성질

카페인($C_8H_{10}N_4O_2$)은 중추신경계를 자극하는 알칼로이드 물질이다. 커피, 차, 초콜릿, 에너지 음료 등에 함유되어 있으며, 빠르게 혈류로 흡수되어 뇌에 작용한다.

(2) 카페인의 생리적 작용 기전

카페인은 아데노신 수용체를 차단하여 피로를 느끼지 않게 만든다. 그 결과, 교감신경이 활성화되어 심장 박동수 증가, 혈압 상승, 각성 효과가 나타난다. 또한 도파민 분비 증가로 인해 일시적으로 집중력이 향상될 수 있다.

(3) 카페인의 순환계 영향

일시적인 각성 효과 외에도, 과다 섭취 시 심계항진(두근거림), 불안, 손떨림, 불면증 등의 부작용이 나타날 수 있다. 특히 청소년은 체중이 가볍고 신체 대사가 완전히 성숙하지 않아, 같은 양이라도 성인보다 강한 영향을 받는다.

(4) 청소년 카페인 권장량

식품의약품안전처(MFDS)와 캐나다 보건부 권고 기준에 따르면, 청소년의 카페인 섭취량은 체중 1kg당 2.5mg 이하가 적정 수준이다.
(예 50kg 청소년 → 하루 125mg 이하 권장)

4. 탐구 방법

(1) 자료 조사

시중에서 많이 팔리는 음료(핫식스, 몬스터, 박카스, 녹차, 비타500, 물)를 선정하고, 제품 라벨 및 식품의약품안전처 자료를 참고해 카페인 함량(mg)과 당 함량(g)을 정리한다.

(2) 문헌 조사

- 카페인의 작용 기전(아데노신 수용체 억제 → 각성, 심장 박동 촉진 등)
- 청소년 카페인 섭취와 관련된 연구 결과 및 뉴스 기사 조사
- 실제 보고된 부작용 사례(불면, 두근거림, 소화 장애 등) 정리

(3) 설문 조사

같은 학년 학생들을 대상으로 시험 기간에 카페인 음료 섭취 경험, 횟수,

체감 효과, 부작용 경험 여부를 조사한다.

5. 탐구 결과

음료명	1회 섭취량(ml)	카페인 함량(mg)	당 함량(g)	비고
몬스터	355	160	54	고카페인 에너지음료
핫식스	250	120	27	고카페인 에너지음료
박카스	120	30	18	일반 피로회복제
녹차(페트병)	500	25	0	천연 카페인 함유
비타500	100	0	22	무카페인 비타민 음료
물	-	0	0	카페인 없음

몬스터, 핫식스 등 에너지 음료는 1캔에 120~160mg 내외로 높은 카페인을 포함하고, 박카스, 녹차, 비타500은 상대적으로 낮다(0~40mg 수준). 에너지 음료류(몬스터, 핫식스)는 한 캔만 마셔도 청소년 권장 섭취량을 초과할 수 있다.

몬스터 1캔(160mg)을 50kg 학생이 섭취할 경우, 체중당 3.2mg으로 권장 기준(2.5mg/kg)을 넘게 된다.

설문 조사 결과, 응답 학생 30명 중 18명(60%)이 시험 기간에 카페인 음료를 마신 적이 있으며, 이 중 10명은 "두근거림" 또는 "불면"을 경험했다고 응답하였다. 이러한 결과는 카페인 함량이 높은 음료일수록 순환계 이상 증상이 더 자주 보고됨을 보여 준다. 카페인 함량이 많은 음료는 순환계 이상(두근거림, 불안, 수면 장애) 보고가 더 많을 것이다.

6. 결론

카페인은 중추신경계와 순환계를 자극하는 물질로, 일시적인 각성 효과와 집중력 향상을 가져올 수 있다. 그러나 청소년의 경우 체중과 대사 속도가 성인보다 낮아, 소량으로도 심장 박동 증가, 불안, 두근거림, 불면증 등 부작용이 나타날 가능성이 크다. 특히 몬스터, 핫식스 등 고카페인 음료는 청소년의 카페인 일일 권장량을 쉽게 초과하므로 섭취를 자제하는 것이 바람직하다. 청소년은 시험 기간 피로회복이나 집중력 유지를 위해 카페인 음료 대신 수분 보충(물), 비타민 음료, 충분한 수면과 같은 건강한 방법을 선택해야 한다.

이번 탐구를 통해, 카페인 음료의 무분별한 섭취가 단기적인 각성 효과보다 장기적으로 심혈관계 건강에 부정적 영향을 줄 수 있음을 확인하게 되었다.

Tip

조사형 보고서이며 아이디어를 얻어서 할 경우 직접 조사해 보고 결과를 작성하세요~
운동 전후 맥박 측정으로 카페인 섭취 여부가 실제 심박수에 영향을 주는지 실험해 보기(단, 안전성 문제를 고려하며 주의하여 실험하기), 카페인이 아닌 다른 성분으로 접근하여 음료수 비교하기도 가능합니다. 또는 시험 기간 청소년의 건강한 생활 습관 가이드 라인을 제안하고 찾아보는 탐구로 탐구의 주제를 바꾸어 생각해 볼 수도 있습니다.

예시 6· 중2 — 호흡계 : 몸의 자세에 따라서도 호흡수가 영향을 받을까?

1. 주제

몸의 자세(선 자세, 앉은 자세, 쭈그리고 앉은 자세, 누운 자세)에 따른 호흡수 변화

2. 탐구 목표

다양한 자세(선 자세, 앉은 자세, 쭈그리고 앉은 자세, 누운 자세)에서 호흡수의 변화를 측정하고, 그 차이가 왜 발생하는지를 알아보려 한다.

3. 배경 이론

(1) 호흡의 기본 원리

호흡은 폐포에서 기체 교환이 일어나기 위해 일어나는 생리적 과정이다.
횡격막과 늑간근의 수축과 이완으로 흉강의 부피가 변하면서 공기가 들어오거나 나간다.
일반적인 안정 시 호흡수는 성인 기준 분당 12~20회 정도이다.

(2) 자세와 폐의 부피 변화

선 자세에서는 흉곽이 확장되기 쉬워 폐가 충분히 팽창할 수 있다.

앉은 자세도 비교적 안정적이며, 복부 장기가 횡격막을 누르지 않아 호흡이 원활하다.

쭈그리고 앉은 자세에서는 복부가 가슴 쪽으로 밀리며 횡격막이 움직일 공간이 줄어들어, 한 번에 들이마실 수 있는 공기량(1회 호흡량)이 줄고 호흡수가 증가하는 경향이 있다.

누운 자세에서는 중력의 영향으로 복부 장기가 위로 올라가 횡격막을 압박하므로, 호흡이 약간 얕고 빠르게 바뀔 수 있다.

(3) 호흡수 변화의 생리적 의미

폐의 확장 공간이 줄어들면 호흡량이 감소하므로, 이를 보완하기 위해 호흡 횟수를 늘려 산소 공급을 유지하려는 반응이 나타난다.

4. 탐구 방법

(1) 대상자

동일 학생 1명

(2) 몸의 자세 설정

❶ 선 자세 – 등을 곧게 펴고 서 있음

❷ 의자에 앉은 자세 – 등을 세우고 편안히 앉음

❸ 쭈그리고 앉은 자세 – 무릎을 굽히고 몸을 웅크림

❹ 누운 자세 – 바로 누워서 안정된 상태 유지

(3) 측정 방법

타이머를 사용해 각 체위에서 1분간 호흡수를 관찰자가 직접 센다.

들숨 횟수를 기준으로 1회를 기록한다.

각 체위에서 2~3회 반복 측정하여 평균값을 구한다.

(4) 통제 조건

측정 전 5분간 안정 상태 유지

측정은 동일한 시간대, 동일한 환경(조용하고 쾌적한 장소)에서 실시

5. 탐구 결과

자세	1차 측정 (회/분)	2차 측정 (회/분)	평균 (회/분)	관찰 내용
선 자세	18	17	17.5	가장 안정적인 호흡, 깊고 규칙적
앉은 자세	19	18	18.5	선 자세와 유사, 편안한 호흡 유지
쭈그리고 앉은 자세	23	21	22	폐 확장 제한 → 빠른 호흡
누운 자세	21	22	21.5	횡격막이 눌려 들숨이 다소 불편

선 자세와 앉은 자세에서 호흡수가 안정적이고 규칙적으로 나타났으며, 쭈그리고 앉거나 누운 자세에서는 호흡수가 증가하는 경향을 보였다.

이는 폐의 확장 공간이 줄어들어 들숨양이 감소했기 때문에, 산소 공급을 일정하게 유지하기 위해 보상적으로 호흡수가 늘어난 것으로 해석된다.

6. 결론

몸의 자세에 따라 호흡수는 뚜렷한 차이를 보인다. 폐가 충분히 확장할 수 있는 선 자세와 바른 앉은 자세에서는 호흡이 가장 안정적이다. 반면 쭈그리고 앉거나 누운 자세에서는 횡격막의 움직임이 제한되어 호흡수가 증가하고, 이는 순환계와 호흡계에 더 많은 부담을 줄 수 있다. 따라서 일상생활이나 학습 시 바른 자세를 유지하는 것은 호흡 효율과 전신 건강에 매우 중요하다. 이 탐구를 통해 자세 변화가 단순한 자세 차이가 아니라, 생리적 호흡 과정에도 직접적인 영향을 미친다는 사실을 확인할 수 있었다.

Tip

4 지구과학 영역

<table>
<tr><td>예시 1 ·
중1</td><td>태양 : 태양의 흑점 수가 변한다고?
규칙성이 있을까?</td></tr>
</table>

1. 주제   태양 흑점 수가 변하는 이유와 태양 활동 주기

2. 탐구 목표   태양 흑점의 수가 일정하지 않고 변하는 이유를 조사하고, 그 변화가 약 11년 주기로 반복된다는 사실을 확인한다. 또한 태양 활동 주기가 지구의 환경과 기후, 통신 등에 어떤 영향을 주는지 탐구한다.

3. 배경 이론

(1) 태양 흑점이란?

태양의 표면(광구)에서 주변보다 온도가 낮아 어둡게 보이는 부분을 말한다. 이곳은 태양 내부의 강한 자기장이 에너지의 이동을 방해하여 온도가 낮아지기 때문에 생긴다. 흑점의 개수와 크기는 일정하지 않으며, 태양이 얼마나 활발하게 활동하고 있는지를 알려 주는 중요한 지표이다.

(2) 태양 활동 주기

태양의 흑점 수는 약 11년을 주기로 증가와 감소를 반복한다. 흑점 수가 많을 때를 태양 활동 최대기, 적을 때를 최소기라고 한다. 활동이 활발할 때는 흑점 외에도 태양 플레어(폭발 현상), 코로나 질량 방출(CME) 등이 자주 일어난다. 이 현상들은 태양에서 방출되는 에너지와 입자의 양이 커졌음을 의미한다.

(3) 지구와의 연관성

태양 활동이 강해지면, 태양에서 방출된 입자들이 지구의 자기장과 대기에 영향을 준다. 극지방에서는 극광(오로라) 현상이 더 자주 나타난다. 위성 통신이나 GPS 신호가 일시적으로 약해지거나 오류가 생길 수 있다. 태양 복사 에너지가 변하면서 지구의 기후나 온도 변화에도 장기적인 영향을 줄 수 있다. 따라서 흑점 수의 변화는 태양의 상태를 알려줄 뿐 아니라, 지구 환경 연구에도 중요한 자료가 된다.

4. 탐구 방법

(1) 문헌 조사

NASA, NOAA(미국해양대기청), 교과서, 과학 도감 등에서 흑점 관측 자료를 찾아본다.

최근 100년간 태양 흑점 수 변화 데이터를 수집한다.

(2) 그래프 분석

연도별 평균 흑점 수를 그래프로 나타내고, 증가와 감소가 반복되는 주기성을 확인한다.

최대기와 최소기를 구분하여 변화의 규칙을 분석한다.

(3) 사례 조사

태양 흑점이 많았던 시기(활동 최대기)와 적었던 시기(최소기)에 지구에서 나타난 극광, 통신 장애, 위성 영향 등의 사례를 조사한다.

5. 탐구 결과

연도	흑점 수	활동 상태	지구 영향 사례
2000	120	최대기	극광 관측 증가, 위성 통신 일부 영향
2008	10	최소기	활동 감소, 극광 현상 거의 없음
2014	110	최대기	태양 플레어 다수 발생, GPS 신호 영향

태양 흑점 수는 약 11년 주기로 증가와 감소를 반복하였다. 흑점이 많을 수록 태양 활동이 활발하며, 이 시기에는 플레어나 극광 등이 자주 발생하였다. 활동이 적을 때는 태양이 비교적 안정되어 지구에 미치는 영향이 줄었다.

6. 결론

태양 흑점은 태양 표면의 자기 활동이 강해지면서 생기는 어두운 부분으로, 그 수는 약 11년을 주기로 증가와 감소를 반복한다. 이러한 주기를 태양 활동 주기라고 하며, 태양의 내부 변화와 밀접한 관련이 있다. 태양 활동이 활발한 시기에는 플레어와 코로나 질량 방출이 증가하여 지구의 자기장, 통신, 위성, 극광 현상 등에 영향을 준다. 이번 탐구를 통해 태양의 흑점 변화가 단순한 점의 개수 차이가 아니라, 태양과 지구의 상호작용을 보여 주는 중요한 단서임을 알 수 있었다. 앞으로도 흑점 관측은 지구 환경과 우주 날씨를 이해하는 데 꼭 필요한 연구임을 알 수 있었다.

Tip

조사형 보고서이며 아이디어를 얻어서 할 경우 직접 조사해 보고 결과를 작성하세요~
태양 흑점 수와 지구 평균 기온 변화의 관계 분석하기. 태양 플레어 발생 시기와 통신 장애 사례 비교해 보기, 태양 활동 주기를 예측하는 방법 조사해 보기 등 추가 탐구가 가능합니다.

예시 2· 중1	지구의 자전 : 지구가 자전할 때 영향을 주는 효과에는 어떤 것이 있을까?

1. 주제

지구의 자전이 바람과 해류에 미치는 영향

2. 탐구 목표

지구의 자전이 대기와 해양의 순환에 어떠한 영향을 주는지 이해한다.

3. 배경 이론

지구는 하루에 한 번, 서쪽에서 동쪽으로 자전한다. 이때 지구가 돌고 있기 때문에, 공기나 바닷물처럼 움직이는 것들도 영향을 받는다. 지구가 가만히 있는 것이 아니라 회전하고 있어서, 실제로는 곧게 움직이는 것처럼 보여도 조금 휘어진 방향으로 움직이게 된다. 이 현상을 코리올리 효과 (Coriolis effect)라고 한다.

북반구에서는 움직이는 것이 오른쪽으로, 남반구에서는 왼쪽으로 휘어진다. 이 때문에 바람과 해류(바닷물의 흐름)가 단순히 직선으로 이동하지 않고, 특정한 방향으로 휘어지며 지구 전체의 기류와 해류의 흐름이 만들어진다. 예를 들어, 적도 부근에서는 무역풍이 동쪽에서 서쪽으로 불고, 중위도 지방에서는 편서풍이 서쪽에서 동쪽으로 분다. 또한 바다에서는 쿠로시오 해류처럼 따뜻한 해류와 페루 해류처럼 차가운 해류가 형성되어 각 지역의 기후와 날씨에도 영향을 주게 된다.

4. 탐구 방법

(1) 문헌 조사

- 교과서, 과학 도감, 기상청 등의 자료를 통해 바람과 해류의 방향 및 흐름 조사
- 코리올리 효과의 원리와 실제 사례(허리케인, 태풍 등) 정리

(2) 지도·도표 분석

- 세계 바람 지도와 해류 지도를 비교하여 북반구와 남반구의 흐름 차이 확인
- 주요 해류(적도 해류, 쿠로시오 해류, 페루 해류 등)와 바람계(무역풍, 편서풍, 극동풍)의 방향 분석

(3) 사례 연구

- 적도, 중위도, 극지방의 바람 및 해류 특징 정리
- 허리케인, 태풍 등의 회전 방향 및 발생 지역 분석을 통해 자전의 영향 확인

5. 탐구 결과

위치, 해류, 태풍	바람/해류/방향	코리올리 효과	특징 및 영향
북반구 적도	무역풍	오른쪽으로 휨	동쪽에서 서쪽으로 부는 동풍, 열대 저기압 형성에 영향
남반구 적도	무역풍	왼쪽으로 휨	동쪽에서 서쪽으로 부는 동풍, 남태평양 기류 형성
북반구의 해류	쿠로시오 해류	오른쪽으로 휨	따뜻한 해류로 일본 근해 기후 및 해양 생태계에 영향
남반구의 해류	페루 해류	왼쪽으로 휨	차가운 해류로 남아메리카 서해안 기후에 영향
태풍	회전 방향	북반구: 시계 반대 방향 남반구: 시계 방향	자전으로 인해 회전 방향이 반대, 폭풍의 진행 경로에 영향

이러한 코리올리 효과는 바람의 순환 구조(무역풍, 편서풍 등)와 해류의 흐름(쿠로시오, 페루 해류 등)을 형성하며, 결과적으로 지역별 기후 차이와 폭풍의 발생 형태에 큰 영향을 미친다.

6. 결론

지구의 자전은 대기와 해양의 순환에 결정적인 영향을 미친다. 코리올리 효과로 인해 북반구에서는 이동하는 공기와 물이 오른쪽으로, 남반구에서는 왼쪽으로 편향되어 바람과 해류의 흐름이 달라진다. 이로 인해 전 지구의 바람 띠와 해류 구조가 형성되고, 기후대의 분포와 날씨 변화, 태풍이나 허리케인과 같은 기상 현상에도 영향을 준다. 이번 탐구를 통해 지구 자전이 단순한 회전 운동이 아니라, 지구 기후 시스템 전반의 순환과 안정성에 핵심적인 역할을 한다는 점을 이해할 수 있었다.

Tip

조사형 보고서이며 아이디어를 얻어서 할 경우 직접 조사해 보고 결과를 작성하세요~
코리올리 효과의 다른 예시들도 찾아서 분석해 보는 것도 좋습니다. 미사일을 발사할 때 궤도 계산에 코리올리 효과를 적용하는 것에 대한 탐구도 가능합니다. 또한 자전을 주제로 관련된 다른 추가적인 현상이나 일주 운동, 해가 뜨는 위치의 변화 등의 탐구 주제도 적합합니다.

<table><tr><td>예시 3·
중1</td><td>**지구의 공전 : 한국이 겨울일 때 호주는 여름이라고?**</td></tr></table>

1. 주제   한국과 호주의 계절이 반대인 이유

2. 탐구 목표   지구의 공전과 자전축 기울기가 계절 변화에 어떤 영향을 주는지 알아본다.
북반구와 남반구의 계절이 서로 반대가 되는 이유를 설명할 수 있다.

3. 배경 이론   지구 공전

지구는 태양 주위를 1년에 한 바퀴 도는 공전 운동을 한다. 지구의 공전 궤도는 거의 원에 가깝고, 지구가 태양을 도는 동안 계절 변화가 생긴다.
계절 변화가 생기는 이유는 지구의 자전축이 약 23.5° 기울어져 있기 때문이다. 지구의 자전축이 기울어져 있어서 어떤 때는 북반구가 태양을 더 많이 향하고, 어떤 때는 남반구가 태양을 더 많이 향하게 된다.
북반구가 태양 쪽으로 기울면, 북반구는 여름이 되고 남반구는 겨울이 된다. 반대로 남반구가 태양 쪽으로 기울면, 남반구는 여름이 되고 북반구는 겨울이 된다.

4. 탐구 방법   (1) 문헌 조사

- 교과서, 과학 도감, 인터넷 자료를 통해 지구의 공전과 지축 기울기에 대한 정보 조사
- 계절별 태양 고도와 일사량의 차이 확인

(2) 그림·도표 분석

- 지구 공전 궤도 그림과 지축 기울기 모형 분석
- 태양 빛이 비추는 각도에 따라 북반구·남반구의 계절이 달라지는 모습 정리

(3) 사례 연구

- 한국(서울)과 호주(시드니)의 월별 날씨와 기온을 비교
- 실제로 두 지역의 계절이 반대임을 표로 정리

5. 탐구 결과

월	서울(북반구)	시드니(남반구)	계절이 반대인 이유
1월	겨울	여름	남반구가 태양 쪽으로 기울어 있음
6월	여름	겨울	북반구가 태양 쪽으로 기울어 있음
9월	가을	봄	북반구와 남반구가 비슷한 각도로 태양 빛을 받음
12월	겨울	여름	남반구가 태양 쪽으로 기울어 있음

지구가 태양 주위를 공전하면서 자전축이 기울어져 있기 때문에, 한쪽 반구가 태양을 향할 때 다른 반구는 태양에서 멀어진다. 그래서 북반구가 여름일 때 남반구는 겨울, 북반구가 겨울일 때 남반구는 여름이 된다.

6. 결론

한국과 호주의 계절이 반대인 이유는 지구의 공전과 자전축의 기울기 때문이다. 지구가 태양 주위를 돌 때 자전축이 기울어져 있어서, 태양 쪽으로 기울어진 반구가 바뀌게 되고 그 결과 계절이 반대로 나타난다.

이번 탐구를 통해 계절은 태양과의 거리가 아니라, 태양과의 각도로 인해서 생긴다는 사실을 알게 되었고, 한국과 호주처럼 북반구와 남반구의 계절이 반대가 되는 이유를 이해할 수 있었다.

Tip

조사형 보고서이며 아이디어를 얻어서 할 경우 직접 조사해 보고 결과를 작성하세요~
그림을 첨부해서 작성하는 것이 더 좋고, 거리가 아닌 각도로 인해 각 북반구 또는 남반구에 도달하는 태양 에너지의 양이 달라서 계절이 생긴다는 것을 이해할 수 있도록 작성하면 좋습니다.
주제를 변형하여 하루 동안 태양의 고도에 따라 지면이 받는 태양 복사에너지의 양을 측정하는 탐구도 좋습니다.

암석 : 우리나라의 관광 명소에 암석들은 어떤 게 분포할까?

1. 주제

한국의 관광 명소에 분포하는 암석 조사

2. 탐구 목표

한국의 주요 지형과 관광 명소를 암석의 종류별로 구분한다.

화성암, 퇴적암, 변성암의 특징을 명소와 연결하여 이해한다.

3. 배경 이론

(1) 암석의 종류와 특징

❶ **화성암**: 마그마가 식어서 굳은 암석. 단단하고 풍화에 강함.

→ 산지, 화산섬, 절벽 등에서 잘 발견됨.

예 현무암, 화강암, 안산암

❷ **퇴적암**: 물이나 바람에 의해 운반된 퇴적물이 쌓여 압력을 받아 굳어진

암석.

→ 층리(층 구조)가 잘 나타나며, 비교적 부드럽다.

예 사암, 셰일, 석회암

❸ **변성암**: 기존 암석이 높은 열과 압력에 의해 변형되어 만들어진 암석.

→ 단단하며, 줄무늬(엽리 또는 편리)가 뚜렷함.

예 편마암, 편암, 대리암

(2) 암석과 지형의 관계

암석의 단단함과 풍화 저항성은 지형 형태를 결정한다.

→ 단단한 암석 → 높은 산, 절벽

→ 약한 암석 → 평지, 구릉, 동굴

4. 탐구 방법

(1) 자료 조사

• 교과서, 국토지리정보원, 국립공원공단 자료 등을 참고하여 한국의 주요

관광 명소별 암석 종류 조사

• 각 명소가 포함된 지질도 확인

(2) 분류 기준 설정

암석 종류에 따라 명소를 세 그룹(화성암, 퇴적암, 변성암 지역)으로 분류

(3) 지형과의 연관 분석

명소 사진이나 지형도를 참고하여 암석의 특징과 관련된 지형 형태(절벽, 구릉, 동굴 등) 비교 정리 및 해석

(4) 표로 정리하여 암석 종류에 따른 지형 특징과 관광 명소의 관계를 비교 분석

5. 탐구 결과

(1) 화성암 지역 명소

명소	주 암석	특징	지형과의 관계
제주도 한라산	현무암	검은색, 단단함, 다공질	용암이 굳어 형성된 용암대지, 완만한 산지
울릉도	현무암, 안산암	단단하고 풍화에 강함	해안 절벽, 구릉 지형 발달
설악산 일부	화강암	입자가 거칠고 단단함	풍화에 강해 험준한 산세, 절벽 형성

(2) 퇴적암 지역 명소

명소	주 암석	특징	지형과의 관계
강화도	사암, 셰일	층리가 뚜렷함, 색이 밝음	낮은 구릉, 평야 형성
충남 태안	석회암	용식 작용으로 동굴 형성	카르스트 지형, 해안 절벽
경북 포항	사암	층리 뚜렷, 풍화에 약함	해안 구릉, 퇴적 평야 발달

(3) 변성암 지역 명소

명소	주 암석	특징	지형과의 관계
경주 남산 일대	편마암	단단하고 층리 뚜렷	낮은 산지, 절벽, 건축재료로 활용
북한산	편마암	매우 단단, 풍화에 강함	험준한 산세, 절벽 형성
지리산 일부	편암, 편마암	풍화 저항성 높음	계곡과 능선 발달

6. 결론　　화성암 지역은 단단하고 용암이 식어 형성되어 절벽, 용암대지, 화산 지형이 잘 발달한다. → 예 제주도, 울릉도, 설악산

퇴적암 지역은 층리가 잘 보이고 상대적으로 부드러워 평지나 구릉, 동굴 지형이 많다. → 예 강화도, 태안, 포항

변성암 지역은 압력과 열로 단단해져 험준한 산세와 절벽, 계곡이 발달한다. → 예 북한산, 지리산, 경주

암석의 종류에 따라 지형과 풍경이 달라지며, 이는 관광 명소의 자연경관 형성에 중요한 요인이다. 이번 탐구를 통해 지질(암석)과 지형, 그리고 관광 자원의 관계를 이해할 수 있었으며, 우리나라의 명소가 자연환경의 지질적 특징과 밀접히 연관되어 있음을 알 수 있었다.

Tip

조사형 보고서이며 아이디어를 얻어서 할 경우 직접 조사해 보고 결과를 작성하세요~
돌 표면의 풍화 패턴 비교를 통한 암석의 풍화 정도에 따른 지형 변화 관찰하기, 암석 종류에 따른 침식 속도 차이 실험해 보기, 한 지역 내 암석 분포에 따른 지형 다양성 조사하기(예 설악산 일대 암석 지도 만들기), 경주 석굴암, 불국사 등 문화유산과 연결하여 암석이 건축물에 활용된 사례 조사해 보기 등이 추가로 탐구 가능합니다.

| 예시 5·중2 | 화산대 : 백두산에서 화산 폭발이 일어날 수 있을까? |

1. 주제　　백두산에서 화산 활동이 있을 수 있는지에 대한 탐구

2. 탐구 목표　　지진과 화산 발생 원리를 이해한다.
백두산 화산 활동 가능성을 지진대와 화산대 관점에서 분석한다.

3. 배경 이론

(1) 판 구조론

지구의 지각은 여러 개의 판(plate)으로 나누어져 있으며, 이 판들은 맨틀 위에서 서서히 이동한다.

판이 서로 충돌(수렴), 벌어짐(발산), 미끄러짐(보존) 등의 운동을 하면서 지진과 화산 활동이 일어난다.

수렴형 경계: 한 판이 다른 판 아래로 들어가는 섭입대 → 화산과 지진이 모두 활발

발산형 경계: 맨틀 물질이 상승해 새로운 지각 형성 → 해령, 열수 분출

보존형 경계: 판이 서로 엇갈려 이동 → 큰 지진 발생

(2) 지진대(Seismic Belt)

지진이 자주 발생하는 지역으로, 대부분 판의 경계 부근에 분포한다.

대표적 지진대: 환태평양 지진대, 알프스-히말라야 지진대

(3) 화산대(Volcanic Belt)

화산이 집중적으로 분포하는 지역으로, 주로 섭입대나 열점(hot spot) 부근에서 형성된다.

대표적 화산대: 환태평양 화산대(Pacific Ring of Fire)

→ 일본, 필리핀, 뉴질랜드, 알래스카, 남미 서해안 등을 포함

(4) 백두산의 지질학적 특징

백두산은 한반도 북부(북위 약 42°)에 위치하며, 중국·러시아 접경 지역에 걸쳐 있다.

약 946년 천년 대분화(천년 대폭발)로 불릴 만큼 거대한 화산 폭발 기록이 존재한다.

현재도 지열, 온천, 간헐천, 미세 지진 등이 관측되어 활화산 가능성이 보고되고 있다.

지질학적으로 환태평양 화산대의 북서부 연장선상에 있으며, 인접 판 운

동(태평양판과 유라시아판의 상호 작용)의 영향을 받는다.

4. 탐구 방법

(1) 준비물

세계 판 구조 지도, 지진대 및 화산대 분포 지도, 백두산 위치 지도
인터넷 자료(지질자원연구원, 기상청, USGS, 위키피디아 등), 필기도구

(2) 탐구과정

❶ 세계 지도를 준비하고 주요 판 경계, 지진대, 화산대를 색으로 표시한다.

❷ 백두산의 위치를 지도에 표시한다.

❸ 백두산 주변 판 구조(유라시아판, 태평양판, 북미판 경계 등)를 조사한다.

❹ 환태평양 화산대의 분포와 백두산의 상대적 위치를 비교한다.

❺ 과거 백두산 화산 폭발 기록과 최근의 지열·지진 자료를 조사한다.

❻ 수집한 정보를 바탕으로 백두산의 화산 가능성을 지진대·화산대 관점에서 분석한다.

5. 탐구 결과

구분	내용
지진대 분포	환태평양 지진대는 일본, 필리핀, 알래스카 등 태평양을 둘러싸며, 동북아시아 지역으로 이어짐. 백두산 북부 지역은 일본 지진대의 연장선에 가까움.
화산대 분포	환태평양 화산대는 일본과 러시아 캄차카반도까지 이어지며, 그 연장선상에 백두산이 위치함.
백두산의 과거 활동	946년 대폭발로 추정되는 분화 기록 존재(분화량 약 100km³, 전 세계 최대 규모 중 하나).
현재 지질 활동	천지 주변 온천, 간헐천, 지열 가스 방출, 미세 지진 보고 → 내부 열 활동이 여전히 존재함.
지각 구조 분석	백두산 하부에는 맨틀 상승류(열점 또는 섭입대 잔류 영향)로 인한 마그마 존재 가능성이 보고됨.

6. 결론

백두산은 과거 대규모 분화 기록과 현재 지열 활동이 존재하는 지역이다.
지진대와 화산대는 모두 판 구조론과 관련이 있으며, 판의 경계 지역에서

주로 발생한다. 백두산은 판의 경계에 해당하지는 않지만 환태평양 화산
대의 북쪽 연장선에 위치하고, 인접한 태평양판의 움직임이 간접적인 영향
을 미친다. 따라서 백두산 지역은 장기적으로 화산 활동 가능성이 있으므
로 지속적인 모니터링과 지진 관측이 필요하다. 이번 탐구를 통해 지진과
화산이 판 구조론에 의해 서로 연결된 현상임을 이해할 수 있었다.

예시 6·중2

**별자리 : 뉴스에서 황도 12궁이 아닌 황도 13궁이라고?
별자리가 추가된 건가? nope!**

1. 주제

황도 13궁의 의미와 별자리 체계의 변화에 대한 탐구

2. 탐구 목표

황도의 정의와 별자리의 관계를 이해한다.
황도 13궁이 등장하게 된 과학적 배경을 조사한다.

3. 배경 이론

(1) 황도(Ecliptic)

지구가 태양을 공전할 때, 하늘에서 태양이 1년 동안 이동하는 경로를 '황
도'라고 한다. 황도는 천구상에서 태양의 연주운동을 나타내며, 달과 대부
분의 행성도 이 경로를 중심으로 움직인다.

(2) 황도 12궁의 기원

고대 바빌로니아인들은 약 3,000년 전 하늘의 황도를 12등분하고, 각 구
역에 당시 눈에 띄는 별자리를 배정하였다. 이는 1년을 12달로 나눈 태음

력 체계와 일치하도록 인위적으로 조정된 것으로, 양자리부터 물고기자리까지 12개의 구간이 전통적인 황도 12궁을 이루었다.

(3) 황도 13궁의 등장

현대 천문학에서 정밀 관측 결과, 태양은 실제로 전갈자리와 사수자리 사이에 있는 '뱀주인자리(Ophiuchus)'를 통과한다. 태양은 매년 약 11월 30일경부터 12월 17일경까지 뱀주인자리를 지나가며, 이는 실제로 태양이 13개의 별자리를 통과한다는 의미이다.

(4) 왜 전통적으로는 12궁만 사용했을까?

고대 사회에서는 달력을 '12달'로 나누었는데, 이는 12라는 수가 계산과 농사 주기에 적합했기 때문이다. 따라서 천문학적 정확성보다는 달력 체계와 상징성을 우선하여 12궁으로 고정하였다.

4. 탐구 방법

❶ 천문 교과서 및 관련 서적에서 황도와 별자리의 정의를 조사한다.

❷ 천문 시뮬레이션 프로그램 Stellarium을 이용해 실제 태양의 1년 동안의 이동 경로를 관찰한다.

❸ NASA 및 한국천문연구원의 천체좌표 자료를 참고하여 태양이 지나가는 별자리의 날짜를 비교한다.

❹ 황도 12궁과 13궁의 차이를 표로 정리한다.

5. 탐구 결과

구분	전통적 황도 12궁 체계(점성술 기준)	실제 태양이 머무는 기간(천문학 기준)
양자리	3월 21일 ~ 4월 19일	4월 19일 ~ 5월 14일
황소자리	4월 20일 ~ 5월 20일	5월 15일 ~ 6월 21일
쌍둥이자리	5월 21일 ~ 6월 21일	6월 22일 ~ 7월 20일
게자리	6월 22일 ~ 7월 22일	7월 21일 ~ 8월 10일
사자자리	7월 23일 ~ 8월 22일	8월 11일 ~ 9월 16일
처녀자리	8월 23일 ~ 9월 22일	9월 17일 ~ 10월 30일

천칭자리	9월 23일 ~ 10월 23일	10월 31일 ~ 11월 22일
전갈자리	10월 24일 ~ 11월 22일	11월 23일 ~ 11월 29일
뱀주인자리	(없음)	11월 30일 ~ 12월 17일
사수자리	11월 23일 ~ 12월 21일	12월 18일 ~ 1월 19일
염소자리	12월 22일 ~ 1월 19일	1월 20일 ~ 2월 16일
물병자리	1월 20일 ~ 2월 18일	2월 17일 ~ 3월 11일
물고기자리	2월 19일 ~ 3월 20일	3월 12일 ~ 4월 18일

태양이 실제로 전갈자리에 머무는 기간은 약 7일로 매우 짧다.

뱀주인자리가 새롭게 포함되며, 태양은 실제로 13개의 별자리를 지나간다.

점성술의 12궁 체계는 과학적 사실보다 역사적·문화적 전통에 기반한다.

6. 결론

탐구 결과, 황도 13궁은 새로운 별자리가 "추가된 것"이 아니라, 현대 천문학의 정밀한 관측으로 드러난 실제 태양의 이동 경로를 반영한 것임을 확인하였다. 황도 12궁은 고대 달력과 상징적 의미를 바탕으로 만들어진 체계로, 오늘날 점성술에서 사용하는 12궁은 문화적 전통의 산물이며, 천문학에서의 별자리 구분과는 과학적 기준이 다름을 알 수 있다. 즉, 황도 13궁은 "별자리의 변화"가 아니라, 우리가 하늘을 더 정확히 이해하게 된 과학의 발전 결과라고 결론지을 수 있다.

Tip

5 국어, 영어, 수학, 사회 등의 영역

국어 : '쭈꾸미'가 아닌 '주꾸미'가 맞는 말이라고?

1. 주제

한글 맞춤법과 일상생활의 단어 비교

2. 탐구 목표

표준어 맞춤법과 실제 사람들이 사용하는 단어 형태 사이의 차이를 이해한다.

3. 배경 이론

(1) 표준어 규정

국어는 '표준어'를 기준으로 사용하며, 이는 사전이나 국립국어원에서 정한다.

(2) 언어 습관과 빈도

사람들은 발음하기 편리하거나 익숙한 형태를 자주 쓰고, 이 과정에서 비표준형이 널리 퍼질 수 있다.

(3) 맞춤법

'주꾸미'(표준어, 국립국어원 사전 표기)

(4) 현실 사용

'쭈꾸미'(인터넷, 식당 메뉴판, 구어에서 흔히 사용)

4. 탐구 방법

(1) 자료 조사

- 국립국어원《표준국어대사전》에서 '주꾸미' 확인
- 맞춤법 규정과 표준어 제정 원리 조사

(2) 사용 빈도 비교

- 인터넷 포털(네이버, 구글 뉴스 등)에서 '주꾸미', '쭈꾸미' 검색 횟수 비교
- 식당 메뉴판, 전단지, 온라인 배달 앱에 표기된 단어 조사

(3) 설문 조사(학생 대상)

어떤 표기가 더 익숙한지, 어떤 표기가 맞는 맞춤법이라고 생각하는지 응답 조사

(4) 정리 및 분석

- 표준어와 실제 사용 빈도의 차이 비교
- 사람들이 비표준어에 익숙해지는 이유 탐색

5. 탐구 결과

《표준국어대사전》에서는 '주꾸미'만 표준어로 인정됨.

인터넷 검색 결과, '쭈꾸미'가 '주꾸미'보다 더 많은 빈도로 나타남.

학생 설문 조사 결과, 대부분 '쭈꾸미'가 더 익숙하다고 응답.

식당 메뉴판에서도 '쭈꾸미' 표기가 훨씬 많이 사용됨.

6. 결론

맞춤법상 올바른 표기는 '주꾸미'이지만, 현실 언어생활에서는 '쭈꾸미'가 더 널리 사용되고 있다. 이는 사람들이 발음의 자연스러움(쭈- 발음이 더 익숙)과 주변에서 자주 본 표기에 영향을 받기 때문이다.

국어는 규범(맞춤법)과 실제 사용(언어 습관)이 항상 일치하지 않으며, 사람

들의 습관이 오히려 규범에 영향을 주기도 한다. 따라서 국어 탐구는 단순히 맞는 표기만 따지는 것이 아니라, 언어 현실과 규범의 상호작용을 함께 이해하는 것이 필요하다.

조사형 보고서이며 아이디어를 얻어서 할 경우 직접 조사해 보고 결과를 작성하세요~
한글 맞춤법 통일안(1933)부터 현재까지 변화된 주요 규정 조사해 보기, 학생들이 가장 많이 틀리는 맞춤법은 무엇인지에 대한 탐구, '않다'와 '안'을 다르게 쓰는 이유에 대한 탐구, '되'와 '돼'는 왜 헷갈리는지에 대한 탐구 등도 가능합니다.

예시 2· 중1 — 국어 : 웹툰, 소설, 일상생활의 대화체는 좀 다른데 그 이유가 뭘까?

1. 주제

교과서 소설, 실제 학생 대화, 웹툰 속 대화 비교 탐구

2. 탐구 목표

교과서 소설 속 대화, 실제 학생들의 대화, 웹툰 속 대화를 비교하여 언어 표현의 차이를 알아본다.

3. 배경 이론

(1) 문어체

문법이 정돈되고 완전한 문장을 사용. 주로 글쓰기에서 쓰이며 정확성이 강조됨.

(2) 구어체

말하기에서 쓰이는 언어로, 짧은 문장·감탄사·비문법적 표현이 많이 나타남. 억양과 표정에 의존.

(3) 웹툰 대화

구어체와 문어체가 섞여 있으며, 그림(표정, 배경 효과, 말풍선 등)이 의미 전

달을 보완하는 특징을 가짐.

4. 탐구 방법

(1) 교과서 소설 대화 추출

중학교 국어 교과서에 실린 단편소설

(예 현진건 「운수 좋은 날」, 이효석 「메밀꽃 필 무렵」의 대화 부분 발췌)

(2) 실제 학생 대화 수집

교실이나 쉬는 시간 학생 간 대화 기록(또는 가상의 예시 대화 작성)

(3) 웹툰 속 대화 조사

웹툰(예 「신의 탑」, 「여신강림」 등)에서 대화 20~30개 추출

(4) 비교 분석 기준 설정

❶ 문장 길이

❷ 감탄사·구어적 표현 사용

❸ 문법적 정확성

❹ 상황 묘사 방식

❺ 비언어적 요소(표정, 효과음 등) 활용

5. 탐구 결과

구분	교과서 소설 속 대화	실제 학생 대화	웹툰 속 대화
문장 길이	길고 완전한 문장	짧고 단답형 많음	짧지만 극적 표현 사용
감탄사	드묾(예 "아니, 그게…")	많음(예 "와", "헐")	매우 많음(예 "헉!", "앗!")
문법 정확성	높음	낮음(비문법적, 줄임말)	낮음(줄임말, 의성어)
상황 묘사	서술문이 직접 설명	억양·표정에 의존	그림과 효과음이 보완
특징	문어체 중심, 격식 있음	현실적, 자연스러움	감정 과장, 몰입감 강화

6. 결론

교과서 소설 대화는 문어체적 특징이 강해 정확하고 정돈된 언어를 사용하며, 서술이 상황을 보충한다. 실제 학생 대화는 짧고 즉흥적이며 감탄

사·줄임말이 많아 친근하고 자연스럽다. 웹툰 대화는 실제 대화처럼 짧고 구어적이지만, 그림과 효과음이 의미를 보완하여 독자가 쉽게 이해하고 몰입하게 만든다. 즉, 대화 표현은 매체에 따라 다르게 나타나며, 국어는 상황과 매체에 따라 다양하게 변형·활용되는 언어임을 알 수 있다.

예시 3· 중1	국어 : 숏폼을 많이 보니까 왠지 긴 글이 눈에 안 들어오는 느낌 ㅠㅜ

1. 주제

숏폼(짧은 영상, 쇼츠, 릴스)이 글 읽기에 미치는 영향

2. 탐구 목표

짧은 영상을 자주 보는 것이 글 읽기 습관에 미치는 영향을 알아본다.

3. 배경 이론

최근 스마트폰과 SNS의 발달로 짧은 영상 콘텐츠('숏폼')가 인기를 끌고 있다. 숏폼은 보통 15초~1분 이내의 짧은 영상으로, 짧은 시간에 강한 자극과 재미를 주어 쉽게 집중할 수 있다. 하지만 이런 짧은 영상에 익숙해지면, 두뇌가 빠른 자극에만 반응하도록 길들여져 긴 글을 읽거나 깊이 있는 사고를 유지하기 어려워질 수 있다. 숏폼의 반복적인 시청은 지속적 집중력(sustained attention)을 약화해 책이나 긴 글을 읽을 때 쉽게 산만해질 수 있다는 연구 결과도 보고되고 있다. 또한, 언어 이해 과정에서 글 읽기는 시각 정보뿐 아니라 문맥 파악, 추론, 기억을 동시에 사용하기 때문에 뇌의 인지적 노력이 많이 필요한 활동이다. 반면 숏폼은 시청자가 생각하기보다 즉각적인 감각 자극에 의존하는 수동적 활동으로, 읽기 능력과

다른 인지 영역을 사용한다.

4. 탐구 방법

중학교 1학년 학생 50명을 대상으로 설문조사를 실시한다.

질문

Q1. 하루에 숏폼 영상을 얼마나 자주 보나요?

Q2. 책이나 긴 글을 읽을 때 집중이 잘 되나요?

Q3. 숏폼 영상을 자주 보는 것이 글 읽기에 부정적인 영향을 준다고 생각하나요?

Q4. 그렇다면, 글을 더 잘 읽기 위해 필요한 방법은 무엇일까요?

결과를 정리하고, 그래프로 표현한다.

5. 탐구 결과

(1) 숏폼 시청 빈도

하루 30분 이상 보는 학생: 60%

하루 10~30분 보는 학생: 30%

거의 보지 않는 학생: 10%

(2) 글 읽기 집중도

숏폼을 자주 보는 학생 중 70%가 "책을 오래 읽으면 집중이 안 된다."라고 응답.

숏폼을 거의 보지 않는 학생 중 80%가 "책 읽기에 큰 어려움이 없다."라고 응답.

(3) 숏폼과 글 읽기의 관계 인식

전체 학생 중 65%가 "짧은 영상을 자주 보는 것이 글 읽기에 부정적인 영향을 준다."라고 생각하지만 20%는 "큰 상관이 없다."라고 응답

(4) 개선 방법(자유 응답)

"하루 숏폼 보는 시간을 줄인다."(40%)

“책을 짧게 나누어 읽는다.”(30%)

“영상 보기 전 책을 먼저 읽는다.”(20%)

기타 의견(10%)

6. 결론 설문조사 결과, 숏폼 영상을 자주 보는 학생들은 글을 읽을 때 집중이 잘 안 되는 경향이 있음을 확인할 수 있었다. 그러나 대부분의 학생들은 이러한 영향을 스스로 인식하고 있었고, 책 읽기를 위한 방법을 찾아야 한다는 의견도 있었다. 즉, 숏폼 영상은 재미있고 짧은 시간에 즐길 수 있다는 장점이 있지만, 지속적인 글 읽기 습관을 약화할 수 있음을 알 수 있었다. 앞으로는 숏폼 영상 시청 시간을 적절히 조절하면서 책 읽기 습관을 함께 유지하는 노력이 필요하다는 생각이 들었다.

Tip

조사형 보고서이며 아이디어를 얻어서 할 경우 직접 조사해 보고 결과를 작성하세요~

일정 시간 이상 스마트폰을 사용한 뒤 학습 집중력 테스트 비교하기, 자기 전 영상 시청 시간이 수면에 미치는 영향 조사하기, 추천 알고리즘이 콘텐츠 다양성을 제한하는지 분석해 보기, 하루 동안 숏폼 금지 실험 후 집중력·기분 변화 조사해 보기 등의 다양한 주제로도 변형이 가능합니다.

**예시 4·
중1** **영어 : 영어의 구어체와 문어체를 비교해 보면 어떨까?**

1. 주제 일상 영어(구어체)와 교과서 영어(문어체)의 차이 분석

2. 탐구 목표 교과서 영어 문장과 실제 원어민이 사용하는 일상 영어 표현의 차이를 분석한다.

3. 배경 이론 (1) 문어체(교과서 영어)

문법적으로 완전하고 정돈된 문장, 정확한 어휘 사용, 공식적 상황에 적합.

예 How are you today? I am fine, thank you.

(2) 구어체(일상 영어)

짧고 간단하며, 축약형·속어·감탄사가 많음. 억양, 표정, 몸짓이 의미 전달을 보완.

예 Hey, what's up? Not much. You?

4. 탐구 방법

(1) 자료 수집

- 중학교 1학년 영어 교과서 속 대화문 10개 발췌
- 미국 드라마·애니메이션(**예** Friends, Big Hero 6) 속 대화 10개 발췌

(2) 비교 기준

- 문장 길이, 축약형 사용 여부(I am → I'm), 감탄사·일상 표현 사용 여부 (Oh, wow, uh…)
- 어휘 수준과 난이도

(3) 분석 및 정리

교과서 문장과 실제 대화 문장을 같은 상황별로 나란히 배치하여 차이점 분석

5. 탐구 결과

상황	교과서 영어(문어체)	실제 대화 영어(구어체)
인사	How are you today? I'm fine, thank you.	Hey! What's up? / Not much, you?
놀람	I am very surprised.	No way! / Seriously?
사과	I am sorry for being late.	Sorry! / My bad.
거절	I'm afraid I cannot go with you.	Nah, I can't. / Sorry, not today.
전화 받을 때	Hello, this is Tom speaking.	Hey! / What's up?
헤어질 때	Goodbye. See you tomorrow.	See ya! / Catch you later!
감탄/칭찬	That is very good.	Awesome! / That's cool!

교과서 영어는 정확성과 격식이 강조되어 문장이 길고 문법적으로 완전함. 실제 대화는 간단하고 직관적이며, 축약형과 감탄사 사용이 많아 생생하고 자연스러움.

교과서 영어는 형식적 상황(시험, 문서)에 유용하고, 구어체 영어는 실제 원어민과 소통할 때 효과적임.

6. 결론

교과서 영어와 일상 영어는 목적과 상황이 다르기 때문에 차이가 생긴다. 교과서 영어는 기초 문법과 정확한 표현 학습에 필요하고, 일상 영어는 실제 의사소통 능력을 키우는 데 필요하다. 따라서 영어 학습에서는 두 가지를 균형 있게 배우는 것이 중요하다는 것을 알게 되었다.

교과서로 기본기를 다지고, 드라마·영화·팝송 등을 통해 구어체를 접하는 것도 실제 소통 능력을 더 높일 수 있는 방법이라고 생각하게 되었다.

Tip

조사형 보고서이며 아이디어를 얻어서 할 경우 직접 조사해 보고 결과를 작성하세요~
영화 대사 속 영어와 교과서 영어 비교하기, 일상 회화와 교과서 영어에서 축약형(I'm, don't, can't 등)이 얼마나 자주 쓰이는지 비교하기, 영어권 나라별 구어체 차이(미국 vs 영국 vs 호주), 같은 상황(인사, 식사, 감사 표현 등)에서 사용하는 표현 비교하기, 인터넷 밈(Meme)·신조어 속 영어 표현 분석하기(인터넷 속 약어 표현의 의미와 사용 상황 조사) 등의 탐구도 가능합니다.

예시 5· 중1	영어 : 콩글리시도 시대에 따라 달라지겠지? 어떤 차이가 있을까?

1. 주제

콩글리시(Konglish)의 시대별 변화 탐구

2. 탐구 목표

시대별 콩글리시 단어의 변화를 조사하여 사회적·문화적 배경과 연결 지어 본다.

3. 배경 이론

(1) 콩글리시(Konglish)

한국어식으로 변형되거나 한국에서만 쓰이는 영어 표현

(2) 외래어 수용 과정

특정 시대의 문화, 산업, 생활양식에 따라 새로운 영어 단어가 유입됨.
콩글리시는 한국인의 생활 속에서 정착하면서도, 실제 원어민 영어와는
차이가 큼.

4. 탐구 방법

(1) 시대 구분

1950~60년대(전쟁 직후, 미군 주둔), 1970~80년대(산업화), 1990년대(외래어
유행과 대중문화 확산), 2000년대(인터넷 시대), 2010년대 이후(한류, 글로벌 시
대), 현재(2020년대)

(2) 자료 조사

- 신문 기사, 광고, 사전, 국립국어원 자료 활용
- 시대별로 자주 쓰인 콩글리시 단어 수집

(3) 분석 기준

- 표준 영어와 의미 차이
- 사회적 배경(경제·문화)
- 현재 사용 여부 및 글로벌 정착 여부

5. 탐구 결과

시대	대표적인 콩글리시	실제 사용 예시	변화 및 특징
1950~60년대 (미군정·전쟁 직후)	삐라(flyer), 미제(Made in USA), 삐까뻔쩍(flashy)	"삐라가 하늘에서 떨어졌다."	군사·미군 관련 어휘가 많음
1970~80년대 (산업화 시기)	헬스(gym), 오바이트(vomit), 미팅(group date), 서비스(free)	"헬스장에 다녀온다." "서비스로 더 드립니다."	영어를 한국식으로 차용, 의미 변화
1990년대 (대중문화 확산)	핸드폰(cell phone), 아파트(apartment), 싸인(autograph)	"핸드폰 번호 알려 줘."	일상 용어에 깊게 정착, 영어권과 의미 차이 확대
2000년대 (인터넷 시대)	아이디(ID), 노트북(laptop), 셀프(self-service), 콘센트(outlet)	"아이디랑 비번 입력해."	IT 용어 대거 등장, 일본식·직역식 영어 혼재
2010년대 이후 (글로벌 시대)	핫플(=hot place), 인싸(=insider), 원룸(one-room apartment)	"요즘 홍대가 핫플이야."	신조어·축약어 콩글리시 유행, 젊은 세대 중심
현재 (2025년~)	굿즈(goods, 상품), 랜선(=online)	"아이돌 굿즈 샀어."	인터넷 밈·한류와 결합된 새로운 형태, 글로벌 확산

6. 결론

콩글리시는 시대별 사회·문화적 변화와 밀접하게 연결되어 있으며, 산업화, 대중문화, 디지털 문화 흐름과 맞물려 변화한다. 일부 콩글리시는 영어권에서도 정착하여 원래 콩글리시였다는 사실이 잊히는 케이스도 있었다 (셀카 → selfie, 노트북 → laptop). 현재도 일부 콩글리시는 한국에서만 쓰이며, 세대별·문화별 사용 빈도 차이가 크다.

영어 학습에서는 콩글리시와 실제 영어를 구분할 필요가 있으며, 동시에 콩글리시는 한국어 속에서 독자적으로 자리 잡은 언어 현상이라는 점도 이해해야 한다는 것을 확인하게 되었다.

Tip

<table><tr><td>예시 6·
중1</td><td>영어 : 우리 학교 안에서 사용되는 영어 단어에는 무엇이 있을까?</td></tr></table>

1. 주제   학교 안에서 사용되는 영어 단어 조사

2. 탐구 목표   학교 안에서 쓰이는 영어 단어를 직접 조사하여, 어떤 곳에 어떤 목적으로 사용되는지 알아보고 영어 단어 사용의 특징과 의미를 분석한다.

3. 배경 이론

(1) 영어 차용어(loanword)

다른 언어에서 들어와 우리말 속에서 쓰이는 단어를 말한다.
한국어에서는 일상생활 곳곳에서 영어 차용어를 쉽게 찾아볼 수 있다.

(2) 학교 공간 속 영어 사용의 특징

학교에서는 영어가 단순히 교과로서뿐 아니라, 안내, 홍보 등 기능적인 목적을 위해서도 자주 사용된다. 이는 학생들이 자연스럽게 영어에 노출되어 친숙함을 느끼게 하는 효과가 있다.

4. 탐구 방법   학교 교실, 복도, 특별실, 게시판 등에 쓰인 영어 단어를 찾아 기록한다.

단어의 쓰임을 크게 3가지로 나누어 분류한다.
❶ 안내용 단어(방향, 시설 이름)
❷ 과목 관련 단어(교과실, 과목명)
❸ 홍보용·행사용 단어(학교 행사, 동아리 이름)

단어의 의미와 쓰임새를 정리하고, 어떤 특징이 있는지 분석한다.

5. 탐구 결과

(1) 조사한 단어 예시
❶ 안내용 단어: EXIT(비상구), Office(교무실), Library(도서관), Gym(체육관)

❷ **과목 관련 단어**: Science Lab(과학실), Music Room(음악실), English Class (영어 교실)

❸ **홍보용·행사용 단어**: Festival(축제), Dream Club(동아리 이름), Happy School(학교 홍보 문구)

(2) 분류 결과(총 20개 단어 조사)

❶ **안내용 단어**: 8개(40%)

❷ **과목 관련 단어**: 6개(30%)

❸ **홍보용·행사용 단어**: 6개(30%)

(3) 분석

안내용 단어는 짧고 쉽게 알아볼 수 있는 기본 영어 단어들이 많음.

과목 관련 단어는 교과와 직접 연결되어 학생들에게 친숙하게 다가옴.

홍보용·행사용 단어는 긍정적이고 밝은 느낌을 주는 단어가 많음(예 Happy, Dream, Festival).

6. 결론

학교 안에서 생각보다 많은 영어 단어가 사용되고 있음을 확인했다. 안내, 학습, 홍보 등 다양한 목적으로 쓰이고 있으며, 대부분은 짧고 쉬운 단어여서 영어에 익숙하지 않은 사람도 의미를 쉽게 이해할 수 있었다. 또한, 영어 단어 사용은 학생들에게 국제적인 감각을 주면서도, 영어에 친숙해지는 기회를 제공한다는 장점이 있음을 알 수 있었다.

Tip

조사형 보고서이며 아이디어를 얻어서 할 경우 직접 조사해 보고 결과를 작성하세요~
학교 게시물(포스터, 간판, 행사 안내문)에 쓰인 영어 단어 조사하기, 학교 안 영어 표기의 정확성 분석하기(예 간판, 표지판, 행사 포스터의 영어 철자·문법 오류 찾기), 학교 방송·행사에서 자주 쓰이는 영어 표현 조사하기 등도 탐구 가능합니다.

<table><tr><td>예시 7·
중1</td><td>수학 : 삼각김밥과 라면에 수학을 적용한다면??</td></tr></table>

1. 주제 편의점 삼각김밥과 컵라면의 대푯값 분석

2. 탐구 목표 편의점에서 판매되는 삼각김밥과 컵라면의 가격을 조사하여 평균, 중앙값, 최빈값을 구하고, 각각의 대푯값이 실제 가격을 얼마나 잘 대표하는지를 비교한다.

3. 배경 이론

(1) 평균(산술평균)

모든 데이터를 합한 후 개수로 나눈 값. 가격의 일반적인 수준을 보여 준다.

(2) 중앙값

데이터를 크기순으로 나열했을 때 가운데 위치한 값. 극단적인 값에 영향을 덜 받는다.

(3) 최빈값

데이터에서 가장 많이 나타나는 값. 소비자가 가장 흔히 접하는 가격대를 의미한다.

(4) 대푯값 활용

일상생활에서는 평균만으로 판단하기 어려운 경우가 많아, 중앙값과 최빈값을 함께 고려하면 대표성을 더 잘 이해할 수 있다.

4. 탐구 방법

(1) 자료 수집

주변 편의점에서 판매되는 삼각김밥 10종, 컵라면 10종 가격 조사

가격 기록: 단위 원(₩)으로 기록

(2) 데이터 정리

각 제품별 가격을 오름차순으로 정리

(3) 대푯값 계산

평균: 모든 가격 합 ÷ 제품 수

중앙값: 오름차순으로 정렬했을 때 가운데 두 값의 평균

최빈값: 가장 자주 나타나는 가격

(4) 결과 비교

- 삼각김밥과 컵라면 가격 대푯값 비교
- 가격·범위 및 극단값이 대푯값에 미치는 영향 분석

5. 탐구 결과

삼각김밥: 1,200 / 1,300 / 1,300 / 1,400 / 1,500 / 1,500 / 1,600 / 1,700 / 1,800 / 2,000

컵라면: 1,000 / 1,100 / 1,200 / 1,300 / 1,300 / 1,400 / 1,500 / 1,500 / 1,600 / 1,700

제품	조사 가격 범위(₩)	평균(₩)	중앙값(₩)	최빈값(₩)
삼각김밥	1,200 ~ 2,000	1,530	1,500	1,500
컵라면	1,000 ~ 1,700	1,350	1,350	1,300

삼각김밥은 컵라면보다 가격이 전반적으로 약간 높았고, 컵라면은 저가형 제품이 많아 평균값이 약간 낮았지만, 최빈값이 집중되어 있어 실제로 가장 자주 구매하는 가격대가 뚜렷했다. 특정 편의점에서는 행사나 신제품 출시로 인해 가격 편차가 생겼으며, 이러한 요인이 평균값에 영향을 주었다. 평소 자주 구매하는 제품의 가격을 대푯값과 비교해 보았더니, 평균보다 조금 낮은 제품을 주로 구매하고 있음을 확인할 수 있었다.

6. 결론

탐구 결과, 편의점의 삼각김밥과 컵라면은 평균 가격이 비슷했지만, 중앙값과 최빈값을 함께 보면 실제 소비자가 느끼는 대표 가격 수준이 더 정확히 드러났다. 단순히 평균만 보는 것보다 여러 대푯값을 함께 분석해야 데이터의 특징을 제대로 이해할 수 있음을 알게 되었다.

이 탐구를 통해 대푯값 개념이 단순한 계산이 아니라, 실생활 속 소비 패턴 분석에도 유용하게 쓰일 수 있음을 확인하였다. 또한 가격은 시기나 행사에 따라 변동되므로, 지속적인 데이터 수집을 통해 트렌드 분석으로 확장할 수도 있다는 점에서 흥미로웠다.

Tip

조사형 보고서이며 아이디어를 얻어서 할 경우 직접 조사해 보고 결과를 작성하세요~
과자, 음료, 아이스크림 가격의 평균·중앙값·최빈값 분석하기, 삼각김밥+컵라면 vs. 도시락+음료 세트 가격 평균·최빈값 분석하기,
가격 편차(최고가-최저가)와 대푯값의 관계 분석하기 등의 탐구도 가능합니다.

**예시 8·
중1**

수학 : 소인수 분해가 일상생활에 적용될 수 있을까??

1. 주제

소인수 분해와 일상생활의 관계

2. 탐구 목표

소인수 분해가 무엇인지 이해하고, 일상생활에서 소인수 분해가 어떻게 활용되는지 탐구한다.

3. 배경 이론

(1) 소인수 분해(Prime Factorization)

어떤 수를 소수(1과 자기 자신만으로 나누어지는 수)의 곱으로 나타내는 방법을 말한다. 예 $12 = 2 \times 2 \times 3$

소인수 분해는 분수의 약분, 최대공약수(GCD), 최소공배수(LCM) 계산 등 다양한 수학 문제에서 사용된다.

(2) 소수(Prime Number)

1보다 큰 자연수 중에서 1과 자기 자신으로만 나누어지는 수

📵 2, 3, 5, 7, 11

4. 탐구 방법

❶ 일상생활에서 나눗셈, 반복, 그룹화가 필요한 사례를 관찰한다.

❷ 관련 숫자를 소인수 분해하여 분석한다.

❸ 소인수 분해를 이용해 문제를 효율적으로 해결하는 방법을 찾는다.

5. 탐구 결과

일상생활에서의 소인수 분해 예시

❶ **과자 포장 나누기**

상황: 24개의 과자를 6명에게 똑같이 나눠 주려 한다.

분석: 24 ÷ 6

24의 소인수 분해: 24 = 2 × 2 × 2 × 3

6의 소인수 분해: 6 = 2 × 3

활용: 소인수 분해를 통해 24 ÷ 6 = (2×2×2×3) ÷ (2×3) = 2 × 2 = 4 →

1인당 4개씩 분배 가능

해석: 소인수 분해로 나누기를 간단히 계산할 수 있다.

❷ **운동 경기 팀 나누기**

상황: 36명의 학생을 같은 수로 팀을 만들고 싶다.

분석: $36 = 2^2 × 3^2$

활용: 36을 나누어 만들 수 있는 팀 수 = 2, 3, 4, 6, 9, 12, 18, 36

해석: 소인수 분해를 활용하면 가능한 팀 수를 쉽게 찾을 수 있다.

❸ **물건 포장과 상자 크기 결정**

상황: 48개의 작은 상자를 12개의 큰 상자에 넣으려 한다.

분석: 48 ÷ 12 = ?

$48 = 2^4 × 3, 12 = 2^2 × 3$

나누기: $(2^4 × 3) ÷ (2^2 × 3) = 2^2 = 4$ → 1상자에 4개씩 포장 가능

해석: 소인수 분해를 이용하면 물건을 균등하게 나누는 방법을 쉽게

계산 할 수 있다.

④ 분수 약분

상황: $\dfrac{18}{24}$ 을 간단한 분수로 만들고 싶다.

분석: $18 = 2 \times 3^2$

$24 = 2^3 \times 3$

약분: $(2 \times 3^2) \div (2^3 \times 3) = 3/4$

해석: 소인수 분해로 약분 과정을 이해하면 분수를 쉽게 간단히 만들 수 있다.

6. 결론

소인수 분해는 단순한 수학 계산을 넘어 일상생활에서 나눗셈, 분배, 포장, 분수 계산 등 다양한 상황에 활용된다. 소인수 분해를 활용하면 복잡한 계산도 쉽게 해결할 수 있으며, 팀 구성이나 물건 배분 같은 실생활 문제를 수학적으로 분석할 수 있다. 따라서 수학 개념과 실생활을 연결하면 수학 학습의 흥미와 실용성을 높일 수 있다.

Tip

실험형 보고서이며 아이디어를 얻어서 할 경우 직접 실험해 보고 결과를 작성하세요~
학교 행사 물품 연필, 학용품 등을 균등하게 나누는 방법 분석하기, 교실 청소 순서 돌아오는 시간 분석하기, 레고 블록을 이용해 조합 수를 소인수 분해로 분석하여 만들 수 있는 모양 탐색해 보기 등의 탐구도 가능합니다.

예시 9·중1   **수학 : 우유갑은 용량이 달라도 모양은 다 비슷하네??**

1. 주제   500mL와 1L 우유가 모양은 같고 높이만 다른 수학적인 이유

2. 탐구 목표   우유갑의 모양을 통해 관련된 수학적 개념을 이해한다.

3. 배경 이론   (1) 직육면체 부피

$V=$가로$(l)\times$세로$(w)\times$높이(h)

(2) 직육면체 겉넓이

$S=2(lw+lh+wh)$

4. 탐구 방법   ❶ 모형 우유갑 재료를 준비한다.(종이 또는 작은 상자 활용)

❷ 가로, 세로 길이는 일정하고 높이만 변화시킨다.

가로 = 5cm, 세로 = 4cm, 높이 = 6cm, 8cm, 10cm

❸ 부피와 겉넓이 계산

각 모형별로 부피 V, 겉넓이 S 계산

부피에 대한 겉넓이 비율 계산: V/S

❹ 그래프 작성: 높이에 따른 부피, 겉넓이, 효율 비교

5. 탐구 결과

가로(l)	세로(w)	높이(h)	부피(V) cm³	겉넓이(S) cm²	V/S 비율
5	4	6	120	148	0.81
5	4	8	160	176	0.91
5	4	10	200	208	0.96
5	4	12	240	244	0.98

높이가 늘어날수록 부피 대비 겉넓이 비율이 증가

6. 결론   우유갑의 부피 대비 겉넓이 비율을 계산하여 포장재 효율을 분석할 수 있었다. 우유갑을 만들 때 가로와 세로를 일정하게 유지하면서 높이를 조절하면 효율을 쉽게 높일 수 있다. 높이가 늘어날수록 효율이 높아져서, 동일한 겉넓이로 더 많은 내용물을 담을 수 있기 때문이다. 실생활에서 우유갑, 음료수 패키지 등 포장재 절약과 디자인에 수학적 원리가 적용됨을 알 수 있었다.

예시 10· 중1	사회 : 넌 어떤 직업을 가지고 싶니~

1. 주제

중학교 1학년 학생들이 선호하는 직업 조사

2. 탐구 목표

중학교 1학년 학생들이 선호하는 직업과 그 이유를 조사하여, 또래 학생들의 직업 관심사를 이해한다.

3. 배경 이론

직업이란 개인이 생계를 유지하고 사회에 기여하기 위해 수행하는 일이다. 직업 선호도는 개인의 흥미, 가치관, 성격, 그리고 주변 환경에 영향을 받는다. 청소년기에는 부모, 친구, 미디어 등 외부 요인의 영향을 많이 받으며, 아직 직업 경험이 적어 관심도와 선호도 조사가 중요한 자료가 된다.

4. 탐구 방법

대상: 중학교 1학년 학생 30명

(1) 조사 방법

- 설문지 작성(선호 직업 3개 선택, 이유 작성)
- 설문지는 교실에서 배포하고 작성 후 회수

(2) 분석 방법

- 선호 직업을 분야별(예 의사, 교사, 유튜버, 공무원 등)로 분류
- 각 직업 선호도 빈도를 그래프로 나타냄.

• 선택 이유를 공통된 키워드로 정리(예 흥미, 연봉, 인기)

5. 탐구 결과

직업 분야	선호 인원	선택 이유 예시
의사	8명	사람을 돕고 싶어서, 안정적인 직업
교사	6명	학생들과 지식을 나누고 싶어서
유튜버	5명	재미있어 보이고 자유로운 이미지
공무원	4명	안정적인 직장과 연봉
운동선수	3명	좋아하는 운동으로 돈을 벌고 싶어서
과학자	2명	새로운 것을 발견하는 재미
기타	2명	예술가, 디자이너 등

응답자의 약 47%가 안정성과 사회적 가치가 있는 직업(의사, 교사, 공무원)을 선호함.

17%는 미디어/자유로운 이미지 직업(유튜버 등)을 선호함.

흥미와 재미가 중요한 선택 이유로 나타남.

6. 결론

중학교 1학년 학생들은 안정성과 사회적 가치를 중요하게 생각하면서도, 흥미와 재미를 고려하여 직업을 선택하는 경향이 있었다. 앞으로 학교에서 진로 교육을 할 때 안정성뿐 아니라 학생의 흥미와 적성을 반영한 직업 체험과 상담이 필요하겠다는 생각이 들었다. 이번 탐구를 통해 또래의 직업 관심사를 이해하고, 나의 직업 선택 기준도 생각해 보는 계기가 되었다.

Tip

조사형 보고서이며 아이디어를 얻어서 할 경우 직접 조사해 보고 결과를 작성하세요~
학년에 따른 직업 선호도와 선택 이유를 비교하는 주제도 가능합니다. 중1, 중2, 중3 학생들의 직업 선호를 조사하여 학년이 올라갈수록 직업 선택 기준이 어떻게 달라지는지 분석해 보는 것도 좋습니다. 남학생과 여학생의 직업 선호 차이를 탐구해 보는 것도 방법입니다. 성별에 따른 직업 선호도를 조사하고, 이유를 비교 분석해 보는 탐구도 가능합니다. 학교 진로 교육 참여 경험과 선호 직업과의 연관성을 분석해서 진로 체험 활동이 직업 선호에 미치는 영향 알아보기 등도 주제가 될 수 있습니다.

<table>
<tr><td>예시 11·
중1</td><td>사회 : 지구에는 사람이 몇 명이나 있을까?
70억? 80억?</td></tr>
</table>

1. 주제

전 세계 인구와 변화에 대한 조사

2. 탐구 목표

전 세계 인구가 시간에 따라 어떻게 변했는지 조사하고, 증가와 감소의 원인을 분석한다.

3. 배경 이론

인구 변화란 한 나라 또는 세계 전체의 인구수가 시간에 따라 증가하거나 감소하는 현상이다.

인구 변화에 영향을 주는 요인

출생률: 한 해에 태어나는 사람의 수

사망률: 한 해에 사망하는 사람의 수

이주: 다른 나라로 이동하는 사람과 들어오는 사람의 차이

산업화와 의료 발달로 출생률과 사망률이 변화하면서 인구 증가 속도가 달라진다.

인구 변화는 경제, 교육, 환경 등 사회 전반에 큰 영향을 미친다.

4. 탐구 방법

(1) 자료 수집

- UN, 세계은행, 통계청 등에서 연도별 세계 인구 자료 수집
- 1950년~2023년 인구 데이터 확보

(2) 분석 방법

- 연도별 인구수 변화를 표와 그래프로 정리
- 인구 증가 속도(연평균 성장률) 계산
- 인구 변화가 빠른 지역과 느린 지역을 비교

5. 탐구 결과

연도	세계 인구(억 명)	연평균 증가율
1950	25	-
1970	36	1.8%
1990	53	1.6%
2010	69	1.2%
2023	80	1.0%

1950~1970년대: 인구 증가율이 가장 높음 → 의료 발달과 출생률 증가

1990년 이후: 인구 증가율 감소 → 일부 선진국 출생률 감소, 도시화 진행 아프리카와 아시아 일부 국가 인구 증가율 높음, 유럽 일부 국가 감소.

인구 증가가 사회에 미치는 영향: 교육, 주거, 의료 수요 증가, 식량과 자원 소비 증가 → 환경 부담.

6. 결론

전 세계 인구는 1950년 이후 급격히 증가했으나 최근에는 증가율이 점차 낮아지고 있다. 인구 변화는 출생률, 사망률, 경제 발전, 도시화 등 다양한 요인과 관련이 있다. 인구 증가가 계속되면 자원과 환경 문제가 커질 수 있다. 이번 탐구를 통해 인구 변화가 사회와 환경에 미치는 영향을 이해하고, 미래 사회를 준비하는 과제가 될 수 있다는 것을 알게 되었다.

Tip

조사형 보고서이며 아이디어를 얻어서 할 경우 직접 조사해 보고 결과를 작성하세요~
각 대륙의 인구 증가율, 고령화 비율, 출생률 등을 비교하는 아시아, 아프리카, 유럽 등 지역별 인구 구조 차이와 사회적 영향에 대한 탐구도 가능하고, 인구 피라미드 분석을 통해 고령화를 파악하는 탐구, 인구와 환경 문제의 상관관계를 이해하는 탐구, 현재 인구 증가율과 출산율 추세를 바탕으로 미래 인구를 추정하고 그에 따른 사회·경제·환경 문제를 탐구하는 주제도 가능합니다.

사회 : 우유갑의 모양을 사회적, 경제적으로 접근할 수 있을까?

1. 주제

우유갑의 높이는 달라도 가로, 세로 길이는 일정한 이유

2. 탐구 목표

생산 과정, 포장 효율, 소비자 인식 측면에서 우유갑의 디자인을 이해한다.

3. 배경 이론

(1) 우유갑(종이 팩)

주로 직육면체 모양으로, 보통 가로와 세로는 일정하게, 높이는 용량에 따라 달라진다.

(2) 포장 효율

선반, 냉장고, 운송 상자 등 공간 활용이 잘될수록 높다.

(3) 생산 과정

포장 기계가 일정한 가로, 세로 기준으로 설계되어 있다.

(4) 소비자 인식

동일한 형태는 브랜드 통일성과 용량을 비교하기에 쉽다.

4. 탐구 방법

(1) 자료 수집

대표 우유 브랜드(200mL, 500mL, 1,000mL)의 가로, 세로, 높이를 측정한다.
브랜드 홈페이지를 참고하여 실제 제품의 사이즈를 확인한다.

(2) 분석 항목

가로, 세로 길이가 일정한지를 확인한다.
높이 변화와 용량의 관계를 분석한다.
포장 효율 및 생산 과정 관련 정보를 조사한다.

(3) 탐구과정

측정한 우유갑 데이터를 표로 정리한다.

생산 공정 및 포장 설계 이유를 조사한다.

결과와 이유를 사회적·경제적 측면에서 해석한다.

5. 탐구 결과

용량	가로(cm)	세로(cm)	높이(cm)	특징
200ml	6.5	6.5	12	소용량, 동일 가로·세로
500ml	6.5	6.5	16	중간 용량, 높이 증가
1000ml	6.5	6.5	22	대용량, 높이만 증가

가로와 세로는 일정하게 유지되어 선반이나 냉장고 배치가 쉽다.

높이만 달라지므로 같은 기계로 다양한 용량을 생산할 수 있다.

소비자는 같은 형태로 인식 → 브랜드 통일성과 선택이 쉽다.

6. 결론

가로와 세로 크기가 일정하면 슈퍼마켓 선반, 냉장고, 운송 상자 등에 배치할 때 유리하다. 높이만 다르게 하면 같은 선반 공간에 다양한 용량의 우유를 효율적으로 배치할 수 있다. 생산 과정에서는 포장 기계가 일정한 가로, 세로에 맞춘 우유갑 생산이 쉽다. 또한 높이만 바꾸면 기계 조정만으로 다양한 용량 생산이 가능해 생산 효율이 증가할 수 있다. 가로와 세로가 일정하면 브랜드 정보를 유지하기가 쉽고 소비자가 같은 형태라고 인식하여 다양한 용량 비교가 쉬워진다. 우유갑 설계는 단순한 디자인이 아니라 경제성, 효율성, 소비자 인식을 고려한 사회적 결정임을 알게 되었다. 사회적, 경제적 원리가 제품 설계에 관여함을 이해할 수 있었다.

Tip

조사형 보고서이며 아이디어를 얻어서 할 경우 직접 조사해 보고 결과를 작성하세요~
다른 제품(음료수, 과자 등)의 포장 디자인도 효율성과 소비자 편의 관점에서 분석해 보기, 소비자가 선호하는 음료 용량과 구매 빈도 조사해 보기(200mL, 500mL, 1,000mL 중 어떤 용량이 선호되는지 조사하고, 구매 이유 분석하기), 동일 용량, 다른 디자인 패키지 비교 후 설문 조사해 보기 등도 탐구 가능합니다.

<table>
<tr><td>예시 13·
중2</td><td>국어 : 발음이 자주 틀리는 단어에는 무엇이 있을까?</td></tr>
</table>

1. 주제 발음이 어려운 단어들에 대한 조사

2. 탐구 목표 발음하기 어려운 단어 목록을 수집하고, 정확한 발음 규칙을 정리하고 개선 방안을 알아본다.

3. 배경 이론 국어의 발음 규칙에는 여러 가지가 있는데, 이 때문에 어려움이 생긴다.

(1) 7종성 법칙

받침은 [ㄱ, ㄴ, ㄷ, ㄹ, ㅁ, ㅂ, ㅇ] 7가지 소리로만 발음된다.
(예 값[갑], 밭[받], 맛[맏])

(2) 자음 동화

받침 뒤 자음에 따라 발음이 달라진다. (예 앉다[안따], 읽다[익따])

(3) 연음 현상

받침 뒤 모음으로 넘어가 발음된다. (예 꽃이[꼬치], 값이[갑씨])

(4) 겹받침 발음

두 글자 중 하나만 발음하거나 상황에 따라 달라진다.
(예 읽어[일거], 밟다[밥 : 따])

4. 탐구 방법 ❶ 국어 교과서, 인터넷, 뉴스 기사 등에서 발음하기 어려운 단어 목록을 20개 정도 선정한다.
❷ 학생 20명을 대상으로 단어를 소리 내어 읽게 하거나 녹음하도록 하여 실제 발음을 조사한다.

❸ 올바른 발음과 비교해 몇 명이 정확히 발음했는지 통계로 정리한다.

❹ 자주 틀린 단어를 유형별로 분석한다.

5. 탐구 결과

(발음 표기 포함)

단어	표준 발음	자주 틀리는 발음	오류 유형
앉다	[안따]	[안자]	자음 동화
값	[갑]	[값]	7종성 법칙
밖에	[바께]	[바께(맞음) but [밖에] 라고 읽기도 함]	7종성 법칙 혼동
꽃이	[꼬치]	[꼬시]	연음
옷에	[오세]	[옷에]	연음
읽다	[익따]	[읽다]	겹받침
읽어	[일거]	[읽어]	겹받침
밟다	[밥따]	[밟다]	겹받침
밟아	[발바]	[밟아]	겹받침
앞문	[암문]	[압문]	자음 동화
꽃말	[꼰말]	[꼳말]	자음 동화
젖먹이	[전머기]	[젖머기]	자음 동화
값이	[갑씨]	[값이]	연음
낮이	[나지]	[낮이]	연음
맞히다	[마치다]	[맞히다]	혼동 ('맞추다'와 발음 혼동)
놓다	[녿다→놋다X, [노타]]	[놓타]	자음 동화
없다	[업따]	[업다]	자음 동화
꽃다발	[꼳따발→꼬따발]	[꽃다발]	자음 동화
값어치	[가버치]	[값어치]	연음
여덟	[여덜]	[여덟]	겹받침

가장 많이 틀린 유형: 겹받침(읽다, 밟다, 여덟 등)

다음으로 많은 오류: 연음 현상(꽃이, 값이, 낮이 등)

비교적 적게 틀린 유형: 단순 7종성 법칙(값, 옷 등)

학생들은 글자와 발음이 차이가 크게 나는 단어에서 오류를 자주 보였다.

6. 결론

받침 발음과 연음 규칙을 제대로 알지 못하면 표준 발음과 다르게 읽는 경우가 많다는 사실을 확인할 수 있었다. 특히 겹받침 단어는 학생들에게 가장 큰 어려움인 것으로 나타났다. 따라서 국어 발음을 공부할 때 겹받침 발음을 주의하는 훈련이 필요하다.

이번 조사를 통해 발음을 정확하게 하는 것에는 단순한 규칙 암기 이상의 훈련이 필요하다는 것을 알게 되었다. 평소에는 무심코 넘기던 발음 오류가 사실은 많은 학생들에게 공통적으로 나타나는 문제임을 알 수 있었고, 나 또한 일상에서 발음에 더 신경 써야겠다고 느꼈다.

Tip

조사형 보고서이며 아이디어를 얻어서 할 경우 직접 조사해 보고 결과를 작성하세요~
교과서 표준 발음과 일상 대화 속 실제 발음의 차이, 외래어(예 카페, 아이스크림, 컴퓨터)의 실제 발음과 표준 발음 비교, 지역별 (예 서울, 부산, 전라도 등) 학생들의 받침 발음 차이 등에 대한 탐구도 가능합니다.

예시 14·중2

국어 : '빌런'이라는 단어가 원래는 '농민'이었다고??

1. 주제

《양반전》 속 양반은 빌런인가?

2. 탐구 목표

《양반전》 속 양반이 어떤 방식으로 빌런 역할을 하는지 분석하고 빌런의 어원과 비교하여 아이러니를 탐구한다.

3. 배경 이론

(1) 빌런(villain)의 어원

라틴어 villa(농가) → 중세 영어 villanus(농민) → 현대 영어 villain(악당, 주인공의 적)

낮은 신분 정도의 의미에서 시작한 단어가 도덕적으로 부정적인 의미로 확장됨.

(2) <양반전> 배경

조선 시대 신분 사회를 풍자하는 고전 소설

양반 김첨지는 허영심과 탐욕으로 사건을 일으키며, 상민 허생과 대비됨.

4. 탐구 방법

❶ 《양반전》의 줄거리를 읽고 양반 김첨지의 행동을 기록한다.

❷ 빌런의 특성과 비교한다. 탐욕, 위선, 허영, 다른 인물 괴롭힘 등.

❸ 빌런 어원과 양반 캐릭터를 비교한다.

5. 탐구 결과

관찰 내용	빌런 특성과 비교	분석 및 아이러니
김첨지는 겉으로 양반 체면을 내세움	외형과 권위를 이용	원래 빌런의 어원은 낮은 신분 → 여기서는 높은 신분이 빌런
실제로는 탐욕과 허영으로 문제를 일으킴	탐욕, 방해, 교활함	도덕적 결함이 권력 있는 사람에게서 나타남
상민 허생과 대비	주인공과 대립, 갈등 유발	사회적 약자(상민)가 지혜롭게 대응 → 권선징악적 구조

역사적 의미로 보면 빌런은 원래 사회적 약자였지만, 작품 속에서는 사회적 고위층이 빌런이 되어 웃음을 유발하고 교훈을 준다.

6. 결론

《양반전》에서 양반 김첨지는 빌런 역할을 수행한다. 사회적 지위가 높지만, 도덕적으로 결함이 있는 인물로 역사적 빌런의 어원(농민)과 대비되는 구조라고 볼 수 있다. 이를 통해 작가는 신분 사회의 부조리와 허영을 풍자하며, 독자에게 교훈과 웃음을 전달하였다.

빌런이라는 단어의 역사적 의미와 《양반전》 속 양반의 역할을 비교하면서, 문학 속 캐릭터와 사회적 신분, 언어의 의미 변화 사이에 흥미로운 연결점이 있다는 것을 알 수 있었다.

예시 15·중2	국어 : 한글이 있기 전과 후 문학 작품은 어떻게 변했을까?

1. 주제

훈민정음 이전과 이후의 문학 작품 비교 분석

2. 탐구 목표

훈민정음 창제 이전과 이후의 대표적인 문학 작품을 분석한다.

3. 배경 이론

(1) 훈민정음 창제 이전 문학

한문으로 작성, 주로 양반이나 지식층 중심임.

시, 기문, 역사적 기록 등 형식적 문학이 많음.

일반 백성에게는 이해가 어려움.

(2) 훈민정음 창제 이후 문학

한글로 작성, 민간에서도 쉽게 접근 가능.

속요, 가사, 판소리 대본 등 대중적 문학 발달.

백성의 생활, 감정, 현실 경험을 소재로 함.

4. 탐구 방법

(1) 문헌 조사

훈민정음 이전과 이후의 대표적인 문학 작품 선정.

훈민정음 이전: 《삼국사기》, 《고려사》의 한문 시문, 양반 계층의 시문

훈민정음 이후: 《월인천강지곡》, 《홍길동전》, 한글 속요 등

(2) 작품 분석

형식(한문/한글), 주제, 내용, 독자 접근성 비교

(3) 변화 분석

대중성, 표현 방식, 문학적 소재의 다양성 분석

5. 탐구 결과

구분	훈민정음 이전	훈민정음 이후	변화 및 의미
작품 예	《삼국사기》, 《고려사》 시문	《홍길동전》, 속요, 《월인천강지곡》	민간 문학과 대중성 확대
문자	한문	한글	읽기 쉬워 백성 참여 가능
주제	역사, 유교적 교훈	인간 생활, 사회 풍자, 민중 이야기	현실 경험과 감정을 담은 주제 증가
형식	시, 기문, 기록 중심	소설, 가사, 판소리 대본	자유로운 서사와 운율 강조
독자	지식층, 양반	백성, 일반인	문학의 민주화

6. 결론

문자가 바뀌면서 문학 작품의 형식, 주제, 독자층까지 변화했다는 점이 흥미로웠다. 한글 창제는 단순히 글자를 만든 것이 아니라, 문학과 문화의 확장을 가능하게 한 역사적 사건임을 알게 되었다. 훈민정음 창제는 문학의 형식과 내용을 크게 변화시켰다. 한글의 보급으로 문학의 대중화가 이루어졌다. 백성의 생활과 감정을 담은 작품이 등장하며 문학의 주제가 다양해졌다. 이전 문학이 지식층 중심이었다면, 이후 문학은 민중의 목소리를 담는 소통 수단이 되었다. 즉, 훈민정음은 문학의 접근성과 표현력 확대에 중요한 역할을 했다고 볼 수 있다.

Tip

조사형 보고서이며 아이디어를 얻어서 할 경우 직접 조사해 보고 결과를 작성하세요~
한글 창제가 여성 문학 발전에 미친 영향 분석해 보기, 속담, 판소리, 한글 소설 등을 중심으로 민중의 정서가 어떻게 표현되었는지 분석해 보기, 한글 창제 당시의 문학 작품 변화와 현대 디지털 언어 변화의 공통점 비교해 보기 등의 탐구도 가능합니다.

1. 주제 대표 기업 영어 문장 슬로건의 유래와 의미

2. 탐구 목표 대표 기업의 영어 문장형 슬로건과 그 유래를 조사한다.

3. 배경 이론

(1) 슬로건(Slogan)

기업, 제품, 정치 운동 등에서 사용되는 짧고 기억하기 쉬운 문구.

소비자에게 브랜드 이미지를 각인시키고, 감성적·논리적 메시지를 전달.

문장의 길이는 짧지만, 강력한 설득력과 브랜드 정체성을 담음.

(2) 슬로건의 기능

브랜드 아이덴티티 강화, 제품과 서비스의 특징 강조, 소비자의 감성적 연결 유도

4. 탐구 방법

(1) 문헌 조사

- 기업 공식 사이트, 광고 캠페인, 마케팅 관련 자료 조사
- 대표 영어 문장형 슬로건 15개 선정
- 슬로건과 유래, 제작 시기, 제작자, 의미를 기록

(2) 분석

- 슬로건의 의미와 브랜드 이미지 연결
- 단순 문구가 어떻게 소비자 인식에 영향을 주는지 비교

5. 탐구 결과

(1) Nike - "Just Do It"

유래: 1988년 광고 대행사 Wieden+Kennedy의 공동 창립자 Dan Wieden이 사형수였던 Gary Gilmore의 마지막 말인 "Let's do it."에서 영감을

받아 창안하였다.

의미: 도전과 행동을 촉구하는 메시지로, Nike의 브랜드 아이덴티티를 확
     립하는 데 기여하였다.

(2) Apple - "Think Different"

유래: 1997년 광고 대행사 TBWA₩Chiat₩Day가 Apple의 혁신적인 이미
     지를 강조하기 위해 제작하였다.

의미: 기존의 사고방식에서 벗어나 창의적이고 혁신적인 사고를 촉구하는
     메시지를 담고 있다.

(3) Red Bull - "Red Bull Gives You Wings"

유래: 1987년 광고 대행사 Kastner & Partners의 아트 디렉터 Mike
     McManus가 에너지 음료의 효과를 강조하기 위해 창안하였다.

의미: 에너지와 활력을 제공한다는 메시지를 전달하며, 브랜드의 핵심 가
     치를 강조한다.

(4) McDonald's - "I'm Lovin' It"

유래: 2003년 독일 광고 대행사 Heye & Partner가 제작하였으며, Justin
     Timberlake가 참여한 음악 캠페인으로 유명하다.

의미: 소비자들에게 브랜드에 대한 긍정적인 감정을 유도하고, 제품을 즐기
     는 모습을 표현한다.

(5) Coca-Cola - "Open Happiness"

유래: 2009년 Coca-Cola의 글로벌 캠페인으로, 소비자들에게 행복과 즐
     거움을 전달하기 위해 제작되었다.

의미: 음료를 통해 일상에서의 작은 행복을 찾자는 메시지를 담고 있다.

(6) BMW - "The Ultimate Driving Machine"

유래: 1970년대 BMW의 광고 캠페인에서 처음 사용되었으며, 브랜드의 고성능 이미지를 강조하기 위해 제작되었다.

의미: BMW 차량의 우수한 성능과 운전의 즐거움을 강조하는 메시지를 전달한다.

(7) KFC - "Finger Lickin' Good"

유래: 1950년대 KFC의 광고 캠페인에서 처음 사용되었으며, 치킨의 맛을 강조하기 위해 제작되었다.

의미: 치킨의 맛이 뛰어나 손가락까지 핥을 정도로 맛있다는 메시지를 전달한다.

(8) Adidas - "Impossible is Nothing"

유래: 2004년 Adidas의 글로벌 캠페인으로, 스포츠를 통한 도전 정신을 강조하기 위해 제작되었다.

의미: 불가능한 것은 없다는 도전적인 메시지를 전달하며, 브랜드의 철학을 표현한다.

(9) Samsung - "Imagine"

유래: Samsung의 혁신적인 기술과 미래 지향적인 이미지를 강조하기 위해 제작된 슬로건이다.

의미: 미래를 상상하고, 그 가능성을 현실로 만든다는 메시지를 담고 있다.

6. 결론

영어 문장형 슬로건은 짧지만 강력한 메시지로 브랜드 정체성을 전달한다. 많은 슬로건이 기업의 핵심 철학과 소비자 가치를 반영하며, 역사적·문화적 배경에서 영감을 받았다. 슬로건의 유래와 의미를 분석함으로써 브랜드 전략과 소비자 인식을 이해할 수 있었다. 이처럼 단순한 문구가 마케팅에서 큰 영향력을 가진다는 것을 확인할 수 있었다.

예시 17· 중2	영어 : 수동태는 왜 필요할까? 　　　　그냥 주어로 표현하면 안 되나?

1. 주제　　수동태는 왜 필요할까?(수동태의 개념과 사용 이유)

2. 탐구 목표　　영어 문장에서 자주 등장하는 수동태(passive voice)의 개념과 활용 이유를 이해한다.

3. 배경 이론

(1) 능동태(Active voice)

주어가 직접 행동을 하는 문장이다.

예 The chef cooked the meal.(요리사가 식사를 요리했다.)

(2) 수동태(Passive voice)

주어가 행동을 당하는 문장이다.

예 The meal was cooked by the chef.(식사가 요리사에 의해 요리되었다.)

　　be 동사 + 과거분사(p.p.) + (by + 행위자)

4. 탐구 방법

❶ 영어 교과서 및 인터넷 예문을 통해 능동태와 수동태 문장을 비교한다.

❷ 예문을 상황별로 분류하여, 수동태가 사용되는 이유와 효과를 정리한다.

❸ 문서, 뉴스, 공지문 등의 실제 예시를 찾아 수동태가 자주 쓰이는 맥락을 분석한다.

5. 탐구 결과 수동태는 단순히 문장 구조를 바꾸기 위한 형태가 아니라, 행동의 주체보다 '결과나 대상'을 강조하기 위한 표현이다. 다음과 같은 이유로 자주 사용된다.

❶ **행위자를 모르거나 말할 필요가 없을 때**

누가 했는지 모를 때 또는 그게 중요한 정보가 아닐 때

예 My phone was stolen yesterday.

(내 폰이 어제 도난당했다.) → 누가 훔쳤는지 모름.

❷ **행위자보다 행동의 결과가 중요할 때**

예 The decision was made yesterday.

(그 결정은 어제 내려졌다.) → 누가 결정했는지보다 결과가 중요함.

❸ **공손하거나 중립적인 표현이 필요할 때**

예 Your request has been denied.

(당신의 요청이 거절되었습니다.) → "We denied your request."라고 하면 너무 직설적임.

❹ **객관적인 톤이나 공식 문서에서 자주 사용**

예 New regulations were introduced last year.

(새 규정이 작년에 도입되었다.)

6. 결론 수동태는 단순히 능동태의 변형이 아니라, 문장의 초점을 조절하고, 공손함·객관성·정보 강조를 가능하게 하는 표현 도구임을 알 수 있었다.

수동태를 적절히 활용하면 글이나 말에서 의도한 메시지를 명확하고 세련되게 전달할 수 있다. 따라서 수동태는 문법 이상의 의미를 가지며, 영어 의사소통 능력을 한 단계 높여주는 중요한 표현 방식이라 할 수 있다.

Tip

조사형 보고서이며 아이디어를 얻어서 할 경우 직접 조사해 보고 결과를 작성하세요~
능동태와 수동태의 의미 차이는 실제로 얼마나 클까?, 공손한 표현에서 수동태는 어떤 효과를 낼까?, 한국어에서는 자연스러운 표현인데 영어로는 수동태가 필요한 경우는 언제일까?, 영어 문학작품 속 수동태 문장은 어떤 효과를 줄까? 등이 추가로 탐구 가능합니다.

<table>
<tr><td>예시 18·
중2</td><td>영어 : 영어 단어에서 개수를 셀 수 있는 경우, 없는 경우에 대해서
알아보자.</td></tr>
</table>

1. 주제

셀 수 있는 명사와 셀 수 없는 명사

2. 탐구 목표

영어에서 셀 수 있는 명사와 셀 수 없는 명사의 차이를 이해한다.

3 배경 이론

(1) 셀 수 있는 명사(Countable Noun)

정의: 개별적으로 셀 수 있는 명사

단수와 복수형 존재(a book / two books)

숫자와 함께 사용 가능(three apples)

관사(a, an, the) 사용 가능

예문과 해석:

I have a pen. → 나는 펜 한 자루가 있다.

Can I have an orange? → 오렌지 한 개를 먹어도 될까?

(2) 셀 수 없는 명사 (Uncountable Noun)

정의: 개별적으로 셀 수 없고, 양이나 덩어리 단위로만 생각하는 명사

단수형만 존재(rice, water, money)

숫자 직접 사용 불가 → 단위를 붙여야 함(a cup of water, a piece of advice)

관사 a/an 사용 불가, the는 특정할 때만 사용

예문과 해석:

I need some water. → 나는 물이 필요하다.

We bought rice for dinner. → 우리는 저녁 식사용 쌀을 샀다.

4. 탐구 방법

❶ 교과서와 일상생활에서 자주 쓰이는 명사를 조사한다.

❷ 셀 수 있는 명사와 셀 수 없는 명사를 분류하고, 각각의 문장 예시를 만든다.

❸ 숫자, 관사(a/an/the), 단위 표현(a cup of, a piece of) 활용 여부를 비교한다.

5. 탐구 결과

명사 유형	예문	해석	설명
Countable	I bought three apples.	나는 사과 세 개를 샀다.	사과는 개별 단위로 셀 수 있음
Countable	There are ten pencils on the desk.	책상 위에 연필 열 자루가 있다.	숫자와 함께 사용 가능
Countable	I saw two cars on the street.	나는 길에서 자동차 두 대를 봤다.	셀 수 있는 사물에 숫자 적용
Uncountable	I need some milk.	나는 우유가 필요하다.	단위 없이 숫자 사용 불가
Uncountable	Please give me a piece of advice.	나에게 조언 한 가지를 해 주세요.	단위를 사용해야 숫자 표현 가능
Uncountable	We have furniture in the room.	방 안에는 가구가 있다.	개별로 셀 수 없음, 단수 취급
예외	He has two hairs on his shirt.	그의 셔츠에 머리카락 두 가닥이 있다.	일반적으로 hair는 uncountable이지만, 개별적으로 셀 때 countable 가능
예외	I spent a lot of time studying.	나는 공부하는 데 많은 시간을 보냈다.	time은 uncountable이지만 특정 단위를 붙이면 countable로 사용 가능

6. 결론

셀 수 있는 명사는 개별 단위로 셀 수 있어, 단수/복수형과 숫자, 관사를 활용할 수 있다. 셀 수 없는 명사는 단수형만 존재하며, 직접 숫자를 붙일 수 없고 단위를 통해 수량을 표현해야 한다. 문맥에 따라 일부 명사는 countable 또는 uncountable로 변할 수 있으므로 주의가 필요하다. 명사의 유형을 정확히 구분하면 문법 오류를 줄이고, 의미를 더 명확하게 전달할 수 있다

예시 19· 중2 — 수학 : 우리 학교 안에 피타고라스의 정리가 적용되는 것은 무엇이 있을까?

1. 주제

학교에서 찾아보는 피타고라스의 정리

2. 탐구 목표

피타고라스 정리의 원리를 이해하고, 학교 내 다양한 장소에서 길이와 높이를 측정하여 실제로 적용해 본다.

3. 배경 이론

피타고라스 정리(Pythagorean Theorem)

직각삼각형에서 두 변의 길이를 각각 a, b라고 하고 빗변을 c라고 하면, 다음 관계가 성립한다.

$$c^2 = a^2 + b^2$$

이 공식은 직각삼각형의 한 변의 길이를 알면 나머지 변을 계산할 수 있는 수학적 도구이다.

4. 탐구 방법

(1) 운동장

운동장 한쪽 모서리에서 반대편 모서리까지 대각선 거리를 측정하고, 가로·세로 길이로 빗변을 계산한다.

(2) 계단

계단의 한 층 높이와 층당 계단 수를 측정하여 전체 층 높이를 계산한다.

(3) 농구 골대

골대 밑바닥과 바닥까지 직각을 이루는 지점을 기준으로 골대까지의 직선 거리(빗변)를 계산한다.

(4) 교실 내 장치

교실 TV, 칠판, 책상 등 직각삼각형을 이루는 위치에서 높이나 대각선 길이를 측정하고 피타고라스 정리로 계산한다.

각 측정값과 계산값을 비교하며 오차를 분석한다.

5. 탐구 결과

측정 장소	직각 변 a(m)	직각 변 b(m)	빗변 c 계산(m)	실제 측정값(m)	비고
운동장 대각선	30	20	36.06	36	계산값과 거의 일치
계단 1층 높이	0.15	10개 계단	1.5	1.5	계단 한 층 높이 정확히 계산 가능
농구 골대	3	4	5	5	골대까지 직선 거리 계산
교실 TV	1	1.5	1.8	1.8	대각선 길이 계산
칠판 대각선	1.2	2	2.33	2.45	실제 측정과 거의 일치

6. 결론

피타고라스 정리는 단순한 수학 공식이 아니라, 학교 환경에서 실제 거리와 높이를 계산하는 데 매우 유용함을 확인했다. 운동장, 계단, 농구 골대, 교실 장치 등 다양한 사례에서 직각삼각형을 활용하면 간단히 길이와 높이를 계산할 수 있었다. 측정 시 계단 높이, 운동장 바닥 불균형 등으로 미세한 오차 발생하기도 했지만, 실험과 계산을 비교하며 오차를 분석하는 과정을 통해 수학적 사고와 문제 해결 능력을 기를 수 있었다. 앞으로도 일상생활 속 직각삼각형을 관찰하고 피타고라스 정리를 적용하는 습관을 가져 보는 것도 좋을 것 같다는 생각이 들었다.

예시 20·중2	수학 : 나의 하루 속에서 일차함수를 찾아보자.

1. 주제

하루를 일차함수로 표현하기

2. 탐구 목표

하루 동안 일어나는 다양한 활동을 일차함수로 표현하여, 시간에 따른 변화와 관계를 이해한다.

3. 배경 이론

일차함수(Linear Function)

$y = ax + b$ 형태로 나타낼 수 있는 함수

x가 변할 때 y가 일정한 비율(a)로 증가하거나 감소

기울기(a)는 변화율, y절편(b)은 $x = 0$일 때의 값

4. 탐구 방법

❶ 하루 동안의 활동을 시간 순서대로 관찰하고 기록한다.

❷ 각 활동에서 변하는 양(거리, 소비, 칼로리, 온도 등)을 측정한다.

❸ x축에는 시간을, y축에는 변화량을 두고 일차함수로 표현한다.

❹ 각 함수의 기울기와 의미를 분석한다.

5. 탐구 결과

하루의 활동과 일차함수

❶ 학교 가는 버스 정류장까지 걸어가기

변화량: 거리(미터)

모델: $y = 80x$

x: 걸은 시간(분), y: 이동 거리(미터)

해석: 분당 80m씩 이동

❷ **버스에서 친구와 통화**

변화량: 통신 요금(원)

모델: y = 50x

x: 통화 시간(분), y: 요금(원)

해석: 분당 50원씩 증가

❸ **학교 앞 편의점에서 간식 사기**

변화량: 소비 금액(원)

모델: y = 150x

x: 구매한 간식 개수, y: 소비 금액

해석: 간식 1개당 150원 소비

❹ **체육 시간 운동장 달리기**

변화량: 칼로리 소모(kcal)

모델: y = 10x

x: 달린 시간(분), y: 소모 칼로리

해석: 분당 10kcal 소모

❺ **오전에서 오후로 변하며 학교 온도 변화**

변화량: 온도(℃)

모델: y = 2x + 20

x: 시간(시), y: 온도(℃)

해석: 오전 8시 20℃에서 시작하여 시간당 2℃ 상승,

❻ **수업 시간 과제 제출 확인**

변화량: 완료 과제 수

모델: y = 1.5x

x: 수업 시간(시간), y: 완료한 과제 수

해석: 한 시간에 평균 1.5개 과제 완료

❼ 방과 후 집으로 이동

변화량: 이동 거리(미터)

모델: y = 90x

x: 걸은 시간(분), y: 이동 거리

해석: 분당 90m씩 이동, 학교에서 집까지 이동 거리 분석

하루 동안 다양한 활동을 일차함수로 표현할 수 있었다. 각 함수의 기울기는 활동의 속도나 변화율을 나타냈고, y절편은 시작 값을 의미했다. 시간에 따른 변화량을 수학적으로 표현하면, 활동 간의 비교와 분석이 용이함을 확인했다.

6. 결론

하루의 여러 활동을 수학적으로 표현하면서, 일차함수의 실생활 활용성을 이해할 수 있었다. 걸음, 통화, 소비, 운동, 온도 등 다양한 변화를 수치로 나타내고 그래프로 시각화하면, 시간과 변화의 관계를 쉽게 눈으로 볼 수 있다. 이러한 접근은 생활 속 수학의 중요성을 느끼게 하며, 앞으로 복잡한 상황에서도 수학적 방법으로 문제를 해결하는 능력을 키우는 데 도움이 될 것이라고 볼 수 있다.

Tip

조사형 보고서이며 아이디어를 얻어서 할 경우 직접 조사해 보고 결과를 작성하세요~
자동차 이동 시간, 인터넷 다운로드 속도 등에 대한 함수 탐구해 보기, 스마트폰 사용 시간과 배터리 소모량 함수에 대해 분석해 보기, 본인이 좋아하는 운동선수 기록(달리기, 수영)과 시간 변화 그래프 분석하기 등도 탐구 가능합니다.

<table><tr><td>예시 21·
중2</td><td>수학 : 무게중심을 수학적으로 찾고 싶은데 어떤 방법이 가능할까?</td></tr></table>

1. 주제   도형과 물체에서 무게중심의 위치를 이해하기

2. 탐구 목표   삼각형과 사각형 등 도형에서 무게중심이 어디에 위치하는지 알아본다.

3. 배경 이론   무게중심

물체를 균형 있게 받치면 딱 중심에 위치하는 점.

삼각형에서는 세 꼭짓점에서 균형을 잡는 점, 사각형에서는 대각선이 만나는 점이 무게중심이 된다.

무게중심은 단순한 수학 개념이 아니라, 물체가 넘어지지 않고 균형을 유지하게 하는 중요한 위치이다.

4. 탐구 방법   ❶ 삼각형, 사각형 모양의 종이를 준비한다.

❷ 종이를 손가락이나 연필로 받쳐서 균형이 잡히는 지점을 찾는다.

❸ 책상, 의자, 공 등 주변 물체를 들어 올리거나 받쳐 균형이 잡히는 지점을 확인한다.

❹ 도형과 물체에서 찾은 무게중심의 위치를 관찰하고 비교한다.

5. 탐구 결과   삼각형 종이를 손가락으로 받쳐 보면, 삼각형 안쪽 한 점에서 균형이 잡힘 → 삼각형의 무게중심

사각형 종이(정사각형이나 직사각형)를 받쳐 보면, 대각선이 만나는 점에서 균형이 잡힘 → 사각형의 무게중심

책상 다리나 의자 중심, 운동용 공 등을 관찰하면, 물체가 안정된 이유는 무게중심이 낮고 중심에 위치하기 때문임을 알 수 있었다.

6. 결론

무게중심은 물체를 균형 있게 지탱할 수 있는 점이다. 삼각형과 사각형에서는 각각 특정한 위치(삼각형 내부, 대각선 교점)에 존재하며, 종이 실험으로 직접 확인할 수 있다. 실생활에서도 책상, 의자, 공, 건축물 등 많은 물체가 무게중심 덕분에 안정성을 유지한다. 이번 탐구를 통해 수학 개념이 생활 속 현상과 연결되어 있음을 이해할 수 있었다.

Tip

조사형 보고서이며 아이디어를 얻어서 할 경우 직접 조사해 보고 결과를 작성하세요~
의자, 책상, 가방 등 다양한 물체를 들어 올리거나 기울여 균형이 깨지는 위치 관찰해 보기, 탁자, 책장, 컵, 병 등 물체의 디자인이 안정적인 이유를 무게중심과 연결해 해석해 보기, 스키, 체조, 축구 선수 등에서 무게중심 위치와 움직임의 변화 분석해 보기 등이 탐구 가능합니다.

예시 22· 중2 　 사회 : 날씨가 다른 지역은 관광 방식도 달라지겠지??

1. 주제　　열대우림기후 지역과 온대기후 지역에서 관광산업이 발달하는 방식 차이

2. 탐구 목표　　기후의 차이가 관광산업의 발달 방식에 어떤 영향을 주는지 이해한다.

3. 배경 이론

(1) 기후와 생활의 관계

인간의 의식주, 산업, 문화 활동은 기후와 밀접하게 연결된다.

관광산업 역시 특정 지역의 기후적 특성을 활용하여 발전한다.

(2) 열대우림기후

적도 부근(아마존, 콩고 분지, 동남아 일부)에 분포.

연중 고온 다습, 강수량 많음.

대표적 관광: 열대우림 탐험, 에코투어리즘, 원주민 문화 체험

(3) 온대기후

위도 30°~60° 사이에 분포(유럽, 동아시아, 북아메리카 등).

사계절이 뚜렷하고 기후가 비교적 온화.

대표적 관광: 사계절 자연 관광(봄꽃·가을 단풍·여름 해수욕·겨울 스키), 역사·
문화 관광

4. 탐구 방법

❶ 기후별 관광산업 특징을 정리한다.

❷ 열대우림기후 지역(예 브라질 아마존, 말레이시아 보르네오섬)과 온대기후
지역(예 한국, 프랑스, 일본)의 관광 사례를 조사한다.

❸ 관광산업 발달 방식(자연 자원 활용, 관광객 계절성, 지역 경제 효과)을 비
교, 분석한다.

5. 탐구 결과

(1) 열대우림기후 지역 관광의 특징

자연 중심: 울창한 밀림, 다양한 동식물 탐험, 강을 이용한 보트 투어

에코투어리즘 발달: 자연을 보전하면서 체험하는 방식(예 아마존 정글 투어)

계절성 낮음: 연중 고온 다습하므로 특정 계절보다 지속적인 관광객 유입

문제점: 무분별한 관광으로 환경 파괴, 원주민 문화 왜곡

(2) 온대기후 지역 관광의 특징

사계절 관광: 봄 - 벚꽃·튤립 축제(한국, 네덜란드)

여름 - 해수욕, 캠핑(남유럽, 한국 해변)

가을 - 단풍 관광(일본 교토, 캐나다 메이플로드)

겨울 – 스키, 온천(스위스 알프스, 일본 홋카이도)

문화·역사 관광: 온화한 기후 덕분에 도시 관광, 유적 탐방이 발달.

계절성 강함: 관광객 수가 계절에 따라 크게 달라짐.

(3) 두 기후 지역의 관광 발달 방식 비교

구분	열대우림기후	온대기후
주요 관광 형태	자연 탐험, 에코투어리즘, 모험 관광	사계절 자연 관광, 역사·문화 관광
계절성	연중 일정	계절 따라 큰 변동
장점	독특한 생태계 체험 가능	다양한 관광 상품, 계절별 축제
문제점	환경 파괴 위험	특정 계절에 관광객 집중, 지역 불균형

열대우림기후 지역 관광은 자연 그 자체의 신비로움을 활용한 생태·체험 중심 산업으로 발달하였다.

온대기후 지역 관광은 사계절 변화와 문화적 요소를 활용한 다양한 산업으로 발전하였다.

기후 조건은 관광의 계절성과 지속 가능성에 직접적인 영향을 미친다.

6. 결론

기후는 관광산업의 형태와 발달 양상을 결정하는 중요한 요인임을 알 수 있었다. 열대우림 관광은 연중 가능하지만 환경 보존이 핵심 과제이고, 온대 관광은 사계절 다양성이 강점이지만 관광객 집중 현상이 문제로 나타났다. 따라서 각 지역은 기후적 특성을 이해하고, 지속 가능한 관광산업을 발전시켜야 한다는 것도 알 수 있었다.

Tip

조사형 보고서이며 아이디어를 얻어서 할 경우 직접 조사해 보고 결과를 작성하세요~
계절별 관광객 수 변화와 기후 관계 비교하기, 기후 변화로 특정 관광지에 미치는 영향 조사하기, 관광과 생태계 보전의 균형적인 탐구의 필요성 조사하기, 지속 가능한 관광 활동과 기후 연관성 조사와 관련된 친환경 관광(에코투어리즘) 사례 연구하기 등이 추가로 탐구 가능합니다.

사회 : 사춘기 때문인가?
집에서 가족과 대화가 잘 안돼 ㅠ.ㅠ

1. 주제

사춘기 중학교 2학년 학생들의 가족과의 대화 실태 및 원인에 대한 탐구

2. 탐구 목표

중학교 2학년 학생들이 가족과 하루 동안 나누는 대화의 소재와 빈도(시간/횟수)를 조사한다.

학생들이 인식하는 대화 감소 원인과 가족 간 의사소통 개선 방안을 알아본다.

3. 배경 이론

사춘기는 신체적 성장과 더불어 정서적·사회적 독립성이 강화되는 시기로, 부모와의 관계에서 갈등이 잦아지는 시기이다. 이 시기 청소년은 자아 정체성 형성(에릭슨의 심리사회적 발달 이론) 과정에서 부모보다 또래와의 관계를 중시하는 경향이 나타난다. 그 결과, 가족 내 대화 시간이 줄고, 대화 주제 또한 학업 중심으로 한정되는 경우가 많다. 또한 디지털 미디어 사용 증가는 가족 간 직접 대면 소통을 감소시키는 요인으로 작용한다. 이러한 사회적 변화 속에서 가족 대화의 감소는 정서적 교류의 약화와 가족 응집력 저하로 이어질 수 있다.

4. 탐구 방법

❶ 대상: 중학교 2학년 학생 100명(남 50명, 여 50명)

❷ 방법: 설문조사

❸ 시기: 1회 조사

❹ 문항: 하루 평균 가족과 대화하는 시간, 대화의 주요 소재(복수 응답 가능), 대화가 줄어든 이유(복수 응답 가능), 가족과의 대화 필요성 인식 등

5. 탐구 결과

(1) 하루 평균 가족과 대화하는 시간(단일 선택, n=100)

분류	응답 수	비율
30분 미만	42명	42.0%
30분 ~ 1시간	38명	38.0%
1시간 이상	20명	20.0%

응답자의 80%가 하루 1시간 이내의 가족 대화를 하고 있으며, 30분 미만이 가장 많은 비중을 차지함.

(2) 가족과의 대화 주요 소재(복수 응답, n=100, 응답 총합 = 148건)

소재	응답 수	비율(응답자 대비)
학업/성적	46명	46.0%
학교생활·친구 관계	28명	28.0%
취미/관심사	12명	12.0%
진로/진학	8명	8.0%
가족/가정사	6명	6.0%
기타	4명	4.0%

학업 관련 대화가 가장 많고, 사춘기임에도 불구하고 취미·감정에 관한 대화는 상대적으로 적음.

(3) 대화가 줄어든 이유(복수 응답, n=100, 응답 총합 = 224건)

이유	응답 수	비율(응답자 대비)
사춘기·독립심 증가	58명	58.0%
부모와의 관심사 차이	46명	46.0%
스마트폰·게임 등 개인 활동 증가	40명	40.0%
부모의 바쁜 생활	22명	22.0%
말하기가 어색하거나 부끄러움	18명	18.0%
기타	6명	6.0%

'사춘기·독립심 증가'가 가장 큰 원인으로 꼽혔고, 디지털 기기의 영향과 관심사 차이도 주요 원인으로 조사됨.

(4) 가족과의 대화 필요성 인식(단일 선택, n=100)

응답	응답 수	비율
필요하다(예)	72명	72.0%
잘 모르겠다	18명	18.0%
필요하지 않다(아니오)	10명	10.0%

대다수 학생이 가족과의 대화가 필요하다고 느끼나, 실제 대화 시간은 짧은 편임.

6. 결론

중학교 2학년 학생들은 가족과의 대화를 줄이고 있으나, 대부분은 여전히 대화의 필요성을 느끼고 있었다. 대화 내용이 주로 '학업'에 집중되어 있어 정서적·사적 주제(취미, 고민 등)에 대한 대화가 부족한 편이었다. 대화 감소 원인은 주로 사춘기와 세대 간 관심사 차이, 디지털 기기 사용 증가 등이다. 따라서 가족 간 의사소통을 활성화하기 위해서는 학업 중심의 대화에서 벗어나, 취미·감정·일상과 같은 감정적 교류 중심의 대화 주제 확대, 부모와 자녀가 함께 참여할 수 있는 공동 활동(식사, 산책, 영화 감상 등)을 통한 자연스러운 대화 유도, 디지털 기기 사용 시간을 조절하고, '대화 시간'을 일상 속 습관으로 설정하는 가족 문화 형성, 결국, 사춘기 학생에게 가족과의 대화는 정서적 안정과 사회적 관계 형성의 기초가 되므로, 단순한 정보 전달이 아닌 공감과 이해 중심의 소통으로 전환할 필요가 있다고 볼 수 있다.

Tip

조사형 보고서이며 아이디어를 얻어서 할 경우 직접 조사해 보고 결과를 작성하세요~
가족 식사 시간이 대화 빈도에 미치는 영향, 부모의 대화 태도(훈계형 vs. 공감형)에 따라 자녀가 느끼는 가정의 분위기 조사, 가족 단톡방 등 온라인 소통(메신저, SNS)이 가족 관계에 미치는 긍정적·부정적 영향에 대한 탐구도 가능합니다.

<table><tr><td>예시 24·
중2</td><td>사회 : 주위를 둘러보면 다문화 가정이 많아진 것 같은데
이에 대해 알아보고 싶다~</td></tr></table>

1. 주제　5년간 다문화 가정 비율 변화와 문화적 차이·차별 감소 방안

2. 탐구 목표　지난 5년간 다문화 가정 비율의 변화를 조사한다.

다문화 가정이 증가하면서 나타나는 문화적 차이와 지역사회에서 발생할 수 있는 차별 사례를 이해한다.

3. 배경 이론

(1) 다문화 가정의 정의

부부 중 한쪽이 외국인 혹은 자녀가 다양한 문화적 배경을 가진 가정.

최근 10년간 국제결혼, 외국인 노동자 가정 증가로 다문화 가정 비율 상승.

(2) 문화적 차이와 사회적 영향

언어, 음식, 생활 습관, 가치관 등에서 차이가 나타남.

문화적 차이를 이해하지 못하면 편견, 차별, 소외로 이어질 수 있음.

(3) 차별 감소의 중요성

학교와 지역사회에서의 차별 예방은 학생의 정서적 안정, 학업 성취, 사회 통합에 긍정적 영향을 준다.

4. 탐구 방법

(1) 통계자료 조사

교육부, 통계청 자료를 활용하여 최근 5년간 다문화 가정 비율 변화 확인.

(2) 문헌 조사

다문화 가정 학생과 일반 학생 간 문화적 차이 및 차별 사례 조사

(3) 설문조사/인터뷰

학교 내 학생 대상: 다문화 가정 학생과 일반 학생의 경험 및 인식 조사

5. 탐구 결과

(1) 5년간 다문화 가정 비율 변화

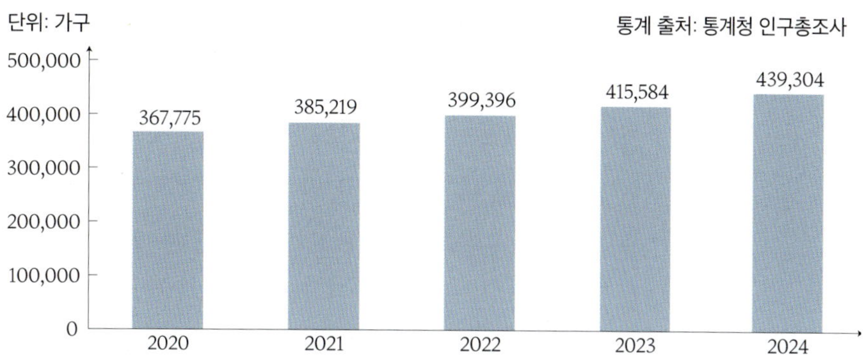

지난 5년간 다문화 가정 비율이 꾸준히 증가했다.

(2) 문화적 차이 및 문제점

언어 차이: 한국어 숙련도에 따라 수업 이해도와 또래 관계에 차이가 생김.

생활 습관, 가치관 차이: 음식, 명절, 예절 등에서 차이가 나타남.

차별 사례: 일부 학생 간 놀림, 친구 집 초대 제외, 특정 활동 참여 제한.

(3) 설문 결과

학생 의견

다문화 가정 학생: 35%가 '학교에서 차별 경험 있음'

일반 학생: 40%가 '다문화 친구와 문화 차이 때문에 소통 어려움 경험'

(4) 차별 감소 및 상호 이해 방안

❶ **교육적 방안**

학교에서 다문화 이해 교육 필수화(언어·문화 체험 활동 포함)

다문화 관련 역할극, 토론, 프로젝트 수업 진행

❷ **생활 환경 개선**

다문화 가정 학생을 위한 언어 보조 프로그램 운영

학생 간 문화 교류 행사 정기화

❸ **지역사회 참여**

지역 축제, 문화 체험 활동에서 다문화 학생 참여 확대

가정과 학교 연계 프로그램(학부모 참여 문화 행사)

❹ **심리적 지원**

차별 경험 시 상담 교사 및 또래 상담 프로그램 활성화

친구 간 공감과 소통을 장려하는 학교 캠페인 운영

6. 결론

최근 5년간 다문화 가정 비율이 증가하고 있으며, 이에 따른 문화적 차이가 학생 생활과 사회적 관계에 영향을 미친다. 차별 경험은 일부 존재하지만, 학교와 지역사회에서 적극적 프로그램을 운영하면 문화적 이해와 공감을 높여 갈등을 줄일 수 있을 것이다. 다문화 사회의 학생이 건강하게 성장하고, 모두가 존중받는 학교 문화를 만드는 것이 중요하다는 것을 알게 되었다.

Tip

조사형 보고서이며 아이디어를 얻어서 할 경우 직접 조사해 보고 결과를 작성하세요~
다문화 가정 학생이 겪는 언어적·정서적 어려움 탐구, 우리 사회의 다문화 인식 변화(최근 10년간 통계 비교 분석), 언어 다양성이 지역사회 통합에 미치는 영향, 다문화 가정 학생을 위한 맞춤형 한국어 교육의 필요성 탐구, 다문화 가정 학생이 학교에서 긍정적인 정체성을 형성하는 방법에 대한 탐구도 가능합니다.

예시로 배우는
중학교 3학년
탐구 보고서

<table>
<tr><td>예시 1 ·
중3</td><td>물리 : 공기 중에서와 수영장에서 낙하 실험을 해 본다면 어떨까?</td></tr>
</table>

1. 주제

공기 중에서와 수영장 물속에서 물체를 낙하시켰을 때 운동의 차이 비교

2. 탐구 목표

공기 중과 물속에서의 낙하 운동을 비교하여, 공기, 물의 저항이 물체의 낙하 속도와 가속도에 어떤 영향을 미치는지를 알아본다.

3. 배경 이론

(1) 자유낙하 운동

공기 저항이 없다고 가정할 때, 물체는 중력 가속도 $g(=9.8m/s^2)$만을 받아 낙하한다. 이때 속도는 일정한 비율로 증가하며, 질량과는 무관하다.

(2) 저항력

실제 낙하에서는 공기나 물과 같은 유체의 저항이 작용한다. 저항력의 크기는 속도, 단면적, 유체의 밀도 등에 따라 달라지며, 일반적으로 속도가 커질수록 저항력도 커진다.

(3) 종단속도

낙하하는 물체가 점점 빨라지다가, 중력과 저항력이 같아져 더 이상 가속하지 않고 일정한 속도로 떨어질 때의 속도를 종단속도라고 한다.

물은 공기보다 밀도가 약 800배 크기 때문에, 물속에서는 종단속도에 더 빨리 도달한다.

4. 탐구 방법

(1) 준비물

같은 크기와 질량의 구 모양 물체 2개, 초시계, 수조(또는 수영장), 자(길이 측정용), 영상 촬영 기기(속도 분석용)

(2) 실험 방법

❶ 공기 중에서 일정 높이(예 2m)에서 물체를 떨어뜨리고 낙하 시간을 측정한다.

❷ 같은 물체를 수조 속에서 같은 높이에서 낙하시켜 낙하 시간을 측정한다.

❸ 두 경우의 낙하 시간을 비교하고, 낙하 속도(거리/시간)를 계산한다.

❹ 영상을 슬로모션으로 분석하여 속도 변화(가속도)를 비교한다.

5. 탐구 결과

공기 중에서는 낙하 시간이 짧고, 속도가 점점 증가하여 중력 가속도에 가까운 값을 가진다.

물속에서는 낙하 시간이 길고, 일정 속도에 빠르게 도달하여 일정하게 떨어진다.

공기보다 물의 밀도가 크기 때문에, 물속에서는 저항력이 훨씬 크며, 이에 따라 가속도가 작아진다.

속도-시간 그래프에서, 공기 중에서는 직선에 가까운 증가 형태, 물속에서는 점점 완만해지다 일정해지는 곡선 형태가 나타난다.

6. 결론

공기 중과 물속에서의 낙하 운동을 비교한 결과, 매질의 밀도와 저항이 낙하 운동에 중요한 영향을 미친다는 것을 확인할 수 있었다. 공기 중에서는 중력의 영향이 크지만, 물속에서는 저항력이 크게 작용하여 물체가 일정한 종단속도에 빠르게 도달하였다. 따라서 자유낙하 운동은 공기 저항이 무시될 수 있을 때만 성립하며, 실제 자연현상에서는 매질의 영향이 낙하 운동의 형태를 결정짓는다는 것을 알 수 있었다.

예시 2 · 중3	물리 : 실제 롤러코스터의 운동과 역학적 에너지에 대해 탐구해 보자.

1. 주제

롤러코스터를 통해 역학적 에너지가 보존되는지 탐구하기

2. 탐구 목표

실제 롤러코스터의 움직임을 관찰·분석하여, 역학적 에너지 보존 법칙이 실제 상황에서도 성립하는지를 확인한다.

3. 배경 이론

(1) 위치에너지(Potential Energy)

물체가 지면에서 떨어진 높이 h에 있을 때, 중력에 의해 가지는 에너지는 다음과 같다.

$E_p=mgh$(m: 질량, g: 중력 가속도, h: 높이)

(2) 운동에너지(Kinetic Energy)

속도 v로 운동하는 물체가 가지는 에너지는 다음과 같다.

$E_k=\frac{1}{2}mv^2$

(3) 역학적 에너지 보존 법칙

외력이 작용하지 않거나 마찰, 공기 저항이 없을 경우 물체의 역학적 에너지(E)는 일정하게 유지된다.

(4) 실제 상황에서의 에너지 손실

실제 롤러코스터에서는 마찰력, 공기 저항 등으로 인해 일부 에너지가 열에너지나 소리에너지로 전환되어 역학적 에너지가 완전히 보존되지는 않는다.

4. 탐구 방법

(1) 준비물

롤러코스터 영상(예 놀이공원 실제 영상 또는 시뮬레이터), 속도 측정 도구(영상 분석 프로그램 또는 Tracker 앱 등), 높이 및 거리 추정 도구

(2) 실험 방법

❶ 롤러코스터가 가장 높은 지점(출발점)과 가장 낮은 지점(하강 후 바닥)의 높이를 측정한다.

❷ 각 구간에서의 속도를 영상 분석을 통해 추정한다.

❸ 각 위치에서의 위치에너지와 운동에너지를 계산한다.

❹ 두 에너지의 합을 비교하여 역학적 에너지의 변화를 분석한다.

❺ 마찰과 공기 저항에 의한 에너지 손실을 고려한다.

5. 탐구 결과

가장 높은 지점에서는 속도가 거의 0에 가까워 운동에너지가 작고, 위치에너지가 최대이다. 하강하면서 속도가 점점 커지고, 위치에너지는 줄어드는 대신 운동에너지가 증가한다. 이론적으로 위치에너지의 감소량은 운동에너지의 증가량과 같아야 하지만, 실제 측정에서는 마찰과 공기 저항 때문에 일부 에너지가 손실되어 역학적 에너지의 총합이 약간 감소한다. 롤러코스터가 여러 번의 언덕을 오르내릴수록 최고 높이가 점점 낮아지는 것은 이러한 에너지 손실 때문임을 알 수 있다.

6. 결론

롤러코스터의 운동을 통해 위치에너지와 운동에너지가 서로 전환된다는

사실을 확인하였다. 이론적으로는 역학적 에너지가 항상 보존되지만, 실제 상황에서는 마찰력과 공기 저항 등의 영향으로 일부 에너지가 손실되어 역학적 에너지가 완전히 일정하게 유지되지는 않았다. 따라서 에너지 보존 법칙은 이상적인 조건에서 성립하며, 현실에서는 여러 형태의 에너지 전환이 함께 일어난다는 점을 이해할 수 있었다.

실험형 보고서이며 아이디어를 얻어서 할 경우 직접 실험해 보고 결과를 작성하세요~
롤러코스터의 경사각이 속도와 가속도에 미치는 영향, 원운동 구간에서의 역학적 에너지와 원심력의 관계, 접촉 레일의 마찰력의 크기에 따른 에너지 손실 정도 분석, 에너지 전환 효율을 높이는 롤러코스터 설계 조건 연구에 대한 탐구도 가능합니다.

예시 3 · 중3　　**물리 : 물 로켓을 날릴 때 적용되는 물리 원리에는 어떤 것들이 있을까?**

1. 주제　　물 로켓 발사 과정에 적용되는 물리 법칙과 원리를 탐구하기

2. 탐구 목표　　물 로켓을 발사할 때 일어나는 여러 물리 현상들을 분석하여, 물리 법칙의 결과임을 밝힌다.

3. 배경 이론　　**(1) 뉴턴의 제3법칙(작용·반작용 법칙)**

물 로켓의 병 안의 물이 아래로 분출될 때, 물이 병 벽을 밀어내는 힘(작용)이 작용하고, 그와 크기가 같고 방향이 반대인 반작용력이 로켓에 작용하여 위로 날아오르게 한다.

→ 물을 아래로 밀수록 로켓은 위로 나아간다.

(2) 운동량 보존의 법칙

물이 빠르게 아래로 분사될 때, 물의 운동량 변화만큼 로켓이 위쪽으로

운동량을 얻게 된다. 물 분출 속도가 클수록, 그리고 물의 양이 적절할수록 더 큰 속도를 낼 수 있다.

(3) 에너지 전환

공기를 압축할 때 저장된 탄성에너지(압축된 공기)가 발사 순간 운동에너지로 바뀌며, 로켓이 상승하면서 위치에너지로 전환된다. 상승 후에는 위치에너지가 다시 운동에너지로 바뀌며 낙하한다.

(4) 공기 저항

실제 발사에서는 공기 저항이 작용해 로켓의 상승 높이와 속도를 제한한다. 저항은 속도의 제곱에 비례하므로, 빠를수록 저항의 영향이 커진다.

4. 탐구 방법

(1) 준비물

물 로켓 본체(페트병), 발사대, 공기 주입 펌프, 물(일정량), 각도기, 초시계 또는 영상 촬영 기기

(2) 실험 방법

❶ 물 로켓에 일정량의 물(예 전체 용적의 1/3)을 넣고 공기를 압축한다.
❷ 발사 각도를 일정하게 유지한 상태에서 발사한다.
❸ 로켓이 올라간 최대 높이를 관찰하거나 영상 분석으로 추정한다.
❹ 물의 양을 변화해(1/4, 1/3, 1/2 등) 발사 높이 변화를 비교한다.
❺ 각 실험에서의 추진력, 운동량, 에너지 변화를 이론적으로 분석한다.

5. 탐구 결과

물의 양이 너무 적을 때 → 추진 질량이 부족하여 충분한 추진력을 얻지 못함.
물의 양이 너무 많을 때 → 공기 압축 공간이 부족하여 압력이 낮아짐.
적정한 비율(약 1/3)일 때, 가장 높은 추진력을 얻어 최대 높이에 도달함.

영상 분석 결과, 로켓 발사 순간 속도는 매우 급격히 증가하고, 상승 구간에서는 속도가 감소하며 최고점에서 0이 된다. 이후 낙하하면서 속도가 다시 증가하며 운동에너지가 위치에너지로, 다시 운동에너지로 전환되는 과정을 확인할 수 있다.

6. 결론

물 로켓의 발사는 단순한 장난감의 움직임이 아니라, 뉴턴의 운동 법칙, 운동량 보존의 법칙, 에너지 전환 원리 등이 종합적으로 작용한 결과이다. 물 분출 시의 반작용력이 로켓을 위로 밀어 올리고, 압축된 공기의 위치에너지가 운동에너지로 변환되며 로켓이 상승한다. 적절한 물의 양과 충분한 압력이 있을 때 가장 효율적인 추진력을 얻을 수 있다. 이를 통해 힘, 운동, 에너지의 상호관계를 실제 현상 속에서 관찰할 수 있었다.

Tip

실험형 보고서이며 아이디어를 얻어서 할 경우 직접 실험해 보고 결과를 작성하세요~
발사 각도에 따른 물 로켓의 비행 거리 변화 분석하기, 공기압의 세기와 발사 높이의 관계 알아보기, 물의 양에 따른 추진력 변화 분석하기, 로켓의 질량이나 꼬리날개 모양이 비행 안정성에 미치는 영향 분석하기 등의 탐구도 가능합니다.

2 화학 영역

화학 : 탄산음료가 이를 썩게 한다는데, 이에 대해 더 알아볼까?

1. 주제 탄산음료와 치아 부식의 관계

2. 탐구 목표 탄산음료 속의 산성 성분이 치아를 구성하는 물질(주로 인산칼슘)에 어떤 영향을 주는지 탐구한다.

3. 배경 이론

(1) 탄산음료의 구성

탄산음료에는 이산화탄소가 녹아 있어, 물과 반응하여 탄산을 형성한다. 탄산은 약한 산성이며, 대부분의 탄산음료에는 여기에 더해 인산(H_3PO_4), 구연산($C_6H_8O_7$) 등의 산이 포함되어 산성을 더욱 높인다.

(2) 치아의 구성 성분

치아의 법랑질은 주로 수산화 인산칼슘으로 이루어져 있다. 이 물질은 산과 만나면 반응하여 용해된다. 즉, 산성 용액 속에서는 치아의 무기 성분이 녹아 부식이 진행된다.

(3) pH와 산성도

용액의 pH가 낮을수록(산성이 강할수록) 부식 작용이 빠르게 일어난다.

일반적인 물의 pH는 7, 탄산음료의 pH는 약 2~4로 탄산음료는 매우 산성
이다.

4. 탐구 방법

(1) 준비물

달걀껍데기(치아 대체 모형), 여러 종류의 음료(탄산수, 콜라, 주스, 물 등), pH
시험지, 비커, 타이머, 관찰 기록지

(2) 실험 방법

❶ 달걀 껍데기를 깨끗이 씻고 말린 뒤, 비슷한 크기로 준비한다.

❷ 각 음료를 비커에 담고, 달걀 껍데기를 각각 담가 둔다.

❸ pH 시험지로 각 음료의 산성도를 측정한다.

❹ 일정 시간(예 24시간, 48시간, 72시간)마다 껍데기의 표면 변화를 관찰한다.

❺ 껍데기의 색, 질감, 무게 변화 등을 기록하고 비교한다.

5. 탐구 결과

탄산음료(콜라, 사이다)에 담긴 껍데기는 표면이 거칠어지고 색이 변하며,
일부 용해된 흔적이 관찰되었다. 주스(산성 음료) 역시 산성도가 높아 껍데
기 일부가 부식되었다. 물(중성)에 담긴 껍데기는 변화가 거의 없었다. pH
가 낮을수록 부식 정도가 심한 경향을 보이며, 특히 인산이나 구연산이
들어 있는 음료일수록 부식 속도가 빨랐다.

6. 결론

탐구 결과, 탄산음료에 포함된 산성 물질이 치아를 부식시킬 수 있음을 확
인하였다. 탄산, 인산, 구연산 등은 치아의 주성분인 인산칼슘을 용해해 법
랑질을 약하게 만든다. 따라서 탄산음료를 자주 마시면 치아 표면이 손상
되어 충치 발생 가능성이 높아진다. 이는 산성 용액이 고체 물질과 반응
하여 물질을 변형·용해하는 화학적 부식 반응의 대표적인 예라고 할 수
있다.

예시 2 · 중3	화학 : 햇빛 때문인가? 누렇게 바뀐 거 같아 ㅜㅜ

1. 주제 햇빛에 의해 티셔츠나 종이가 변색되는 이유

2. 탐구 목표 햇빛에 포함된 자외선이 물질의 화학적 구조에 어떤 변화를 일으켜 색이 바뀌는지 탐구하고, 변색을 줄이기 위한 방법을 알아본다.

3. 배경 이론 햇빛은 여러 종류의 전자기파로 구성되어 있으며, 이 중 자외선(UV)은 에너지가 높아 분자의 화학 결합을 끊을 수 있다.

색소 분자(염료, 잉크 등)는 특정 파장의 빛을 흡수하여 색을 나타내는데, 자외선에 의해 결합 구조가 변하면 빛의 흡수 파장이 바뀌어 색이 변하거나 옅어진다. 이러한 현상을 광분해(Photo degradation)라고 하며, 이는 주로 유기 화합물에서 잘 일어난다.

종이의 경우 셀룰로오스가 산화되어 황변(누렇게 됨) 현상이 일어나며, 티셔츠의 염료도 분해되어 색이 바랜다.

4. 탐구 방법
❶ 흰색·색깔 티셔츠 조각, 흰 종이, 색종이, 신문지 등을 준비한다.
❷ 각 재료를 두 조건으로 나눈다.

 A군: 햇빛에 노출(베란다나 창가에 3일 이상)

 B군: 어두운 실내에 보관(자외선 차단)

❸ 같은 기간 후 색 변화나 종이의 노란 정도를 비교한다.

❹ 자외선이 실제로 영향을 미치는지 확인하기 위해, 일부 샘플에는 자외선 차단 필름을 덮어 둔다.

5. 탐구 결과 햇빛에 노출된 티셔츠와 종이는 눈에 띄게 색이 옅어지거나 누렇게 변하였다. 반면 어두운 곳에 두었던 시료는 거의 변화가 없었다. 자외선 차단 필름을 덮은 부분은 색 변화가 거의 나타나지 않았다. 이는 자외선이 염료나 셀룰로오스 분자의 화학 결합을 끊어 분해 반응이 일어났기 때문으로 판단된다.

6. 결론 햇빛, 특히 자외선은 티셔츠나 종이 속의 유기 분자 구조를 파괴하여 색이 바래거나 누렇게 변하게 한다. 이러한 변색은 화학적 반응(산화, 광분해)에 의한 것으로, 자외선을 차단하거나 코팅 처리로 색을 보호할 수 있다. 따라서 옷이나 책, 문서 등을 장기간 보관할 때는 직사광선을 피하는 것이 좋다.

Tip

예시 3 · 중3 **화학 : O_2와 O_3 모두 같은 산소로 구성된 분자인데 왜 성질이 다를까?**

1. 주제 같은 원소로 구성된 분자가 성질이 다른 이유

2. 탐구 목표 산소 분자(O_2)와 오존(O_3)의 구조적 차이와 화학적 성질을 비교해 본다.

3. 배경 이론

(1) 산소(O_2)의 구조와 성질

O_2는 두 개의 산소 원자가 이중결합으로 결합한 선형 분자이다.

상온에서 무색, 무취, 안정적인 기체이며, 생명 유지에 필수적인 산화성 물질이다. 연소를 촉진하지만 강한 산화제는 아니며, 비교적 안정하다.

(2) 오존(O_3)의 구조와 성질

O_3는 세 개의 산소 원자가 굽은 구조(bent structure)로 결합한 분자이다. 불안정하며 강한 산화력을 가지고 있다. 특유의 자극적인 냄새가 있으며, 상온에서 쉽게 분해되어 O_2로 변할 수 있다.

(3) 성질 차이의 원인

분자 구조 차이: O_2는 직선형, O_3는 굽은 구조 → 전자 분포가 달라 반응성이 달라짐.

결합 에너지 차이: O_3는 이중결합과 단일결합의 공명 구조 → 불안정하고 반응성이 높음.

4. 탐구 방법

(1) 준비물

산소 기체(O_2) 실험 자료, 오존(O_3) 발생 장치(실험 안전을 위해 교사의 지도 필요), 산화 반응 실험용 시약(아이오딘화칼륨 KI 용액 등), 실험 장갑, 안전 안경, 환기 장치

(2) 실험 방법

❶ O_2 기체와 O_3 기체를 각각 아이오딘화칼륨 용액에 접촉시킨다.

❷ 반응 속도와 색 변화 정도를 관찰한다.

❸ O_2는 거의 반응하지 않지만, O_3는 즉시 반응하여 용액이 갈색으로 변하는 것을 기록한다.

❹ 이러한 결과를 통해 두 기체의 산화력 차이를 비교한다.

5. 탐구 결과 O_2 기체는 상온에서 안정적이며 아이오딘화칼륨 용액과 반응이 거의 없었다. O_3 기체는 빠르게 아이오딘화칼륨을 산화시켜 갈색 용액을 만들었다. 이를 통해 O_3가 O_2보다 훨씬 강한 산화성을 가지며 불안정하다는 사실을 확인하였다. 동일한 산소 원자로 구성되어 있어도 분자 구조와 결합 방식에 따라 화학적 성질이 크게 달라짐을 알 수 있었다.

6. 결론 같은 원소 산소로 이루어진 O_2와 O_3는 분자 구조와 결합 방식의 차이로 인해 성질이 다르다. O_2는 직선형 구조와 강한 결합으로 안정적이며 약한 산화력을 가진다. 반면 O_3는 굽은 구조와 공명 결합으로 불안정하며, 강한 산화력을 나타낸다. 이 탐구를 통해 물질의 성질은 원자의 종류뿐만 아니라 원자의 배열과 결합 방식에 의해 결정된다는 것을 확인하였다.

Tip

실험형 보고서이며 아이디어를 얻어서 할 경우 직접 실험해 보고 결과를 작성하세요~
다른 동소체(C, 흑연과 다이아몬드) 비교 실험, 오존의 산화력과 살균 작용 실험, 동위원소가 분자 성질에 미치는 영향 조사, 분자 구조에 따른 물리적 성질(녹는점, 끓는점) 비교 등의 탐구도 가능합니다.

3 생명과학 영역

생명 : 눈은 마음의 창이라는데 과학적으로도 그런 의미가 가능할까?

1. 주제

눈이 마음의 창인 과학적인 근거의 가능성

2. 탐구 목표

눈을 통해 감정이나 정신 상태가 일부 나타날 수 있는 과학적 근거를 조사한다.

3. 배경 이론

(1) 눈과 시신경

눈은 빛을 받아 망막에서 시각 정보를 전기 신호로 변환하고, 시신경을 통해 뇌의 시각 피질로 전달한다. 눈동자, 동공 크기, 안구 움직임 등은 시각 정보뿐만 아니라 자율신경계의 반응과 관련된다.

(2) 감정과 눈의 관계

동공 확대/축소: 긴장, 흥분, 공포 등 감정 상태에 따라 동공 크기가 변화한다.

안구 움직임: 시선 방향과 주의 집중 정도는 감정이나 관심과 연관된다.

(3) 눈 깜빡임

스트레스, 피로, 긴장 상태를 반영한다.

(4) 표정근육과 감정 표현

눈 주변 근육(눈썹, 눈꺼풀, 눈가 근육)의 움직임은 감정을 나타낸다.

미세한 근육 움직임은 무의식적 감정 표현으로, 얼굴 표정 인식 연구에서 활용된다.

4. 탐구 방법

(1) 자료 조사

❶ 안구 반응과 동공 크기, 눈 깜빡임, 시선 추적과 감정의 관계를 다룬 논문, 기사, 생명과학 교과서 조사

❷ 심리학 및 뇌과학 연구 사례 조사

(2) 관찰 실험

❶ 친구나 가족 2~3명을 대상으로 다양한 감정 상황(기쁨, 놀람, 긴장)에서 눈의 변화를 관찰

❷ 동공 변화, 시선 집중 정도, 깜빡임 빈도 등을 기록

(3) 결과 비교

관찰 결과와 문헌 자료를 비교하여 감정과 눈 반응의 연관성을 분석

5. 탐구 결과

기쁨, 흥분 상황에서는 동공이 약간 확대되었으며, 시선이 특정 대상에 집중됨. 긴장, 공포 상황에서는 눈을 크게 뜨거나 깜빡임 빈도가 증가함. 문헌 자료에서는 동공 크기, 시선 움직임, 안구 근육의 움직임이 감정 상태를 일부 반영한다고 보고됨. 그러나 눈만으로 마음 전체를 알 수 있는 것은 아니며, 감정의 일부 단서 제공에 그친다.

6. 결론

눈은 신경계와 자율신경계의 반응을 반영하여 감정 상태를 일부 나타낼 수 있는 과학적 근거가 있다. 따라서 "눈은 마음의 창"이라는 표현은 비유적이지만, 눈을 통해 감정을 일부 추정할 수 있다는 의미에서는 과학적으로 가능성이 있다. 하지만 마음 전체를 읽을 수 있는 수준은 아니며, 다양

한 신체 신호와 함께 종합적으로 판단해야 한다는 것을 알 수 있었다.

조사형 보고서이며 아이디어를 얻어서 할 경우 직접 조사해 보고 결과를 작성하세요~
얼굴 전체의 움직임을 분석하여 표정근육과 감정 인식을 연구하는 방법에 대한 탐구, 동공 크기와 호르몬 변화의 관계에 대한 조사 탐구, 눈 깜빡임 빈도와 스트레스 수준 비교 조사하기 등의 탐구도 가능합니다.

예시 2 · 중3 — 생명 : 아빠 ─ 가까이 있는 게 잘 안 보여?

1. 주제

노안의 원인에 대한 탐구

2. 서론

중장년층에서 가까운 물체를 보는 데 어려움을 겪는 현상을 흔히 노안(老眼, presbyopia)이라고 한다. 이는 나이가 들면서 발생하는 자연스러운 시력 변화로, 많은 사람들이 경험하는 현상이다.

본 탐구를 통해 노안이 발생하는 원인과 눈의 구조적 변화, 그로 인한 시력 저하 과정을 조사하여, 노안이 단순히 '눈이 나빠졌다'라는 의미가 아니라 눈의 조절 능력 감소로 인한 자연스러운 변화임을 이해하고자 한다.

3. 조사 목표

노안이 발생하는 눈의 구조적 변화를 조사한다.

수정체와 근육의 기능 저하가 시력에 미치는 영향을 이해한다.

노안의 원인과 시기, 예방 및 교정 방법에 대해 과학적 근거를 정리한다.

4. 배경 이론

(1) 눈의 구조와 조절 기능

눈은 빛을 받아 망막에 상을 맺는 기관으로, 수정체(lens)가 빛의 굴절을 조절하여 초점을 맞춘다.

근육(모양체근, ciliary muscle)이 수정체를 두껍게 또는 얇게 만들어 가까운 물체와 먼 물체를 선명하게 볼 수 있도록 한다.

(2) 노안의 발생 원인

나이가 들면 수정체가 점점 단단해지고 탄력성을 잃어 두꺼워지는 것이 어려워진다. 모양체근의 수축 능력도 감소하여 가까운 물체에 초점을 맞추기 힘들어진다. 이로 인해 40세 전후부터 가까운 물체가 흐릿하게 보이는 노안 증상이 나타난다.

(3) 과학적 근거

수정체의 탄력성 감소 → 조절 범위 축소 → 가까운 물체 초점 불가.
근육 기능 저하 → 조절 속도 감소 → 시야 흐림.
노안은 근본적으로 생리적 노화 현상이며, 질병이 아닌 자연스러운 변화이다.

5. 조사 방법

(1) 문헌 조사
- 생명과학 교과서, 의학 자료, 안과 관련 논문 및 기사 조사
- 나이별 시력 변화, 조절력 측정 자료 수집

(2) 간이 관찰 실험
- 다양한 연령대의 사람이 작은 글씨를 읽거나 작은 물체를 보는 거리 측정
- 가까이 있는 물체를 선명하게 볼 수 있는 최소 거리(근점, near point) 기록
- 나이가 많을수록 근점이 멀어지는 경향 확인

(3) 자료 분석
- 나이별 근점 변화 그래프 작성
- 문헌 자료와 관찰 결과 비교

| **6. 조사 결과** | 나이가 들수록 근점이 멀어지고 가까운 물체를 선명하게 보기 어렵다. 20~30대는 일반적으로 10~15cm 거리에서 물체를 선명하게 볼 수 있으나, 40대 이후부터는 25~40cm 이상 떨어진 거리에서야 물체가 선명하게 보이는 경우가 많았다. 수정체 탄력성 감소와 모양체근 기능 저하가 노안의 주요 원인으로 보고되었다. 교정 방법으로는 돋보기, 다초점 안경, 콘택트렌즈 착용 등이 있으며, 일부 경우 수술적 방법도 활용된다. |

| **7. 결론** | 노안은 나이가 들면서 눈의 조절력 감소로 인해 가까운 물체를 보기 어려워지는 자연스러운 생리적 현상이다. 수정체의 탄력성 감소와 모양체근의 기능 저하가 근본 원인으로, 질병이 아닌 자연스러운 노화 과정임을 알 수 있었다. 따라서 노안은 적절한 교정 방법을 통해 시력 불편을 최소화할 수 있으며, 눈 건강 관리와 규칙적인 시력 검사 등의 조기 대응이 중요하다는 것을 알게 되었다. |

Tip

조사형 보고서이며 아이디어를 얻어서 할 경우 직접 조사해 보고 결과를 작성하세요~
나이에 따른 근점 변화 조사해 보기, 돋보기, 다초점 렌즈, 콘택트렌즈 교정 효과 비교 조사해 보기, 수정체 탄력성 감소를 늦추는 생활 습관 연구 등에 대한 탐구도 가능합니다.

예시 3 · 중3 | **생명 : 춥다고 감기에 걸리는 걸까??**

| **1. 주제** | 추위와 감기의 관계에 대한 탐구 |

| **2. 서론** | 겨울철이 되면 "추워서 감기에 걸렸다."라는 말을 흔히 듣는다. 많은 사람들이 체감적으로 느끼는 현상이지만, 과학적으로 추위가 직접적으로 감기를 일으키는가에 대해서는 명확한 근거가 필요하다고 생각했다. |

본 탐구에서는 추위와 감기 발생의 상관관계를 조사하고, 면역체계와 바이러스 감염의 연관성을 탐구하고자 한다.

3. 조사 목표

감기의 원인 바이러스와 감염 경로를 이해한다.

추위와 감기 발생의 관계를 과학적으로 분석한다.

4. 배경 이론

(1) 감기의 원인

감기는 대부분 리노바이러스(Rhinovirus) 등 호흡기 바이러스 감염에 의해 발생한다. 바이러스가 체내에 들어가 증식하면서 발열, 콧물, 기침 등의 증상이 나타난다.

(2) 추위가 인체에 미치는 영향

추위에 노출되면 피부와 점막 온도가 낮아지고, 코 점막의 혈류가 줄어 바이러스 방어력이 약화될 수 있다. 일부 연구에서는 추운 환경에서 면역세포 활동이 약간 감소할 수 있다고 보고된다.

(3) 과학적 근거

추위 자체는 감기를 일으키는 원인이 아니며, 감기에는 바이러스 노출과 감염이 필수적이다. 그러나 체온이 낮아지면 면역 반응이 일시적으로 약화되어 바이러스 감염이 더 쉽게 발생할 수 있다. 따라서 '추위로 감기에 걸린다'라는 것은 '바이러스 노출 + 면역력 감소'라는 복합 요인과 관련이 있다.

5. 조사 방법

(1) 문헌 조사

- 의학 자료, 논문, 교과서, 보건 관련 기사 조사
- 추위와 면역력, 감염 발생률의 상관관계 자료 수집

(2) 통계 및 사례 분석

- 계절별 감기 발생률 통계 확인
- 실내 난방 환경과 감기 발생률 비교

(3) 관찰 자료 정리

- 추위에 노출된 집단과 따뜻한 환경에 있었던 집단의 감기 발생률 비교
- 면역력 변화와 감염 증상 발현 시간 기록

6. 조사 결과

감기의 직접적 원인은 바이러스 감염이며, 추위 자체는 병원체가 아니다. 겨울철 감기 발생률이 높은 이유는 바이러스가 실내 밀폐 공간에서 쉽게 전파되고, 낮은 온도로 점막 방어력이 약간 감소하며, 건조한 공기로 인해 호흡기 점막이 건조해지기 때문이다. 통계자료를 통해서 확인한 것은 추위에 노출된 사람들만 감기에 걸린 것은 아니며, 감기에 걸리고 걸리지 않고는 바이러스 접촉 여부가 결정적이었다. 일부 연구에서는 추운 환경에서 혈액 내 면역 세포 활동이 일시적으로 줄어들 수 있다고 이야기하고 있지만, 감기 발생에는 바이러스 노출이 필수적임을 확인하였다.

7. 결론

감기는 바이러스 감염에 의해 발생하며, 추위 자체는 직접적인 원인이 아니다. 하지만 추위는 체온 감소와 점막 방어력 약화를 통해 감염 위험을 높일 수 있다. 따라서 "추워서 감기에 걸린다."라는 표현은 과학적으로는 '바이러스 + 면역력 요인'이라는 복합적 의미로 이해해야 한다. 그러므로 감기 예방을 위해서는 손 씻기, 환기, 체온 유지, 충분한 수면과 영양 섭취가 중요하다.

Tip

조사형 보고서이며 아이디어를 얻어서 할 경우 직접 조사해 보고 결과를 작성하세요~
계절별 감기 바이러스 발생률 비교, 실내 난방과 감기 발생률 상관관계 분석, 체온 변화와 면역 세포 활동 실험, 건조한 공기와 호흡기 점막 보호 연구, 손 씻기와 마스크 착용이 감기 예방에 미치는 효과 조사 등의 탐구도 가능합니다.

4 지구과학 영역

지구과학 : 사해에서는 가만히 떠서 신문을 볼 수 있네??

1. 주제

염분을 조절해 잠겨 있는 물체를 띄우는 실험

2. 탐구 목표

사해처럼 염도가 높은 물에서 물체가 쉽게 떠오르는 이유를 실험을 통해 확인한다.

밀도와 부력의 관계를 탐구한다.

3. 배경 이론

(1) 밀도와 부력

물체가 물에 뜨는 것은 부력과 중력의 상호 작용 때문이다.

아르키메데스의 원리에 따르면, 물체가 받는 부력은 물체가 밀어낸 물의 무게와 같다.

물체의 밀도가 물보다 작으면 뜨고, 크면 가라앉는다.

(2) 염분과 밀도

물에 염분($NaCl$ 등)이 녹으면 물의 밀도가 증가한다. 따라서 염분이 높은 물에서는 같은 물체라도 쉽게 뜰 수 있다.

사해는 염도가 약 34%로 일반 바닷물의 약 10배로 높아, 사람이나 신문 등이 쉽게 뜨는 현상이 나타난다.

4. 탐구 방법

(1) 준비물

투명한 비커, 물, 소금, 전자저울, 작은 플라스틱 조각이나 코르크, 온도계, 눈금자, 수저

(2) 실험 절차

❶ 비커에 물을 채우고 플라스틱 조각을 넣어 가라앉는지 확인한다.

❷ 소금을 조금씩 녹여 물의 염도를 높인다.

❸ 염도를 달리하며 물체가 뜨는 정도(잠긴 깊이)를 관찰 및 기록한다.

❹ 물의 밀도와 잠긴 부피, 염분 농도의 관계를 그래프로 정리한다.

5. 탐구 결과

소금을 첨가할수록 물체가 점점 더 잘 떠오름.

염분 농도가 약 10~20% 이상이면 플라스틱 조각이 거의 완전히 뜨는 현상 관찰.

물체의 잠긴 부피가 줄어들수록 부력이 커져 쉽게 뜨는 것을 확인.

이를 통해 물체가 뜨는 정도는 물의 밀도와 직접적인 관련이 있음을 확인.

6. 결론

물에 염분을 첨가하면 물의 밀도가 증가하여, 같은 물체라도 쉽게 뜨게 된다. 사해처럼 염도가 높은 환경에서는 부력이 커져 사람이 가만히 떠 있을 수 있으며, 심지어 신문이나 작은 물체도 뜨는 현상이 나타난다. 따라서 부력과 밀도의 관계를 이해하면 염분과 물체 부상 현상을 과학적으로 설명할 수 있다.

Tip

실험형 보고서이며 아이디어를 얻어서 할 경우 직접 실험해 보고 결과를 작성하세요~
다른 염(황산나트륨, 탄산칼슘) 첨가 시 부력 변화 실험, 온도 변화에 따른 물의 밀도와 부력 비교, 다양한 모양과 질량의 물체를 이용한 뜨는 정도 비교, 바닷물과 민물에서의 부력 차이 실험, 사해 염수 시뮬레이션을 통해 사람이나 물체의 잠기는 깊이를 계산하는 탐구도 가능합니다.

지구과학 : 적도 근처가 제일 더우니까 사막이 많아야 하지 않을까??

1. 주제

적도 부근에 사막이 잘 생기지 않는 이유

2. 서론

적도 부근은 태양 빛을 거의 직각으로 받기 때문에 연중 기온이 가장 높은 지역이다. 일반적으로 높은 기온과 건조한 조건이 사막 형성에 적합하다고 생각할 수 있으나, 실제로 적도 근처에는 사막이 드물다. 본 보고서에서는 적도 부근의 기후와 강수 패턴, 공기 순환을 조사하여 적도 지역에 사막이 잘 형성되지 않는 이유를 분석하고자 한다.

3. 조사 목표

적도 부근의 기후적 특성을 조사한다.

공기 순환과 강수량 분포가 사막 형성에 미치는 영향을 이해한다.

4. 배경 이론

(1) 적도 지역 기후

적도 부근은 연중 태양 직사에 가까운 강한 복사열을 받는다. 기온이 높고 습도가 높아 대류가 활발하며, 빈번한 소나기 등의 강수가 발생한다. 따라서 높은 기온에도 불구하고 토양과 공기가 충분히 습하다.

(2) 대기 순환과 강수 패턴

적도 부근은 열대 수렴대(ITCZ, Intertropical Convergence Zone)에 위치.

북반구와 남반구의 무역풍이 만나 상승 기류를 형성.

상승 기류로 인해 공기가 냉각되고, 수증기가 응결하여 강수 발생.

(3) 사막 형성 조건

사막은 일반적으로 강수량이 연평균 250mm 이하인 지역이다. 주로 중위도 고기압대(30° 근처), 해류 효과, 지형적 요인(산악 그림자) 등으로 건조한 조건에서 발생한다.

적도 부근은 습한 상승 기류로 인해 사막 형성에 적합하지 않다.

5. 조사 방법 (1) 문헌 조사
- 교과서, 지구과학 관련 자료, 기후 지도 및 강수량 지도 조사
- 적도 근처와 30° 위도 사막 지역 비교

(2) 자료 분석
- 적도 지역 연평균 강수량과 기온 데이터 수집
- 사막 지역 강수량과 기온 데이터 비교
- 기상 패턴, 대류, ITCZ 위치 분석

6. 조사 결과 적도 부근은 연평균 기온이 높고, 강수량이 연간 2,000mm 이상으로 매우 높다. 기온이 높음에도 사막이 없는 이유는 강수량이 충분하여 토양이 건조하지 않기 때문이다.

반대로 중위도 사막(사하라, 아라비아 등)은 하강 기류와 고기압으로 인해 공기가 건조하며 강수량이 적다.

열대 우림 지역(아마존, 콩고)과 적도 근처 사막 분포 비교에서 습한 상승 기류가 사막 형성을 막는 주요 요인임을 확인하였다.

7. 결론 적도 부근이 가장 더운 지역임에도 불구하고 사막이 잘 생기지 않는 이유는 강한 태양열로 인한 상승 기류와 풍부한 강수 때문이다. 즉, 사막은 단순히 고온만으로 형성되는 것이 아니라, 강수량 부족과 대기 순환 패턴이 주요 형성 요인임을 알 수 있다. 따라서 지구의 기후와 사막 분포를 이해하기 위해서는 기온, 강수, 대기 순환을 종합적으로 고려해야 한다.

Tip

조사형 보고서이며 아이디어를 얻어서 할 경우 직접 조사해 보고 결과를 작성하세요~
중위도 사막과 적도 열대우림의 강수량 비교 연구, 해류가 기후와 사막 형성에 미치는 영향 조사, 사막과 열대우림 생태계 비교 및 생물 다양성 분석 등의 탐구도 가능합니다.

**지구과학 : 저 하늘에 떠 있는 인공위성은
어떻게 구름에 대한 정보를 얻을까?**

1. 주제

인공위성으로 구름에 대한 정보를 측정하는 방법

2. 서론

구름은 지구의 날씨와 기후를 이해하는 데 매우 중요한 요소이다. 하지만 지상 관측만으로는 전 지구적 구름 분포와 변화 패턴을 관찰하는 데 한계가 있다. 최근에는 인공위성을 이용한 원격 탐사 기술을 통해 구름의 위치, 높이, 두께, 이동 속도 등 다양한 정보를 얻고 있다. 본 보고서에서는 인공위성이 구름 정보를 측정하는 원리와 방법을 조사하고, 이를 통해 지구 관측과 기상 예보의 과학적 원리를 이해하고자 한다.

3. 조사 목표

구름 관측에 활용되는 인공위성의 종류와 장비를 조사한다.
위성이 구름 정보를 측정하는 방법과 원리를 이해한다.

4. 배경 이론

(1) 인공위성의 종류

❶ 정지궤도 위성(Geostationary Satellite): 지구의 자전 속도와 동일하게 회전, 특정 지역 상시 관측 가능

❷ 저궤도 위성(Low Earth Orbit Satellite): 지구 주위를 빠르게 회전하며 전 지구적 관측 가능

(2) 구름 관측 장비

❶ 광학 카메라: 가시광선 및 적외선 이미지를 촬영하여 구름의 위치와 형태 파악

❷ 적외선 센서: 구름 상층 온도를 측정하여 구름 높이와 두께 추정

❸ 마이크로파 센서: 강수량과 구름 속 수분 함량을 측정

(3) 구름 관측 원리

구름은 태양 빛을 반사하거나 지구 복사열을 방출한다.

위성 센서는 반사된 빛과 방출된 열을 측정하여 구름의 위치, 높이, 광학적 두께를 계산한다.

시간에 따른 연속 관측으로 구름 이동 속도와 패턴 분석이 가능하다.

(4) 데이터 활용

❶ **기상 예보:** 강수, 태풍 경로, 폭풍 발생 예측

❷ **기후 연구:** 구름 분포 변화, 온실효과 분석

❸ **재난 대응:** 홍수, 폭염, 강설량 관측

5. 조사 방법

(1) 문헌 조사

- 위성 관측 자료, NASA, ESA, KMA 등 관련 기관 홈페이지 자료 조사
- 구름 관측 위성 장비와 원리 설명 자료 수집

(2) 사례 분석

- 정지궤도 위성(예 GOES, COMS)과 저궤도 위성(예 Terra, Aqua) 관측 데이터 비교
- 위성 이미지에서 구름 분포 확인, 강수 예보와의 상관성 분석

(3) 자료 정리

- 구름 높이, 두께, 이동 속도 등 관측 가능한 정보 정리
- 측정 원리와 각 장비의 역할 도식화

6. 조사 결과

정지궤도 위성은 특정 지역 구름의 시간별 변화를 실시간으로 관측 가능.

저궤도 위성은 전 지구 구름 패턴과 고위도 지역 관측에 유리.

적외선 센서를 통해 구름 높이와 상층 온도 추정 가능.

마이크로파 센서를 통해 구름 속 수분량과 강수 가능성 측정.

관측 자료를 기반으로 기상청은 강수 예보, 태풍 경로 예측, 홍수 경보 등을 제공.

위성 관측 덕분에 구름 변화와 관련된 기후 연구와 기상 예측 정확도가 크게 향상됨.

7. 결론

인공위성은 광학, 적외선, 마이크로파 센서를 활용하여 구름의 위치, 높이, 두께, 이동 속도 등 다양한 정보를 수집할 수 있다. 정지궤도 위성과 저궤도 위성의 특성을 활용하면 전 지구적 구름 관측이 가능하며, 이 자료는 기상 예보와 기후 연구에 매우 중요한 역할을 한다. 따라서 인공위성 관측 기술은 현대 지구과학에서 구름과 날씨 이해의 핵심 도구임을 알 수 있다.

Tip

조사형 보고서이며 아이디어를 얻어서 할 경우 직접 조사해 보고 결과를 작성하세요~
구름 종류별 위성 관측 특징 비교(권운, 적운, 층운 등), 위성 관측 데이터를 활용한 태풍 이동 경로 분석, 인공위성 적외선 센서를 이용한 강수량 추정 방법, 구름 관측 데이터와 지상 관측 데이터 비교 등에 대한 탐구도 가능합니다.

5

국어, 영어, 수학, 사회 등의 영역

국어 : 생활 속 문장에서 나타나는 비음화를 알아보자.

1. 주제 생활 속에서 알아보는 음운 변동 비음화에 대한 조사

2. 탐구 목표 생활 속 문장과 단어에서 나타나는 음운 변동 현상 중 비음화를 알아본다.

3. 배경 이론 언어의 소리는 다양한 방식으로 변화하는데, 한국어에서 비음화는 음운 변동의 대표적인 예이다. 이것은 특정 자음이 비음으로 바뀌어 발음되는 현상으로 이를 통해 자연스럽고 정확한 의사소통이 가능해진다.

음운 변동: 단어가 결합하거나 문장 속에서 발음할 때, 특정 조건에 따라 소리의 형태가 바뀌는 현상

비음화: 파열음이 비음(ㅁ, ㄴ, ㅇ) 앞에서 비음으로 변하는 현상

4. 탐구 방법 **(1) 생활 속 문장 관찰**

교실, 가정, 식당 등에서 자주 쓰이는 문장 수집

(2) 발음 기록

발음과 표기를 비교하며 음운 변동 현상 확인

(3) 분석

어떤 음운 변동이 나타났는지 표로 정리하고 규칙 설명

5. 탐구 결과

비음화 문장 예시

먹는 음식이 맛있다 → [멍는] 음식이 맛있다

국물이 뜨겁다 → [궁물이] 뜨겁다

손톱을 깎는 중이다 → 손톱을 [깡는] 중이다

팔을 긁는 소리가 들린다 → 팔을 [긍는] 소리가 들린다

흙만 조금 남았다 → [흥만] 조금 남았다

문을 닫는 소리가 났다 → 문을 [단는] 소리가 났다

집을 짓는 사람들 → 집을 [진는] 사람들

옷맵시가 좋다 → [온맵씨]가 좋다

책이 있는 자리 → 책이 [인는] 자리

네가 맞는 말을 했다 → 네가 [만는] 말을 했다

강아지를 쫓는 아이 → 강아지를 [쫀는] 아이

꽃망울이 터졌다 → [꼰망울이] 터졌다

스티커가 붙는 곳 → 스티커가 [분는] 곳

손을 놓는 순간 → 손을 [논는] 순간

책을 잡는 장면 → 책을 [잠는] 장면

밥물을 준비하다 → [밤물을] 준비하다

마당 앞마당을 청소했다 → 마당 [암마당을] 청소했다

나무를 밟는 소리 → 나무를 [밤는] 소리

시를 읊는 학생 → 시를 [음는] 학생

물건이 없는 방 → 물건이 [엄는] 방

새로운 옷 맞추다 → 새로운 [온맏추다]

화단의 흙 말리다 → 화단의 [흥말리다]

집에서 밥 먹는다 → 집에서 [밤멍는다]

가방에 책 넣는다 → 가방에 [챙넌는다]

6. 결론　　생활 속 발화에서는 다양한 음운 변동 현상이 자연스럽게 나타난다. 비음화는 발음을 편하게 하고, 말의 흐름을 자연스럽게 하기 위한 언어 현상임을 알 수 있었다. 비음화는 한국어 발음의 중요한 특징이며, 이를 정확히 이해하고 사용하면 언어 사용이 정확해지고 유창해질 수 있다는 것을 알게 되었다. 즉, 이러한 음운 변동을 이해하면 교과서 속 규칙뿐만 아니라 실제 말하기와 듣기 능력 향상에도 도움이 될 것이다.

예시 2 · 중3	국어 : 문학작품 속에서 나타나는 사회의 밝은 면과 어두운 면이 궁금한데?

1. 주제　　문학 속 사회의 밝은 면과 어두운 면 비교 분석

2. 탐구 목표　　문학작품을 통해 사회의 긍정적인 모습과 부정적인 모습을 이해하고, 문학이 사회를 반영하는 방식을 분석한다.

3. 배경 이론　　(1) 문학과 사회

문학은 단순한 이야기 전달을 넘어, 당시 사회의 가치관, 갈등, 생활양식 등을 반영한다.

(2) 긍정적·부정적 사회상

문학작품 속 사건과 등장인물의 삶을 통해 사회가 가진 희망적인 면, 슬픈 측면을 분석할 수 있다.

(3) 문학과 사회 탐구 방법

등장인물, 사건, 배경 등을 분석하여 사회적 의미를 도출하고, 사회적 맥락과 연결한다.

4. 탐구 방법

(1) 문학작품을 두 부류로 분류

❶ 사회적 긍정적 면: 아름답고 희망적인 모습이 나타나는 작품

❷ 사회적 부정적 면: 슬프고 부조리한 모습이 나타나는 작품

(2) 작품별로 사회적 메시지를 기록하고 비교 분석

(3) 공통점, 차이점, 사회적 의미를 도출

5. 탐구 결과

(1) 사회의 아름다운 부분을 담은 문학

작품	내용 요약	사회적 긍정 측면
「아낌없이 주는 나무」 (셸 실버스타인)	나무가 소년에게 모든 것을 내주며 사랑을 보여 주는 이야기	나눔과 희생, 인간과 자연의 조화, 사회적 연대
「엄마를 부탁해」 (신경숙)	사라진 어머니를 가족이 찾아가는 과정에서 가족애를 탐구	가족 간의 사랑, 인간관계의 중요성, 공동체적 책임

(2) 사회의 부정적·슬픈 부분을 담은 문학

작품	내용 요약	사회적 부정 측면
「토지」(박경리)	일제강점기 농민들의 고통과 착취	빈부 격차, 권력의 부조리, 사회적 불평등
「까라마조프가의 형제들」(도스토옙스키)	인간 내면의 갈등과 범죄	인간의 이기심, 폭력, 도덕적 혼돈
「태백산맥」(조정래)	한국 현대사 속 분단과 전쟁	전쟁의 참상, 이념 갈등, 사회적 상처

6. 결론

문학은 사회를 반영하는 거울 역할을 하며, 반영된 사회의 긍정적·부정적 측면을 모두 담고 있다. 사회의 아름다운 면을 주로 담은 작품은 희망과 사랑을 강조하며 독자에게 공감과 교훈을 준다. 사회의 부정적 면을 주로

담은 작품은 갈등과 부조리를 보여 주어 사회 문제에 대한 고민을 가능하게 한다. 이러한 분석을 통해 문학을 단순한 이야기로 읽는 것이 아니라, 사회 구조와 인간 삶을 이해하는 도구로 활용할 수 있음을 알 수 있다. 또한 사회의 아름다운 부분을 담은 작품에서도 때로는 갈등이나 슬픔이 나타나고, 부정적이고 슬픈 내용을 담은 작품에서도 희망과 인간적 성장이 드러나는 경우가 있다. 이러한 점에서 문학은 사회의 복잡한 현실을 반영하며, 독자는 작품을 통해 사회 문제를 이해하는 동시에 인간관계의 중요성을 느낄 수 있다. 결국 문학은 사회의 긍정적·부정적 측면을 모두 보여 주며, 우리에게 성찰과 공감, 희망을 동시에 제공하는 역할을 한다.

Tip

조사형 보고서이며 아이디어를 얻어서 할 경우 직접 조사해 보고 결과를 작성하세요~
고전문학과 현대문학을 비교하여 사회 변화가 문학에 미친 영향 조사, 청소년 독자를 위한 작품에 드러난 고민, 성장, 사회 비판의 양상 조사, 산업화 시대 소설(예 「광장」, 「난장이가 쏘아올린 작은 공」) 속 사회 비판적 시각, 짧은 글, 웹소설, 웹툰 등 디지털 매체 문학의 사회적 의미 조사 등의 탐구가 가능합니다.

예시 3 · 중3   **국어 : 「허생전」의 허생을 다양한 관점으로 탐구해 본다면?**

1. 주제   「허생전」을 다양한 관점으로 분석하는 탐구

2. 서론   (1) 동기

박지원의 「허생전」은 조선 후기를 배경으로 한 대표적인 한문 소설로, 무능한 선비 허생이 부를 축적하고 이상향을 건설하는 과정을 그린 작품이다. 이 작품은 단순한 성공담이 아니라 당시 사회의 모순을 날카롭게 비판하는 작가의 의지를 담고 있다. 「허생전」을 인물 분석, 사회 비판 의식의 관점에서 분석하여 작품의 의미를 탐구하고자 한다.

(2) 연구 방법

작품 원문을 읽고, 인물의 행동과 대사, 서술자의 관점, 당시 역사적 배경을 종합적으로 분석한다.

3. 본론

(1) 인물 분석 관점: 허생의 변화 과정

❶ 1단계: 무능한 선비

허생은 작품 초반에 "십 년 동안 글만 읽고 한 번도 문밖에 나가지 않았다."라고 묘사되며, 전형적인 현실 도피형 선비의 모습을 보인다. 아내가 남의 집 바느질로 생계를 유지하는데도 책에만 매달려 있는 그의 모습은 당시 양반 계층의 무능함을 상징적으로 보여 준다.

❷ 2단계: 유능한 실학자

변산에서의 깨달음 이후 허생은 완전히 달라진다. '장사를 해서 만 냥을 벌어오겠다'며 구체적인 계획을 세우고, 실제로 안남과의 무역으로 거대한 부를 축적한다. 이때의 허생은 뛰어난 경제적 안목과 실행력을 보여 준다.

❸ 3단계: 완성된 지식인

연평도에서 허생은 물질적 성공을 넘어 이상적인 사회 건설을 시도한다. 도둑들을 교화하고 새로운 공동체를 만드는 과정에서 그는 교육자이자 지도자로서의 면모를 보인다.

(2) 사회 비판 의식 관점

❶ 양반 계층 비판

허생의 초기 모습과 이완 대장과의 대화는 양반 계층의 무능함을 비판한다. '나라에 쓸 만한 인재가 없다'는 이완의 한탄에 대해 허생은 구체적인 개혁안을 제시하며 기존 양반들의 무능함을 보여 준다.

❷ 경제 정책 비판

허생이 제시하는 경제 개혁안은 당시 조선의 잘못된 경제 정책을 비판한다. 상업을 천시하고 농업만을 중시하는 정책, 화폐 유통의 문제점

등이 지적된다.

❸ 사회 제도 비판

연평도에서의 도둑 교화 과정은 당시 사회 제도의 모순을 보여 주며, 처벌보다 교육이 우선되어야 함을 강조한다.

(3) 종합 분석

❶ 「허생전」의 현재적 의미

「허생전」은 300년 전의 작품이지만 현재에도 유효한 메시지를 담고 있다. 이론만 중시하고 실용성을 외면하는 지식인의 문제, 경제에 대한 올바른 인식의 필요성, 진정한 지도자의 자질 등은 현대 사회에도 그대로 적용될 수 있는 교훈이다.

❷ 문학사적 의의

「허생전」은 조선 후기 실학사상을 문학으로 형상화한 대표작으로, 기존의 권선징악적 고전 소설에서 벗어나 현실 비판 의식을 강하게 드러낸 작품이다.

4. 결론

「허생전」은 단순한 성공담이 아니라 조선 후기 사회의 모순을 비판하고 이상사회에 대한 비전을 제시한 문학이다. 허생이라는 인물을 통해 당시 지식인이 나아가야 할 방향을 제시하고, 다양한 문학적 기법을 통해 이를 효과적으로 전달했다. 허생은 현실을 정확히 파악하고, 실용적인 지식을 바탕으로 사회에 기여할 수 있는 인재라고 볼 수 있다.

Tip

조사형 보고서이며 아이디어를 얻어서 할 경우 직접 조사해 보고 결과를 작성하세요~
허생의 비판 정신을 현대 사회의 지식인 또는 리더 상과 비교하는 탐구, 박지원, 박제가 등 실학자들의 사상을 문학 속 표현으로 살펴보는 탐구, 「허생전」은 왜 '풍자문학'으로 불리는지에 대한 탐구 등도 가능합니다.

<table><tr><td></td><td>영어 : 영어 뉴스 분석으로 영어 공부를 해 보면 어떨까?</td></tr></table>

1. 주제

영국 매립지 유해 액체 사건 분석을 통한 뉴스 독해 및 영어 어휘·문법 학습

2. 탐구 목표

영어 뉴스 기사를 정확히 읽고 이해한다.

기사에서 사용된 문법 구조를 분석한다.

3. 배경 이론

최근 영어 교육에서는 단순한 문법 암기보다 실제 사용 문맥에서의 영어 이해 능력이 중요하게 강조되고 있다. 특히 뉴스 기사는 시사적 사건을 다루기 때문에 정확한 문장 구조와 다양한 어휘, 시제, 수동태 표현이 자주 사용된다. 따라서 영어 뉴스 분석은 독해력 향상뿐 아니라 실제 영어 사용의 논리적 구조를 이해하는 데 큰 도움이 된다. 또한 환경 오염 관련 기사 분석은 어휘 학습과 함께 환경 문제에 대한 비판적 사고력을 기를 수 있다는 점에서도 교육적 의미가 크다.

4. 탐구 방법

(1) 기사 선정

영국의 환경 관련 기사 중 「Toxic landfill liquid spread on English farms」(The Guardian, 2025.09.12.)을 선택하였다.

(2) 내용 분석

기사 내용을 문단별로 요약하고 주요 문장을 영어 원문과 함께 번역하였다.

(3) 어휘 분석

기사에서 핵심적으로 사용된 환경 관련 단어를 추출하여 의미, 용법, 예문을 표로 정리하였다.

(4) 문법 분석

기사 내에서 자주 나타난 문법 요소(수동태, 현재완료, 조동사, 관계대명사 등)를 중심으로 용법을 분석하였다.

(5) 결과 정리

어휘와 문법 분석을 바탕으로 기사 전체의 의미를 종합적으로 이해하고, 이를 영어 학습 방법으로서의 효과성과 연계하였다.

5. 탐구 결과

(1) 기사 요약(영어 + 한글 번역)

원문:

Thousands of tonnes of toxic landfill liquid are mixed with sewage and spread on English farms. Chemicals that could contaminate soil and crops have been revealed by an investigation.

한글 번역:

수천 톤에 달하는 유독한 매립지 액체가 하수와 혼합되어 영국 농경지에 살포되고 있다. 토양과 농작물을 오염시킬 수 있는 화학물질이 조사 결과 밝혀졌다.

(2) 출처

Salvidge, R. (2025, September 12). Thousands of tonnes of toxic landfill liquid added to sewage and spread on English farms. The Guardian.
https://www.theguardian.com/environment/2025/sep/12/toxic-landfill-liquid-sewage-spread-farms-england

(3) 주요 어휘 분석

영어 단어	의미(한글)	기사 속 예문
toxic	유독한, 해로운	toxic landfill liquid
landfill	매립지	landfill liquid
sewage	하수	mixed with sewage
leachate	침출수	leachate from landfill
effluent	처리 후 배출액	hazardous effluent
contaminate	오염시키다	could contaminate soil and crops
hazardous	위험한	hazardous materials
spread	퍼뜨리다, 살포하다	spread on farmland
disposal	처리, 폐기	unsafe disposal practices
regulation	규제, 법규	calls for stricter environmental regulations
investigation	조사	investigation has revealed

(4) 문법 구조 분석

문법 포인트	의미/용법	기사 속 예문	한글 해석
수동태 (Passive voice)	행위의 대상이 주어일 때 사용	are mixed, are spread	혼합된다, 살포된다
현재완료 (Present perfect)	과거부터 현재까지의 결과 강조	has been revealed	밝혀졌다
조동사 (can / could)	가능성, 추측	could contaminate	오염시킬 수 있다
관계대명사 (that / which)	명사 수식	chemicals that could contaminate soil	토양을 오염시킬 수 있는 화학물질
분사구문 (Participial phrase)	원인/동시 동작 표현	causing concern among residents	주민들의 우려를 야기하며
명사화 (Nominalization)	동사/형용사를 명사로 변환	disposal of toxic liquid	유독한 액체의 처리
전치사구 (Prepositional phrase)	장소, 방법, 원인 표현	added to sewage, spread on farmland	하수에 첨가되고, 농경지에 살포됨

| **6. 결론** | 영어 뉴스의 문장 구조와 어휘를 실제 맥락 속에서 학습함으로써 독해력과 문법 이해력을 동시에 향상할 수 있었다. 특히 수동태, 현재완료, 관계대명사 등 교과서에서 배운 문법이 실제 기사에서 어떻게 쓰이는지를 확인함으로써 문법 학습의 실용적 의미를 깨달을 수 있었다. 또한 환경 문제를 다루는 기사 내용을 통해 영어 학습과 함께 세계 환경 이슈에 대한 인식도 높아졌다. 따라서 영어 뉴스 분석은 단순한 어휘 암기를 넘어, 언어와 시사적 사고력을 함께 기를 수 있는 효과적인 학습 방법임을 알 수 있었다. |

Tip

조사형 보고서이며 아이디어를 얻어서 할 경우 직접 조사해 보고 결과를 작성하세요~
영어 뉴스 제목에는 어떤 문법적 특징이 있을까?, 같은 사건을 다룬 두 언어의 기사에서 어휘 선택과 문체 차이를 비교해 보는 영어 뉴스 기사와 한글 뉴스 기사 표현에는 어떤 차이가 있을까?, 정치·과학·문화 기사에서는 어떤 어휘가 주로 사용될까? 등에 대한 탐구도 가능합니다.

예시 5 · 중3

영어 : 나의 진로와 관련된 영어책을 읽고 분석해 보자.

| **1. 주제** | 진로와 관련된 영어책(The Emperor of All Maladies)를 읽고 분석해 보기 |

| **2. 서론** | 의사가 되기를 꿈꾸는 학생으로서, 의학 분야에 대한 이해를 깊게 하기 위해 Siddhartha Mukherjee 박사의 《The Emperor of All Maladies: A Biography of Cancer》를 읽었다. 이 책은 암의 역사와 과학적 발견, 개인적인 이야기를 결합하여 설명하고 있다. |

| **3. 책 요약** | Mukherjee 박사는 암의 역사를 고대 이집트까지 거슬러 올라가 설명한다. 그는 수술, 화학요법, 방사선 치료 등 암 치료의 진화를 다루며, 연구자와 환자가 직면한 어려움을 탐구한다. 또한 암의 복잡성과 완치에 대한 지속적인 도전도 강조한다. |

4. 주요 어휘 분석

영어 단어	한글 의미	책 속 문장 예시
Oncology	종양학	"Oncology is the branch of medicine that deals with the prevention, diagnosis, and treatment of cancer." "종양학은 암의 예방, 진단, 치료를 다루는 의학 분야이다."
Chemotherapy	화학요법	"Chemotherapy involves using drugs to kill cancer cells." "화학요법은 암세포를 죽이는 약물을 사용하는 치료이다."
Mutation	돌연변이	"A mutation in the DNA can lead to cancerous growth." "DNA의 돌연변이는 암 성장을 유발할 수 있다."
Prognosis	예후	"The prognosis depends on the stage of cancer at diagnosis." "예후는 진단 당시 암의 진행 단계에 따라 달라진다."

5. 문법 구조 분석

문법 포인트	의미/용법	기사 속 예문	한글 해석
수동태 (Passive voice)	행위의 대상이 주어일 때 사용	"Cancer was first identified in ancient Egypt."	"암은 고대 이집트에서 처음 확인되었다."
현재완료 (Present Perfect)	과거부터 현재까지의 결과 강조	"Scientists have developed new treatments over the years."	"과학자들은 수년간 새로운 치료법을 개발해 왔다."
관계대명사 (Relative Clauses)	명사 수식	"Dr. Mukherjee, who is an oncologist, wrote this book."	"종양학자인 Mukherjee 박사가 이 책을 썼다."

6. 소감

《The Emperor of All Maladies》를 읽으면서 의학에 관한 관심이 더 커졌다. 이 책은 암의 역사적 배경만을 제공하는 것이 아니라, 질병 뒤에 숨은 인간적인 이야기도 들려 준다. 또한 의학에서 공감과 끈기의 중요성을 일깨워 주기도 하였다. 의학, 특히 종양학 분야의 암의 복잡성과 이를 극복하기 위해 필요한 노력이 무엇인지도 알 수 있었다.

Tip

조사형 보고서이며 아이디어를 얻어서 할 경우 직접 조사해 보고 결과를 작성하세요~

환경 요인, 발암물질, 후생유전학(epigenetics)에 대한 영어 서적에 대해 조사해 보기, '유전자 치료는 윤리적으로 허용될 수 있을까?'라는 주제와 관련된 영어 서적 읽고 분석하기, 질병과 싸운 과학자들의 다른 영어 서적 읽기 등의 탐구도 가능합니다.

<table><tr><td>예시 6 ·
중3</td><td>영어 : K-pop 속 영어에 대한 분석을 해 보자~</td></tr></table>

1. 주제

K-pop의 영어 사용: 한국 가요에서 영어가 사용되는 방식

2. Introduction (서론)

(1) 탐구 배경

K-pop은 전 세계적으로 큰 인기를 얻으며 한국 문화의 대표적인 콘텐츠로 자리 잡았다. 특히 BTS, BLACKPINK, NewJeans 등의 그룹들이 빌보드 차트에 진입하면서 K-pop의 글로벌 영향력이 증명되었다. 이러한 성공 뒤에는 한국어와 영어를 효과적으로 조합한 가사 작성 전략이 있다.

(2) 탐구 목적

K-pop에서 영어가 사용되는 다양한 방식을 분석하고, 그 이유와 효과를 탐구하는 것이 목적이다.

(3) 탐구 질문

❶ K-pop에서 영어는 어떤 방식으로 사용되는가?

❷ 왜 한국 가요에서 영어를 포함하는가?

❸ 영어 사용이 K-pop의 글로벌 성공에 어떤 영향을 미쳤는가?

3. 탐구 방법

(1) 자료 수집

❶ 분석 대상: 2020~2024년 인기 K-pop 그룹 10팀의 대표곡 30곡

❷ 자료 출처: 공식 뮤직비디오, 가사, 인터뷰 영상, 음악 차트 데이터

❸ 연구 방법: 가사 분석, 언어 분류, 통계 분석

(2) 분석 기준

❶ 영어 사용 비율(전체 가사 대비 영어 단어/구문 비율)

❷ 영어 사용 위치(후렴구, 랩 파트, 브리지 등)

❸ 영어 표현 유형(단어, 구문, 문장)

4. 탐구 결과

(1) K-pop에서의 영어 사용 방식

❶ Hook과 Chorus에서의 영어 사용

특징: 가장 기억하기 쉬운 부분에 영어 사용

- BTS "Dynamite": "Cause I, I, I'm in the stars tonight"
- BLACKPINK "How You Like That": "How you like that, that, that, that"
- NewJeans "Get Up": "Get up, get up, get up, get up"
- 전 세계 팬들이 쉽게 따라 부를 수 있음
- 한국어보다 리듬감 있는 표현 가능

❷ 랩 파트에서의 영어 사용

특징: 힙합 문화의 영향으로 랩에서 영어 비중이 높음

- Stray Kids: "All in" (올인), "District 9", "God's Menu"
- ITZY "WANNABE": "I wanna be me, me, me"
- 힙합의 본고장인 미국 문화에 대한 존경
- 영어가 랩의 플로(flow)에 더 적합
- 강한 인상과 임팩트 전달

❸ 감정 표현에서의 영어 사용

특징: 사랑, 이별, 꿈 등의 감정을 영어로 표현

- IU "Through the Night": "Are you my best friend?"
- Red Velvet "Feel My Rhythm": "Feel my rhythm, come with me"
- 한국어보다 직접적이고 솔직한 감정 표현
- 국제적인 감성 코드와 연결

(2) 영어 사용 통계 분석

❶ 평균 영어 사용 비율: 전체 가사의 25~40%

❷ 장르별 차이: 힙합/랩(50~70%), 발라드(15~25%), 댄스 팝(30~45%)

5. 분석 및 토론

(1) K-pop에서의 영어 사용 이유

❶ 글로벌 시장 진출 전략

목적: 언어 장벽 없는 음악 소비

- 영어는 세계 공용어로서 접근성이 높음
- 미국, 유럽 시장에서의 상업적 성공을 위한 필수 요소
- 스트리밍 서비스에서의 검색 최적화

❷ 음성 효과

리듬과 멜로디의 조화

- 영어 단음절 단어들이 비트에 맞추기 용이
- 한국어의 복잡한 음성 체계보다 간단한 구조
- 예 "Fire", "Wow", "Yeah" 등의 감탄사 활용

❸ 문화적 트렌드 반영

젊은 세대의 언어 사용 패턴

- 한국 청소년들의 일상 속 영어 사용 증가
- 소셜미디어와 인터넷 문화의 영향
- '쿨하고 세련된' 이미지 연출

❹ 표현의 다양성

언어적 제약 극복

- 한국어로 표현하기 어려운 뉘앙스를 영어로 해결
- 직설적 표현이 필요한 상황에서 영어의 활용
- 이중 언어 사용으로 더 풍부한 의미 전달

(2) 성공 사례 분석

❶ BTS의 전략적 영어 사용

- 초기: 한국어 위주 + 영어 후렴구("No More Dream", "Boy in Luv")
- 중기: 영어 비중 증가("DNA", "Mic Drop")
- 현재: 영어 전용곡 출시("Dynamite", "Butter", "Permission to Dance")

결과: 빌보드 Hot 100 1위, 그래미 노미네이트

❷ BLACKPINK의 이중 언어 전략

- 한국어와 영어를 절반씩 사용하는 균형 잡힌 접근

- 각 멤버의 언어 능력을 활용한 파트 분배

- 글로벌 컬레버레이션 활성화 (Dua Lipa, Lady Gaga)

(3) 한계점과 비판

❶ 언어적 정체성 논란

- 한국 음악으로서의 정체성 희석 우려

- 지나친 영어 사용으로 인한 어색함

- 발음과 문법의 부정확성 문제

❷ 창작의 제약

- 영어 가사에 맞추기 위한 멜로디 변경

- 한국어 특유의 서정성 감소

- 상업적 목적이 예술성을 앞서는 문제

6. Global Impact (글로벌 영향)

(1) 언어 학습 촉진

❶ 한국어 학습 열풍: K-pop 팬들의 한국어 관심 증가

❷ 영어 교육 효과: 한국 청소년들의 자연스러운 영어 노출

❸ 문화 교류: 양방향 언어 교류의 매개체 역할

(2) 음악 산업 변화

❶ 아시아 음악의 글로벌 진출: J-pop, C-pop 등도 영어 사용 증가

❷ 언어 다양성: 다국어 음악의 표준화

❸ 새로운 창작 방식: 크로스오버 장르의 확산

7. 결론

K-pop에서의 영어 사용은 단순한 언어적 선택을 넘어서 글로벌 음악 시장에서 생존하고 성공하기 위한 전략적 도구임을 확인할 수 있었다. 특히 후렴구, 랩 파트, 감정 표현에서의 영어 활용은 음악적 효과와 상업적 성

공을 동시에 달성하는 중요한 요소로 작용하고 있다. 미래의 K-pop은 영어 사용의 효과를 유지하면서도 한국어의 고유한 아름다움을 보존하고, 나아가 진정한 다문화 음악으로 발전해 나가야 할 것이다.

Tip

예시 7 · 중3

수학 : 롤러코스터 루프는 왜 완전한 원이 아닐까?

1. 주제

롤러코스터 루프의 형태가 완전한 원이 아닌 이유에 대한 탐구

2. 탐구 목표

롤러코스터 루프 설계에서 수학적 원리가 어떻게 적용되는지 이해한다.

실제 놀이공원 설계 사례와 연결하여 수학적 개념의 실용성을 확인한다.

3. 배경 이론

(1) 원형 루프와 타원형 루프

완전한 원형 루프에서는 꼭대기에서 탑승자가 느끼는 속도와 힘이 불균형할 수 있음.

타원형이나 위쪽이 좁고 아래쪽이 넓은 루프는 중력과 원심력을 보다 효율적으로 분배할 수 있음.

(2) 중력과 원심력

루프를 돌 때 탑승자는 중력과 원심력의 합력에 의해 움직임을 느끼며, 힘의 균형은 안전성에 큰 영향을 미침.

(3) 에너지 보존 법칙

루프를 통과하는 동안 위치에너지와 운동에너지가 적절히 변환되어야 안전하게 루프를 통과할 수 있음.

4. 탐구 방법

❶ 다양한 롤러코스터 루프 모양(원형, 타원형, 위 좁고 아래 넓은 형태) 자료 수집

❷ 각 루프 모양의 곡선과 꼭대기·바닥 위치에서 힘과 속도 변화를 관찰

❸ 루프 설계 시 고려되는 안전 요소, 스릴 효과, 에너지 분포 분석

❹ 실제 놀이공원 롤러코스터 사례와 비교하여 설계 원리 확인

5. 탐구 결과

실제 롤러코스터 루프는 완전한 원이 아니라 위쪽이 좁고 아래쪽이 넓은 타원형 루프임.

이유: ❶ **꼭대기 구간**: 속도를 낮추어 안전 확보

❷ **아래쪽 구간**: 속도 증가로 스릴 제공

❸ **힘 분포 최적화**: 탑승자가 받는 힘이 일정하게 유지되어 편안함과 안전 보장.

이러한 형태는 수학적 곡선 설계, 중력과 원심력 계산, 에너지 분포 최적화가 반영된 결과임.

6. 결론

롤러코스터 루프가 완전한 원이 아닌 이유는 탑승자의 안전, 속도, 힘의 분포 최적화를 위해서임을 알 수 있었다. 또한 수학적 원리와 물리 법칙이 설계에 실제로 적용되어 스릴과 안전을 동시에 고려한 구조임을 이해할 수 있었다. 이번 탐구를 통해 수학적 개념이 현실의 놀이기구 설계와 연결되어 실용적으로 활용되는 사례를 체험하고, 설계와 안전의 관계를 이해하는 계기가 되었다.

예시 8 · 중3 — 수학 : 자전거 대여료를 수학적으로 분석해 보자~

1. 주제

이차함수를 활용한 대여 자전거 대여료 탐구

2. 탐구 목표

대여 자전거 대여 시 대여 시간에 따른 요금 변화를 분석하고, 이차함수를 이용해 효율적인 대여 시간을 찾아본다.

3. 배경 이론

이차함수는 2차 다항함수로, 일반적으로 다음과 같이 표현할 수 있다.

$y=ax^2+bx+c$

y : 총대여료

x : 대여 시간(분)

c : 기본 요금

b : 시간당 기본요금 증가분

a : 장시간 대여 시 요금 증가 속도

대여 자건거는 30분 이하 단기 대여 무료 정책을 적용하고, 이후 31분 이상부터는 점진적으로 요금이 증가한다. 장시간 대여 시에는 요금 상승 속도가 가속화되는 특징을 보여, 이 구조를 이차함수로 근사할 수 있다.

4. 탐구 방법　　　**(1) 데이터 수집**

대여 자전거 공식 요금 체계 기준으로 대여 시간별 요금 확인

㉠ 0~30분 무료, 31~60분 1,000원,

　61~90분 2,000원, 91~120분 3,500원 등

(2) 그래프 작성

대여 시간(x)과 총요금(y)을 좌표 평면에 표시

(3) 이차함수 근사

수집한 데이터를 기반으로 $y=ax^2+bx+c$형태로 함수 도출

(4) 분석

함수 그래프를 통해 요금 증가 패턴 확인, 최적 대여 시간 탐색

(5) 결론 도출

효율적인 이용 방법 제시

5. 탐구 결과　　　**(1) 대여 시간과 요금 관계**

0~30분: 무료

31~60분: 1,000원

61~90분: 2,000원

91~120분: 3,500원

(2) 이차함수 근사 예시

$y=0.05x^2+0.5x+0$

x: 대여 시간(분)

y: 총요금(원)

함수 그래프를 통해 장시간 대여 시 요금 상승 속도가 증가함을 확인할

수 있다.

(3) 효율적인 대여 시간

무료 시간인 30분 이하가 가장 효율적이다.

30~60분 구간은 가성비가 양호하지만, 60분 이후부터는 요금 상승이 급격하므로 장시간 대여는 비용 부담이 크다.

6. 결론

대여 자전거의 요금 체계는 짧은 시간 무료, 장시간 요금 점진적 증가라는 구조를 가지고 있다.

이차함수를 활용하여 대여 시간에 따른 비용 패턴을 시각적으로 이해할 수 있었다. 단기 대여를 활용하면 경제적 효율성이 높으며, 장시간 대여 시 비용 부담을 고려해야 한다. 이차함수 분석은 실생활 요금 체계 이해뿐만 아니라, 합리적인 시간 관리와 비용 절약에도 도움을 준다는 것을 알게 되었다.

Tip

조사형 보고서이며 아이디어를 얻어서 할 경우 직접 조사해 보고 결과를 작성하세요~
버스·지하철 정기권 요금과 단일 승차 요금을 이차함수 혹은 일차함수로 비교, 인근 공영 주차장의 주차 시간별 요금 상승률에 이차함수를 적용하여 분석하기, 카페 음료 할인 체계 수학으로 분석하기(적립 카드, 1+1 이벤트 등 할인 체계에 대한 분석) 등의 탐구도 가능합니다.

예시 9 · 중3

수학 : 아이폰 얼굴 인식이 왜 사진으로는 안 되는 걸까?

1. 주제

아이폰 Face ID 얼굴 인식이 실제 얼굴에서만 작동하는 이유의 수학적 탐구

2. 탐구 목표

얼굴 인식 기술 속에 숨겨진 수학적 원리를 이해하고, 왜 사진으로는 잠금 해제가 되지 않는지 분석한다.

3. 배경 이론

(1) 차원(Dimension)의 개념

사진은 2차원 평면에서 정보를 담지만, 실제 얼굴은 깊이 정보가 포함된 3차원 구조를 가진다.

(2) 거리와 위치 관계

얼굴의 특징점(눈, 코, 입 등) 간의 상대적 위치를 계산하여 일치 여부를 판단한다.

(3) 벡터와 방향

얼굴 각 부분의 상대적 방향을 비교하여 동일 인물인지 확인한다.

(4) 좌표 변환

얼굴이 기울거나 회전해도 인식할 수 있도록 위치 정보를 보정한다.

(5) 점군 데이터(Point Cloud)

TrueDepth 카메라는 얼굴 표면에 수많은 점을 찍어 3차원 지도를 만들고, 이를 기존 데이터와 비교한다.

4. 탐구 방법

❶ 사진과 실제 얼굴을 각각 2차원, 3차원 좌표로 모델링한다.

❷ 피타고라스의 정리를 이용해 거리 공식을 도출하고, 2D와 3D 거리 계산을 비교한다.

❸ 얼굴이 회전하거나 기울어질 때 좌표 변환이 어떻게 적용되는지 조사한다.

❹ TrueDepth 카메라가 얼굴 데이터를 분석하는 과정을 탐구한다.

5. 탐구 결과

사진은 2차원 평면이므로, 깊이(z축) 좌표가 없다. 따라서 단순한 사진으로는 3차원 좌표 비교가 불가능하다. 실제 얼굴은 3차원 좌표 데이터로 저장되며, 수많은 점 사이의 거리를 피타고라스의 정리를 확장한 거리 공식으로 계산해 동일 인물인지 확인한다. 얼굴이 기울어져도 좌표 변환과 벡터 비교를 통해 동일 인물임을 판단할 수 있다. 따라서 Face ID는 단순한 사진 비교가 아니라, 얼굴 구조를 수학적으로 분석하는 과정임을 확인했다.

6. 결론 아이폰 Face ID가 사진으로는 잠금 해제가 되지 않는 이유는 2차원 정보만으로는 얼굴 구조를 충분히 비교할 수 없기 때문이다. 실제 얼굴의 3차원 데이터와 수학적 계산을 통해 정확하게 인식이 가능하며, 이 과정에서 피타고라스 정리, 거리 관계, 벡터, 좌표 변환 등 수학 개념이 핵심적으로 활용된다. Face ID는 단순한 전자공학 기술이 아니라, 수학적 원리를 실생활에 적용한 사례임을 알 수 있었다.

Tip

조사형 보고서이며 아이디어를 얻어서 할 경우 직접 조사해 보고 결과를 작성하세요~
지문 인식과 패턴 인식의 수학적 원리, QR코드 속에 숨은 수학, 드론이 안정적으로 날 수 있는 이유, 자율주행 자동차의 경로 계산 원리, 로봇 팔의 움직임과 삼각함수의 관계 등에 대한 탐구도 가능합니다.

예시 10 · 중3 **사회 : 장기 독재자는 몇 명이나 있었고, 국가에 어떤 영향을 주었을까?**

1. 주제 역사 속 장기 독재자와 그 정치적 영향

2. 탐구 목표 장기 독재자의 사례를 조사하고, 권력 장기 집권의 특징을 이해한다.
장기 독재가 국가와 사회에 미친 긍정적·부정적 영향을 분석한다.

3. 배경 이론 (1) 독재와 권력 장기 집권
독재자는 권력을 독점하고, 국민의 의견이나 정치적 반대를 제한한다.

장기 집권이란 20년 이상 권력을 유지하며 국가를 통치하는 것을 의미한다.

(2) 권력 장기화의 특징

❶ 정치적 자유 억압: 반대파 탄압, 언론 통제

❷ 경제·사회 정책 집중: 일부 국가는 경제 성장이나 사회적 제도 정비 가능

❸ 권력 세습 시도: 가족이나 측근에게 권력을 이전하는 경향

(3) 역사 속 장기 독재자 이해

장기 독재자는 대부분 정치적 자유를 제한했지만, 일부는 경제·사회 분야에서 긍정적 성과를 남기기도 했다.

4. 탐구 방법

❶ 역사적 기록과 교과서 자료를 참고하여 장기 독재자의 사례를 조사한다.

❷ 각 독재자의 집권 기간과 주요 정책, 사회적 영향을 정리한다.

❸ 긍정적·부정적 효과를 비교, 분석한다.

5. 탐구 결과

이름	국가	집권 기간	특징 및 주요 정책	영향 평가
김일성	북한	1948~1994(46년)	세습 체제, 사회주의 정책	정치적 억압 심각, 경제 구조 미흡
피델 카스트로	쿠바	1959~2008(49년)	사회주의, 의료·교육 강화	정치적 자유 억압, 의료·교육 분야 성과
무아메르 카다피	리비아	1969~2011(42년)	혁명 통치, 석유 국유화	독재·탄압, 경제 정책 실패
프랑시스코 프랑코	스페인	1939~1975(36년)	권위주의 통치, 경제 발전 정책	민주주의 억압, 경제 성장 성과
로버트 무가베	짐바브웨	1980~2017(37년)	초기 교육·보건 정책, 후반 경제 혼란	초기 긍정, 후반 극심한 경제 악화

대부분의 장기 독재자는 정치적 자유를 제한하고 권력을 집중했다.

일부 독재자는 특정 분야(교육, 의료, 경제)에서 긍정적 성과를 남기기도 했다.

장기 집권은 사회 안정과 경제 성장에 기여할 수 있으나, 장기적으로 부정적 영향이 큰 경우가 많았다.

6. 결론

역사 속 장기 독재자는 권력을 독점하고 장기 집권함으로써 정치적 안정과 정책 연속성을 확보할 수 있었지만, 동시에 권력 남용과 정치적 자유 억압이라는 부정적 결과를 초래했다. 경제적 측면에서는 일부 독재자가 특정 산업이나 사회 기반 시설을 발전시키기도 했으나, 장기 집권의 후반기에는 정책 실패와 부정부패로 경제 혼란을 겪는 경우가 많았다. 국제사회 측면에서는 장기 독재 국가는 외교적 고립이나 제재를 받는 경우가 있었고, 일부 국가는 경제적·군사적 의존을 통해 외교적 안정성을 확보하기도 했다. 따라서 현대 사회에서는 민주적 제도와 권력 분립을 통해 권력 집중을 방지하고, 경제와 국제관계의 발전을 도모하는 것이 중요함을 알 수 있었다.

Tip

| 예시 11 · 중3 | 사회 : 돈의 액수가 가장 컸던 화폐에는 뭐가 있을까? |

1. 주제

역대 액면가가 높은 화폐와 경제적 의미

2. 탐구 목표

역대 고액 화폐의 사례를 조사하고 특징을 분석한다.
고액 화폐가 발행된 경제적 배경과 원인을 탐구한다.

3. 배경 이론

화폐는 재화와 서비스를 교환하기 위한 수단이며, 가치가 안정적일 때 경제 활동이 원활하게 이루어진다.

❶ 화폐에 표시된 금액
❷ 화폐 가치 하락으로 가격이 전반적으로 상승하는 현상
❸ 인플레이션이 극도로 빠르고 심한 상태, 화폐 가치가 급락하고 고액권 발행이 필요하게 됨.

경제적 혼란 속에서 정부는 화폐 단위를 늘리거나 고액권을 발행하여 거래 편의를 제공하지만, 이는 화폐 신뢰를 떨어뜨리고 추가적인 인플레이션을 촉발하기도 한다.

4. 탐구 방법

❶ 각국의 고액 화폐 사례를 조사하고 액면가와 발행 시기를 기록한다.
❷ 해당 화폐가 발행된 경제적 배경과 통화가치 변화를 분석한다.
❸ 경제적 의미와 사회적 영향을 비교·분석한다.

5. 탐구 결과

국가	화폐	액면가	발행 시기	경제적 배경
베네수엘라	볼리바르	1,000,000(100만)	2018년	극심한 초인플레이션으로 인한 화폐 단위 확대, 물가 폭등
베트남	동	500,000(50만)	2003년	물가 상승과 경제 성장 과정에서 거래 편의를 위해 발행
헝가리	펭괴	100,000,000,000,000 (1해)	1946년	제2차 세계대전 후 극심한 초인플레이션, 화폐 가치 급락
독일	마르크	100,000,000,000,000 (100조)	1923년	제1차 세계대전 후 전후 경제 혼란과 초인플레이션
짐바브웨	달러	100,000,000,000,000 (100조)	2008년	정치·경제적 불안, 극심한 초인플레이션

❶ 모두 초인플레이션 혹은 급격한 화폐 가치 하락 상황에서 발행됨.
❷ 고액권 발행은 단기 거래 편의를 제공하지만, 장기적으로 화폐 신뢰 저하, 경제 불안정을 심화시킴.

❸ **사회적 영향:** 시민들은 실제 구매력과 화폐 가치가 일치하지 않아 경제 활동에 불편과 불신이 발생.

6. 결론

역대 고액 화폐의 발행 사례를 보면, 초인플레이션과 경제 혼란 속에서 화폐 단위를 조정하는 것이 필요했음을 알 수 있다. 경제적 관점에서 보면, 고액권은 화폐의 구매력을 유지하려는 임시 조치일 뿐이며, 장기적 해결책이 되지 못한다. 사회적 관점에서는 고액권 발행이 시민들의 불안과 신뢰 저하로 이어졌으며, 정치적·경제적 안정과 화폐 신뢰 회복 없이는 고액권 발행만으로 경제 문제를 해결할 수 없다는 것을 알 수 있었다.

Tip

조사형 보고서이며 아이디어를 얻어서 할 경우 직접 조사해 보고 결과를 작성하세요~
화폐 가치 하락과 물가 상승의 관계, 인플레이션과 디플레이션의 차이와 경제에 미치는 영향, 한국의 고액권(5만 원권) 도입 배경과 경제적 효과, 전자결제가 확산될 때 나타나는 장점과 사회적 문제 등에 대해서도 탐구 가능합니다.

예시 12 · 중3

**사회 : 우주를 지키는 우주군이 실제로 있다고?
생소한 군대 우주군에 대해~**

1. 주제

우주군 설립과 국제정치적·경제적 영향

2. 탐구 목표

우주군의 설립 배경과 목적을 이해하고, 우주군이 국제사회, 국가 안보, 경제에 미치는 영향을 분석한다.

3. 배경 이론

(1) 우주군(Space Force)

지구 저궤도, 중궤도, 고궤도 등 우주 공간에서 군사적 작전을 수행하는 군사 조직.

통신 위성, 정찰 위성, 미사일 감시 등 다양한 임무 수행.

(2) 국제정치와 군사 균형

국가들은 군사력을 통해 안보를 확보하며, 국제사회에서 영향력을 유지함.
우주 공간은 전략적 자원이자 군사적 경쟁 영역으로 부상, 이를 우주 전략
이라 함.

(3) 경제적 관점

우주 기술 개발은 민간 우주 산업과 연결되어 경제 성장 촉진.
인공위성, 로켓 발사체, 통신 산업 등에서 민간 기업과 협업 가능.

4. 탐구 방법

(1) 자료 수집

- 미국, 중국, 러시아, 한국 등 우주군 관련 국가 공식 발표, 뉴스 기사, 정부 자료
- 우주 산업 경제 보고서, 국제 군사 전략 연구 자료

(2) 분석 방법

- 국가별 우주군 설립 시기, 목적, 조직 구조 비교
- 우주군 설립 전후 국제 군사 경쟁 및 외교적 사건 분석
- 민간 우주 산업 성장률과 연계하여 경제적 영향 분석

5. 탐구 결과

(1) 국가별 우주군 설립 사례

국가	설립 시기	주요 목적	특징
미국	2019년	우주 안보 강화, 민간 우주 산업 연계	독립적 군사 조직, 전략 우주 작전 강화
중국	2000년대 초	위성·미사일 운용 능력 강화	장기적 우주 군사 전략, 국방 기술 고도화
러시아	2015년	우주 전략 강화, 국제 군사력 과시	기존 공군 내 우주 부대에서 독립
한국	2022년	우주 감시, 위성 운용	위성 추적, 정보 수집, 우주 감시 능력 확대

(2) 국제정치적 영향

우주군 설립은 국가 간 새로운 군비 경쟁을 촉발.

우주 공간에서의 군사적 위협 가능성 증가 → 국제법과 국제조약 논의 확대.

국가 외교 정책에도 우주 안보가 중요한 변수로 등장.

(3) 경제적 영향

우주 기술 개발과 민간 산업 연결 → 경제 성장 촉진.

우주 산업 관련 R&D 투자 증가 → 첨단 기술 발전 가속.

민간 기업 위성 통신, 발사체 시장 확대 → 일자리 창출 및 국가 경쟁력 강화.

(4) 사회적·과학적 영향

우주군 설립으로 인한 과학기술 투자 확대.

위성·통신 기술은 재난 관리, 기상 관측, 농업 관리 등 민간 분야에도 활용.

6. 결론

우주군은 단순한 군사 조직이 아니라 국가 안보, 국제 정치, 경제, 과학기술 발전과 밀접하게 연결되어 있다는 것을 알게 되었다. 국제사회 관점에서는 국가 간 우주 전략 경쟁과 외교 정책에 직접적 영향을 미칠 수 있으며, 경제적 관점으로는 우주 기술과 민간 산업 연계로 경제 성장 및 첨단 산업 발전과 관련이 있다. 따라서 우주군은 현대 사회를 이해하는 핵심 키워드로, 단순한 군사력 강화 이상의 사회적·경제적 의미를 가지며, 미래 국제 질서와 국가 경쟁력에 결정적 영향을 미친다고 볼 수 있다.

Tip

조사형 보고서이며 아이디어를 얻어서 할 경우 직접 조사해 보고 결과를 작성하세요~
인공위성의 군사적 활용과 평화적 이용의 경계, 우주 쓰레기(스페이스 데브리)가 군사 작전에 미치는 영향, '우주의 평화적 이용' 원칙과 국제 조약의 한계, 우주 경제 시대 국가 간 경제 격차는 심화될까 완화될까? 등에 대한 탐구도 가능합니다.

예시로 배우는
고등학교 1학년
탐구 보고서

<table>
<tr><td>예시 1 ·
고1</td><td>물리 : 음악 파일의 진동수가 44,000Hz?
사람이 들을 수 있는 진동수는 20,000Hz인데 이상하네?</td></tr>
</table>

1. 주제

음악 파일의 진동수가 20,000Hz가 아닌 이유

2. 탐구 목표

음악 파일에서 자주 사용되는 '44,000Hz(정확히는 44,100Hz)'의 의미를 물리적으로 이해하고, 인간의 가청 주파수 범위(20Hz~20,000Hz)와 어떤 관계가 있는지 탐구한다.

3. 배경 이론

(1) 소리의 진동수와 가청 주파수

소리는 공기 분자의 진동으로 전달되는 파동이며, 진동수(Hz)는 1초 동안의 진동 횟수를 의미한다. 일반적으로 사람은 약 20Hz에서 20,000Hz 사이의 진동수를 들을 수 있다.

(2) 아날로그와 디지털 음향의 차이

자연 상태의 소리는 연속적인 아날로그 신호이지만, 컴퓨터나 디지털 기기는 이 신호를 일정한 간격으로 잘라서 숫자로 변환해야 한다. 이를 샘플링(sampling)이라고 하며, 샘플링 속도에 따라 소리의 재현 품질이 달라진다.

(3) 샘플링 주파수와 나이퀴스트 이론

샘플링 주파수는 1초에 몇 번 신호를 측정하는지를 나타낸다. 나이퀴스트 정리(Nyquist theorem)에 따르면, 원래의 아날로그 신호를 정확히 재현하려면 신호의 최고 주파수의 2배 이상으로 샘플링해야 한다.

예를 들어, 사람이 들을 수 있는 최대 주파수가 약 20,000Hz라면, 그 2배인 40,000Hz 이상으로 샘플링해야 한다.

4. 탐구 방법

❶ 다양한 음향 파일(MP3, wav 등)의 샘플링 주파수를 확인한다.

❷ 오디오 편집 프로그램(Audacity 등)을 이용하여 파일의 샘플링 속도를 변경해 보고, 음질 변화를 비교한다.

❸ 나이퀴스트 이론에 따라, 샘플링 주파수가 낮아질 때 어떤 왜곡(잡음, 고음 손실 등)이 발생하는지 관찰한다.

❹ 샘플링 속도와 사람이 들을 수 있는 주파수 범위를 비교하여 44,100Hz의 과학적 근거를 분석한다.

5. 탐구 결과

실험 결과, 44,100Hz의 샘플링 속도에서는 사람의 가청 주파수 전 범위(20Hz~20,000Hz)를 충분히 재현할 수 있었다. 반면, 20,000Hz 이하의 샘플링 속도에서는 고주파 영역의 음이 손실되고, 왜곡된 소리가 들렸다. 이는 나이퀴스트 이론이 실제 음향 재현에도 적용됨을 보여 준다. 또한, 44,100Hz는 CD 음질의 표준으로, 기술적 효율성과 인간의 청각 특성을 모두 고려한 값임을 확인할 수 있었다.

6. 결론

음악 파일의 44,100Hz는 소리 자체의 진동수를 의미하는 것이 아니라, 디지털로 소리를 저장할 때의 샘플링 속도를 뜻한다. 이는 사람이 들을 수 있는 최고 주파수(약 20,000Hz)를 정확하게 재현하기 위해 필요한 최소한의 두 배 이상의 값이다. 따라서 44,100Hz는 인간 청각 범위와 물리학적 원리를 바탕으로 정해진 과학적 기준이다.

조사형 보고서이며 아이디어를 얻어서 할 경우 직접 조사해 보고 결과를 작성하세요~
블루투스 이어폰의 음질 차이는 왜 생길까?, 음원의 비트레이트가 높을수록 음질이 좋아지는 이유, 사람마다 들리는 주파수 범위가 다른 이유, 초음파는 인간이 들을 수 없는데 기계는 어떻게 초음파를 인식할까? 등에 대한 탐구도 가능합니다.

예시 2 · 고1

물리 : 개미는 높은 곳에서 떨어져도 산다고??

1. 주제

높은 곳에서 떨어져도 개미가 사는 이유

2. 탐구 목표

개미가 높은 곳에서 떨어져도 사는 이유를 물리적 관점에서 탐구한다.

3. 배경 이론

(1) 자유낙하 운동과 중력 가속도

물체가 공기 저항이 없을 때 낙하하면, 질량과 관계없이 약 $9.8m/s^2$의 중력 가속도로 가속된다. 그러나 실제 공기 중에서는 저항이 작용하므로 물체의 질량, 크기, 표면적에 따라 낙하 속도가 달라진다.

(2) 공기 저항과 종단속도

공기 저항력은 속도가 증가할수록 커지고, 일정 속도에 도달하면 중력과 저항력이 평형을 이루게 된다. 이때 더 이상 속도가 증가하지 않고 일정하게 유지되는데, 이를 종단속도(terminal velocity)라고 한다. 질량이 작고 표면적이 넓을수록 종단속도가 매우 느려진다.

(3) 스케일 효과(Scale Effect)

개미처럼 매우 작은 동물은 단위 질량당 표면적이 크기 때문에 공기 저항의 영향을 크게 받는다. 이로 인해 낙하 속도가 느리고, 충격이 거의 발생하지 않는다.

4. 탐구 방법

❶ 개미 모형, 구슬, 종잇조각 등 질량과 표면적이 다른 여러 물체를 준비한다.

❷ 동일한 높이(예 2m, 5m)에서 낙하시켜 낙하 시간과 속도를 관찰한다.

❸ 질량 대비 단면적의 비율이 높을수록 낙하 시간이 길어지고 충격이 작은지 비교한다.

❹ 이론적으로 개미의 종단속도를 계산하여, 낙하 중 받는 충격 에너지를 추정한다.

5. 탐구 결과

관찰 결과, 무거운 구슬은 빠르게 떨어져 큰 충격음을 내며 멈추지만, 개미 모형이나 종잇조각은 매우 천천히 떨어지고 충격이 거의 없었다. 이론적으로 계산해 보면, 개미의 질량이 약 3mg, 단면적이 약 $0.1cm^2$라고 가정할 때 종단속도는 약 6~8cm/s로 매우 느리다. 이 속도로 땅에 닿을 경우, 충돌 에너지는 극히 미미하여 생명에 영향을 주지 않는다. 이는 개미가 높은 곳에서 떨어져도 다치지 않는 물리적 근거를 보여 준다.

6. 결론

개미는 질량이 작고 표면적이 커서 공기 저항의 영향을 크게 받기 때문에 종단속도가 매우 느리다. 따라서 높은 곳에서 떨어져도 충돌 시의 속도가 느려, 충격 에너지로 인한 피해가 거의 없다. 즉, 개미가 무사한 이유는 생물학적 특성이 아니라 공기 저항과 질량의 물리적 관계로 설명할 수 있다.

Tip

실험형 보고서이며 아이디어를 얻어서 할 경우 직접 실험해 보고 결과를 작성하세요~
낙하산이 천천히 떨어지는 원리, 빗방울은 왜 일정 속도 이상으로 빨라지지 않을까?, 사람은 왜 높은 곳에서 떨어지면 다칠까?, 깃털과 쇠구슬 낙하 실험에서 진공 상태와 공기 저항의 차이 등에 대한 탐구도 가능합니다.

물리 : 만화에서처럼 매우 큰 운석이 지구에 떨어진다면?

1. 주제

운석이 떨어질 때, 운석이 지구를 피해 가도록 하기 위해 운석에 가해야 하는 힘의 크기에 대한 탐구

2. 탐구 목표

지구 충돌 위험이 있는 거대한 운석이 실제로 접근할 경우, 어떤 물리적 원리를 이용해 그 궤도를 바꿀 수 있는지를 조사한다.

3. 배경 이론

(1) 운석의 크기와 질량

운석은 얼음이나 바위로 이루어진 천체 조각으로, 반지름 1km 정도의 운석의 질량은 매우 크다. 작은 돌멩이와 달리, 이렇게 큰 물체는 엄청난 관성을 가지고 있어 궤도를 바꾸려면 매우 큰 힘이 필요하다.

(2) 운동량과 힘

물체의 속도나 방향을 바꾸려면 운동량이 변해야 한다. 운동량의 변화량은 '힘 × 작용 시간(충격량)'에 비례한다. 즉, 같은 운동량 변화를 주더라도 긴 시간 동안 조금씩 밀어 주는 방법과 짧은 시간에 강하게 밀어주는 방법이 있다. 운석처럼 질량이 큰 천체는 속도를 아주 조금만 바꿔도(예 초속 몇 mm 정도) 오랜 시간이 지나면 궤도가 크게 변할 수 있다. 따라서 '조기에 미리 밀어 주는 것'이 가장 효율적인 방법이다.

(3) 중력의 영향과 궤도 변화

운석은 태양의 중력에 의해 궤도를 돌고 있으며, 작은 힘으로 속도를 조금만 바꾸어도 태양을 도는 궤도 전체가 달라진다. 지구와의 충돌 여부는 수년~수십 년 뒤에 결정되므로, 일찍 속도를 바꿔 놓으면 지구를 비껴가게 할 수 있다.

(4) 지구 방어 방법의 원리

운석의 궤도를 바꾸는 주요 방법은 다음과 같다.

❶ **운동체 충돌 방식(Kinetic Impactor)**: 빠른 속도의 우주선을 운석에 충돌시켜 운동량을 전달한다.

❷ **중력 트랙터(Gravity Tractor)**: 큰 우주선을 운석 가까이에 두고, 미세한 중력으로 운석을 조금씩 끌어당겨 궤도를 바꾼다.

❸ **핵폭발 방식(Nuclear Deflection)**: 운석 근처에서 폭발을 일으켜 표면을 증발시키고, 그 반동으로 궤도를 수정한다.

이 방법들 모두 운동량 보존의 법칙과 뉴턴의 운동 법칙을 이용한 것이다.

4. 탐구 방법

❶ 천문학 자료를 참고하여 실제 운석의 크기, 질량, 속도 범위를 조사한다.

❷ 운동량과 힘의 관계(뉴턴의 제2법칙을 바탕으로, 힘을 오랫동안 가하면 궤도가 조금씩 바뀔 수 있음)를 분석한다.

❸ NASA 등에서 수행한 실제 소행성 편향 실험(DART 미션 등)을 사례로 조사하여, 어떤 방식으로 소행성 궤도를 바꿀 수 있었는지 이해한다.

❹ '만약 1km 운석이 접근한다면 어느 시점에서 어떤 방법이 가장 효과적인가'를 정리한다.

5. 탐구 결과

조사 결과, 운석의 질량이 매우 크기 때문에 단기간에 궤도를 바꾸는 것은 거의 불가능하다. 하지만 수년 또는 수십 년 전에 미리 발견한다면, 속도를 아주 미세하게 바꾸는 것만으로도 궤도 전체가 조금씩 변해 운석이 지구를 비껴갈 수 있다. 예를 들어 NASA의 DART(다트) 미션에서는 작은 우주선을 소행성에 충돌시켜 궤도 주기를 약간 줄이는 데 성공했다. 이는 인류가 실제로 운석 궤도의 변경이 가능하다는 것을 보여 준 사례이다. 즉, 핵심은 '큰 힘'이 아니라 '오랜 시간 동안 미세한 힘을 지속적으로 가하는 것'이며, 이를 위해서는 조기 발견과 정확한 궤도 예측이 필수적이다.

운석이 지구에 충돌하지 않게 하려면 매우 큰 힘이 필요한 것처럼 보이지만, 사실 '언제부터 힘을 가하느냐'가 더 중요하다. 조기에 발견하면 아주 작은 속도 변화로도 궤도를 크게 바꿀 수 있기 때문이다. 결국, 물리학적으로 지구를 지키는 가장 중요한 요소는 '조기 탐지'와 '궤도 예측'이며, 그 뒤에 운동량 전달 원리를 이용한 다양한 방법이 활용될 수 있다.

Tip

조사형 보고서이며 아이디어를 얻어서 할 경우 직접 조사해 보고 결과를 작성하세요~
중력 트랙터(gravity tractor) 방식의 원리와 설계, 운동체 충돌 후 파편 분산과 그에 따른 위험 분석, 핵 기폭(지표외 핵 처리) 전략의 물리적·윤리적·법적 분석(에너지·파편·방사능 문제) 등에 대한 탐구도 가능합니다.

2 화학 영역

화학 : 주기율표에서 21번부터의 원소들은 어떤 특징이 있을까?

1. 주제

주기율표에서 21번부터 시작되는 전이원소의 공통적인 성질과 화학적 특징에 대한 탐구

2. 탐구 목표

주기율표의 4주기 21번 스칸듐(Sc)부터 시작되는 전이원소들의 전자 배치, 산화수, 색, 자성 등의 공통된 성질을 조사하여, 전이원소가 전형원소와 구별되는 이유를 이해한다.

3. 배경 이론

전이원소(transition elements)는 주기율표의 d-구역에 해당하는 원소들로, 부분적으로 채워진 d 오비탈(d-orbital)을 가지는 것이 특징이다.

(1) 가변적인 산화수

전이 원소들은 d 오비탈의 전자와 s 오비탈의 전자가 화학 결합에 관여할 수 있어 여러 가지 산화수를 나타낸다. 예를 들어, 철(Fe)은 +2와 +3의 산화수를 모두 가진다.

(2) 색을 띤 화합물 형성

전이 금속 이온은 d 오비탈 전자 사이의 에너지 준위 차이로 인해 빛의

특정 파장을 흡수하고, 그 보색의 색을 나타내는 경우가 많다.

(3) 자성을 띰

전이원소는 d 오비탈에 홀전자가 존재하기 때문에 자기적 성질을 보이는 경우가 많다.

(4) 촉매로의 활용

전이 금속은 여러 산화 상태를 오가며 반응을 촉진할 수 있어, 산업적 촉매로 널리 활용된다(예 Fe – 하버 공정, Ni – 수소 첨가 반응 등).

4. 탐구 방법

❶ 주기율표에서 21번 스칸듐부터 30번 아연까지의 전이원소를 중심으로 조사한다.

❷ 각 원소의 전자 배치, 주요 산화수, 대표적인 화합물의 색과 용도 등을 표로 정리한다.

❸ 전이원소의 전자 구조와 주족 원소(예 Na, Mg 등)와의 차이를 비교하여 전이원소의 독특한 성질을 분석한다.

❹ 문헌 자료 및 화학 교과서, 과학 백과사전 등을 참고하여 탐구를 수행한다.

5. 조사 결과

(1) 전자 배치

전이원소들은 4s 오비탈이 먼저 채워진 뒤 3d 오비탈이 채워지며, 화합물 형성 시 4s 오비탈의 전자가 먼저 빠진다. 예를 들어, Fe(철)는 [Ar] $3d^6$ $4s^2 \rightarrow$ Fe2$^+$ = [Ar] $3d^6$, Fe3$^+$ = [Ar] $3d^5$로 변한다.

(2) 산화수

전이 금속은 여러 산화수를 나타낸다. 예를 들어, 망가니즈(Mn)는 +2, +4, +7 등 다양한 산화 상태를 가진다.

(3) 색

구리(II) 이온(Cu^{2+})은 청록색, 크롬(III) 이온(Cr^{3+})은 녹색, 망가니즈(II) 이온(Mn^{2+})은 옅은 분홍색을 띤다. 이는 d 오비탈 내 전자 들뜸(전자전이)에 의해 특정 파장의 빛이 흡수되기 때문이다.

(4) 자성

철(Fe), 니켈(Ni), 코발트(Co)는 대표적인 자성을 가진 전이 금속이다. 이들은 홀전자 수가 많아 강자성체로 분류된다.

6. 결론

21번 스칸듐부터 시작되는 전이원소들은 부분적으로 채워진 d 오비탈을 가지고 있어, 전형 원소와 달리 다양한 산화수, 색, 자성 등의 독특한 성질을 보인다. 이는 d 오비탈의 전자들이 화학 결합과 에너지 변화에 다양하게 관여하기 때문이다. 따라서 전이원소는 화학 반응의 중간 단계에서 여러 역할을 수행할 수 있어, 촉매, 합금, 전자재료 등 다양한 산업 분야에서 중요한 역할을 한다.

Tip

조사형 보고서이며 아이디어를 얻어서 할 경우 직접 조사해 보고 결과를 작성하세요~
전이 금속 화합물의 색과 빛의 흡수 파장 관계, 철, 니켈, 코발트의 자성 비교 실험, 착화합물의 색 변화 실험(예 구리 이온과 암모니아 반응), 희토류 원소와 전이원소의 차이 비교 등에 대한 탐구도 가능합니다.

**예시 2 ·
고1**　　**화학 : 전기 분해를 더 알아보고 싶다.**

1. 주제　　이온 결합 물질의 전기 분해 과정과 양극과 음극에서의 생성물에 대한 탐구

2. 탐구 목표　　이온 결합 물질의 전기 분해 원리를 이해한다.

양극과 음극에서 각각 발생하는 화학 반응을 조사한다.

3. 배경 이론

(1) 전기 분해의 정의

전기 분해는 전류가 흐르는 용액이나 용융 상태에서 이온 결합 물질이 양극과 음극으로 이동하여 화학적 변화를 일으키는 과정이다. 전류가 흐르면 양이온은 음극으로 이동하고, 음이온은 양극으로 이동하여 각각 전자를 얻거나 잃는다.

(2) 이온 이동

❶ **양이온(Cation):** 양전하를 띤 이온으로, 음극(-)으로 이동해 전자를 얻어 원소 형태 또는 다른 화합물을 생성한다.

❷ **음이온(Anion):** 음전하를 띤 이온으로, 양극(+)으로 이동해 전자를 잃고 원소 형태 또는 다른 화합물을 생성한다.

(3) 전극 반응의 우선순위

수용액의 전기 분해에서는 물의 전기 분해도 고려해야 하며, 특정 조건에서 금속 또는 할로겐이 우선적으로 방출될 수 있다.

📝 염화나트륨($NaCl$) 수용액의 전기 분해 → 음극에서 수소 발생, 양극에서 염소 발생

(4) 산업적 활용

❶ **알루미늄 제조:** 용융 알루미늄 산화물(Al_2O_3) 전기 분해

❷ **염소·수산화나트륨 생산:** 염화나트륨 용액 전기 분해

❸ **금속 정제:** 구리(Cu) 정제 전기 분해

4. 탐구 방법

❶ 교과서, 과학 사전, 신뢰할 수 있는 웹 자료를 통해 이온 결합 물질의 전기 분해 사례를 조사한다.

❷ 양극과 음극에서 나타나는 반응을 표로 정리한다.

❸ 전기 분해 과정에서 생성되는 원소와 화합물의 성질을 조사한다.

❹ 전기 분해가 산업적으로 활용되는 사례와 그 원리를 조사하여 정리한다.

5. 조사 결과

(1) 염화나트륨($NaCl$) 수용액 전기 분해

❶ 음극: $2H_2O + 2e^- \rightarrow H_2 + 2OH^-$

❷ 양극: $2Cl^- \rightarrow Cl_2 + 2e^-$

❸ 결과: 수소 기체(H_2)가 음극에서 발생, 염소 기체(Cl_2)가 양극에서 발생, 수용액에는 Na^+와 OH^-가 남아 수산화나트륨($NaOH$) 생성

(2) 용융 알루미늄 산화물(Al_2O_3) 전기 분해

❶ 음극: $Al^{3+} + 3e^- \rightarrow Al$

❷ 양극: $2O^{2-} \rightarrow O_2 + 4e^-$

❸ 결과: 알루미늄 금속이 음극에서, 산소 기체가 양극에서 발생

(3) 구리(Cu) 정제 전기 분해

❶ 음극: $Cu^{2+} + 2e^- \rightarrow Cu$ (석출)

❷ 양극: 불순물이 제거되고 Cu^{2+}가 용액으로 용해됨

❸ 결과: 순도 높은 구리 금속 생산

(4) 공통 특징

❶ 양극과 음극에서 반응이 다르며, 전자의 이동 방향이 반응을 결정.

❷ 전기 분해는 이온의 성질, 전극 재질, 전류 세기, 용액 농도 등에 따라 생성물이 달라짐.

❸ 산업적 활용 시 전류 효율, 비용, 안전성을 고려해야 함.

6. 결론

전기 분해는 전류를 이용해 이온 결합 물질을 화학적으로 분해하는 과정으로, 양이온과 음이온이 각각 음극과 양극에서 전자를 주고받으며 화학 반응을 일으킨다. 수용액의 전기 분해에서는 물의 전기 분해도 동시에 고

려해야 하며, 전극 반응 우선순위에 따라 생성물이 달라진다. 전기 분해는 금속 추출, 금속 정제, 염소 및 수산화나트륨 생산 등 산업적으로 중요한 역할을 한다. 전기 분해를 통해 전류, 전극, 이온 이동, 전자 전달의 화학적 원리를 이해할 수 있었다.

예시 3 · 고1　화학 : 술을 오랫동안 방치하면 식초가 된다던데?

1. 주제　　알코올의 산화와 식초의 생성

2. 탐구 목표　　에탄올이 산화되는 화학적 과정을 이해한다.

술이 식초로 변하는 조건과 원리를 분석한다.

3. 배경 이론

(1) 에탄올(Ethanol)의 산화

❶ 화학식: C_2H_5OH

❷ 산화 반응: 에탄올이 산소와 접촉하면 아세트알데히드(CH_3CHO)로 부분 산화되고, 이어서 아세트산(CH_3COOH)으로 최종 산화된다.

❸ 일반적인 반응:

$$C_2H_5OH + O_2 \rightarrow CH_3COOH + H_2O$$

(2) 아세트산 생성과 미생물 역할

아세트산균(Acetobacter, Acetobacter aceti 등)은 산소가 존재하는 환경에

서 에탄올을 아세트산으로 변환한다. 미생물 촉매 작용으로 효율적인 산화가 이루어진다.

❶ 환경 조건

공기(산소)가 충분히 공급될 것.

25~30℃ 정도의 온도에서 미생물 활성이 좋음.

높은 알코올 농도(약 15% 이상)는 아세트산균의 활동을 억제.

❷ 산화와 산성화

술 속 에탄올이 아세트산으로 산화되면서 pH가 낮아지고, 결국 식초 특유의 신맛과 산성을 갖게 된다.

4. 탐구 방법

❶ 술(에탄올 용액)이 공기 중에서 자연적으로 산화되는 과정과 산화 속도에 대한 자료 조사

❷ 아세트산균이 에탄올을 아세트산으로 산화하는 생화학적 원리와 조건 조사

❸ 주류와 식초 산업에서 에탄올 산화가 활용되는 사례 조사

❹ 산화 과정에서 생성되는 아세트산의 화학적 구조와 특성 정리

❺ 자료를 통해 술을 오랫동안 방치할 경우 식초로 변하는 이유를 종합적으로 설명

5. 조사 결과

(1) 자연 산화 과정

술(와인, 맥주, 소주 등)을 공기에 노출하면 에탄올이 아세트산으로 점차 산화된다. 이 과정에서 산소가 필수적이며, 공기 접촉 면적이 클수록 산화가 빠르다.

(2) 미생물 역할

아세트산균은 산소를 이용하여 에탄올을 아세트산으로 산화시키는 효소(Alcohol dehydrogenase, Acetaldehyde dehydrogenase)를 가진다. 술 속

알코올을 먹이로 하여 성장하며, 성장하면서 효율적으로 아세트산을 생성한다.

(3) 산화 반응 단계

에탄올 → 아세트알데히드

아세트알데히드 → 아세트산

일부 과정에서는 미생물과 산소가 동시에 필요하다.

(4) 산화 조건

❶ **온도**: 25~30℃에서 최적

❷ **산소**: 충분한 공기 접촉 필요

❸ **알코올 농도**: 10~15% 이상에서는 아세트산균 활동 억제

❹ **생활 속 사례**:

오래된 와인이나 술을 막음 없이 공기 중에 두면 시큼한 맛이 나는 식초로 변한다.

산업적으로는 알코올을 통제된 환경에서 아세트산균으로 산화시켜 식초를 생산한다.

6. 결론

술을 오랫동안 방치하면 식초가 되는 이유는 에탄올이 산소와 아세트산균의 작용으로 산화되기 때문이다. 술 속 알코올은 미생물 촉매와 산소의 존재하에 아세트산으로 변하며, 이는 화학적 산화 반응과 생화학적 촉매 작용이 결합된 과정이다. 이 과정에서 술은 점점 신맛을 띠게 되며, pH가 낮아지고 식초 특유의 산성을 가지게 된다. 생활 속에서 자연스럽게 일어나는 이 화학 변화를 이해하면, 발효와 산화의 원리를 쉽게 이해할 수 있다.

Tip

조사형 보고서이며 아이디어를 얻어서 할 경우 직접 조사해 보고 결과를 작성하세요~
다양한 알코올(메탄올, 프로판올 등)의 산화 속도 비교, 아세트산균 종류별 에탄올 산화 효율 비교, 온도와 산소 농도가 아세트산 생성 속도에 미치는 영향, 식초 생산 과정에서 발효와 산화 과정 최적화 연구 등에 대한 탐구도 가능합니다.

3 생명과학 영역

생명 : 체지방은 어떻게 측정되는 거지?

1. 주제

사람의 체지방이 어떻게 측정되는지, 측정 원리와 방법을 탐구한다.

2. 탐구 목표

체지방의 정의와 역할을 이해한다.

다양한 체지방 측정 방법의 원리를 조사한다.

3. 배경 이론

(1) 체지방의 정의

체지방(body fat)은 우리 몸에 저장된 지방 조직으로, 에너지 저장, 체온 유지, 장기 보호 등의 역할을 한다. 체지방률(% body fat)은 체중에서 지방이 차지하는 비율을 의미한다.

(2) 체지방 측정 방법

BMI(체질량지수) 기반 추정.

키와 체중을 이용하여 체지방을 추정한다.

공식: BMI = 체중(kg) ÷ (키(m))²

단순하지만 근육량과 지방을 구분하지 못한다.

(3) 피하지방 두께 측정(스킨 폴드 측정)

캘리퍼(caliper)를 이용하여 피부와 피하지방 두께를 측정.

여러 부위(삼두근, 견갑부 등) 측정 후 공식에 따라 체지방률 계산.

비교적 정확하지만, 측정자의 숙련도에 영향.

(4) 생체전기저항법(BIA, Bioelectrical Impedance Analysis)

미세한 전류를 몸에 흘려 저항값을 측정.

지방은 전기가 잘 통하지 않고, 근육은 전기가 잘 통하는 특성을 이용.

신체 수분 상태, 전류 경로 등에 따라 정확도 변동.

(5) 수중체중법(Hydrostatic Weighing)

물속에서 체중을 측정해 체밀도를 계산.

체지방률은 지방이 근육보다 밀도가 낮다는 원리를 이용.

매우 정확하지만 실험 장비가 필요하고 번거로움.

(6) DEXA(Dual-energy X-ray Absorptiometry)

X선으로 지방, 근육, 뼈를 구분하여 체성분 분석.

매우 정확하지만 장비 비용이 많이 듦.

4. 탐구 방법

❶ 체지방 측정 원리와 방법을 과학 교과서, 학술 자료, 신뢰할 수 있는 웹 자료를 통해 조사한다.

❷ 각 방법의 측정 원리, 장단점, 정확도를 비교 분석한다.

❸ 건강 관리나 운동, 다이어트에 활용되는 사례를 조사하여 실생활과 연결한다.

❹ 이론과 문헌 자료를 바탕으로 체지방 측정 원리를 종합적으로 설명한다.

5. 조사 결과

(1) BMI 기반 추정

간단하지만 근육량이 많은 사람은 과체중으로 잘못 판단될 수 있음.

(2) 스킨 폴드 측정

여러 부위를 측정하고 평균값을 계산하면 비교적 정확함.

체지방 위치와 측정자의 숙련도에 따라 오차 발생.

(3) BIA

전류를 이용해 체지방률을 쉽게 측정.

수분 상태, 음식 섭취, 운동 여부에 따라 결과가 달라질 수 있음.

(4) 수중체중법

체지방 밀도 계산을 통한 정확한 체지방률 측정 가능.

장비와 실험 조건이 제한적임.

(5) DEXA

지방, 근육, 뼈까지 구분 가능.

의료용 장비가 필요하므로 일반적으로는 병원이나 연구기관에서 사용.

6. 결론

체지방은 단순한 체중 측정만으로는 정확히 알 수 없으며, 다양한 방법을 통해 측정할 수 있다. 스킨 폴드 측정과 BIA는 간편하고 실생활에서 활용도가 높다. 수중체중법과 DEXA는 높은 정확도를 제공하지만, 장비와 비용이 제한적이다. 체지방 측정을 통해 건강 상태, 운동 효과, 다이어트 진행 상황을 모니터링할 수 있다. 체지방 측정 방법의 원리를 이해하면, 단순한 수치 이상으로 신체 상태를 평가하는 과학적 근거를 얻을 수 있다.

Tip

조사형 보고서이며 아이디어를 얻어서 할 경우 직접 조사해 보고 결과를 작성하세요~
남녀, 연령대별 체지방률 비교, 운동 종류별 체지방 감소 효과 분석, BIA 측정 시 수분 섭취와 결과의 상관관계 연구, 스킨 폴드 측정 부위별 정확도 비교, DEXA를 이용한 근육량과 지방량 비율 분석 등에 대한 탐구도 가능합니다.

1. 주제 동물성 기름(포화지방)이 인체 건강에 미치는 영향

2. 탐구 목표 동물성 기름의 구성 성분과 특성을 이해한다.

포화지방과 불포화지방의 차이를 분석한다.

3. 배경 이론

(1) 지방의 종류

❶ **포화지방**: 탄소-탄소 단일결합으로 이루어진 지방산. 상온에서 고체 형태.

주로 동물성 기름, 버터, 라드 등에 존재.

❷ **불포화지방**: 탄소-탄소 이중결합을 포함한 지방산. 상온에서 액체 형태.

주로 식물성 기름(올리브유, 카놀라유 등), 생선 기름에 존재.

(2) 동물성 기름과 건강

포화지방은 혈중 LDL(저밀도 지단백, 나쁜 콜레스테롤) 수치를 높여 동맥경화 유발.

동맥경화는 심장질환, 뇌졸중 등 심혈관계 질환 위험 증가.

과다 섭취 시 체지방 축적, 비만, 당뇨병, 대사증후군 등과 관련 있음.

(3) 지방 섭취 권장량

전체 에너지 섭취의 20~30% 정도.

포화지방은 10% 이하로 제한 권장.

(4) 지방의 역할

에너지 저장, 세포막 구성, 호르몬 합성 등 중요한 역할.

문제는 지방의 종류와 섭취량에 달려 있음.

4. 탐구 방법　❶ 동물성 기름의 구성 성분(포화지방 비율)과 주요 섭취원 조사

❷ 과학 논문, 교과서, 보건 자료를 통해 포화지방과 LDL, HDL 콜레스테롤 관계 조사

❸ 동물성 기름 과다 섭취와 관련된 질환 사례 조사

❹ 섭취 권장량과 실제 평균 섭취량 비교

❺ 자료를 종합하여 동물성 기름이 인체에 해로운 이유 설명

5. 조사 결과

(1) 동물성 기름의 특성

주로 포화지방으로 구성되어 있으며, 상온에서 고체 형태임.

버터, 라드, 돼지기름, 소기름 등 다양한 식품에 포함.

(2) 건강 영향

과다 섭취 시 LDL 증가 → 동맥 내 플라크 형성 → 심혈관계 질환 위험 증가

체지방 축적 → 비만과 관련 질환 위험 증가

연구 결과, 포화지방 섭취가 높을수록 심장질환 발병률이 증가한다.

(3) 섭취 조절 필요성

권장량보다 많은 포화지방 섭취는 건강 위험 증가.

식물성 불포화지방으로 일부 대체 시 건강에 도움.

(4) 생활 속 사례

패스트푸드, 튀김류, 육류 가공식품에 포화지방 다량 함유.

건강 관리에서는 섭취량과 식품 선택이 중요.

6. 결론

동물성 기름이 해로운 이유는 포화지방이 많아 혈중 LDL 수치를 높이고, 심혈관 질환 및 비만, 대사질환 위험을 증가시키기 때문이다. 지방 자체가 나쁜 것은 아니지만, 종류와 섭취량에 따라 건강에 큰 영향을 미친다. 포화지방 섭취를 제한하고, 식물성 불포화지방으로 일부 대체하면 건강 위

험을 줄일 수 있다. 이를 통해 올바른 식습관과 건강 관리의 중요성을 이해할 수 있었다.

예시 3 · 고1 — 생명 : 사람이 많이 모여 있는 곳은 덥던데....

1. 주제

많은 사람이 모여 있는 공간이 덥게 느껴지는 현상을, 사람이 방출하는 열을 통해 탐구한다.

2. 탐구 목표

인간의 체온과 열 발생 원리를 이해한다.
사람 밀집 정도에 따른 온도 변화 차이를 관찰한다.

3. 배경 이론

(1) 인체 열 발생

인간은 기초대사와 활동을 통해 에너지를 소비하며, 일부 에너지는 열로 방출됨. 성인 기준 안정 상태에서 평균 100W 정도의 열이 방출됨.

(2) 열의 전달 방식

❶ 복사(Radiation): 몸에서 적외선 형태로 열 방출

❷ 대류(Convection): 공기 이동을 통해 열 전달

❸ 전도(Conduction): 접촉을 통한 열 전달(작은 영향)

❹ 증발(Evaporation): 땀의 기화열을 통해 체온 유지

(3) 실내 환경에 미치는 영향

인원이 많아질수록 방출되는 열량 증가 → 실내 온도 상승

공기 흐름이 제한되면 체감 온도가 상승한다.

4. 탐구 방법

(1) 대상 및 장소

동일 크기의 교실 또는 실내 공간, 학생 1~20명 단위로 인원 변화 실험

(2) 측정 도구

온도계, 습도계, 시간 기록 장치

(3) 실험 과정

❶ 빈 교실에서 온도와 습도 초깃값 측정

❷ 학생 5명, 10명, 15명, 20명 순으로 입실 후 10분 간격으로 온도와 습도 기록

❸ 각 단계에서 온도 상승률과 습도 변화 비교

❹ 실험 후 학생 퇴실 시 온도 회복 관찰

❺ 자료 분석: 인원수 대비 온도 변화 그래프 작성, 시간에 따른 온도 상승 추세 분석

5. 실험 결과

(1) 인원 증가에 따른 온도 상승

5명: +0.5℃

10명: +1.0℃

15명: +1.5℃

20명: +2.0℃

인원 증가에 따라 실내 온도가 점차 상승함.

(2) 습도 변화

사람의 호흡과 땀으로 인해 습도 약간 상승.

공기 순환이 제한될수록 체감 습도 상승.

(3) 분석

사람 한 명당 약 100W의 열 방출로 인해 실내 온도가 상승한다.
밀집도가 높을수록 열 축적 효과가 나타나고, 환기가 부족하면 더 덥게
느껴진다.

6. 결론

많은 사람이 모여 있는 공간이 덥게 느껴지는 이유는, 인간이 방출하는 열
이 실내에 축적되기 때문이다. 인원수가 많을수록 방출되는 총열량이 증
가하고, 실내 온도가 상승한다. 환기와 공기 흐름이 열 방출 효과를 완화
할 수 있다. 이를 통해 실내 환경 설계, 냉난방 계획, 체감 온도 관리의 중
요성을 이해할 수 있었다.

Tip

실험형 보고서이며 아이디어를 얻어서 할 경우 직접 실험해 보고 결과를 작성하세요~
운동 중 체열 방출과 실내 온도 상승 비교, 공기 순환 장치 유무에 따른 체감 온도 변화 연구, 인원 밀집도와 습도, 체감 온도 관계
분석, 다양한 연령대나 성별에 따른 열 방출량 비교 등에 대한 탐구도 가능합니다.

4 지구과학 영역

지구과학 : 지각에 있는 돌의 특성을 조사해 보자.

1. 주제   지각을 구성하는 규산염 광물의 물리적·화학적 특성을 탐구한다.

2. 탐구 목표   규산염 광물이 지각에서 차지하는 비중과 종류를 이해한다.

규산염 광물의 물리적, 화학적 성질을 조사한다.

3. 배경 이론

(1) 규산염 광물

지각을 이루는 광물 중 가장 흔함.

실리콘(Si)과 산소(O)로 이루어진 규산염 사면체(SiO_4) 구조를 기본 단위로 함.

광물의 종류에 따라 단순 규산염, 인산염, 철·마그네슘 함유 규산염 등으로 구분.

(2) 물리적 특성

❶ **쪼개짐(Cleavage):** 결정 구조의 특정 방향으로 쉽게 갈라지는 성질

❷ **깨짐(Fracture):** 쪼개짐과 달리 결정 구조와 관계없이 불규칙하게 깨지는 성질

❸ **경도(Hardness):** 모스 경도계를 이용해 긁힘 정도로 평가

(3) 화학적 특성

일부 규산염 광물은 약한 산(예 염산)과 반응하여 기체 발생.

색깔은 구성 원소, 불순물, 산화 상태에 따라 달라짐.

예 장석은 흰색~분홍색, 운모는 검은색~갈색

(4) 광물 구분 기준

쪼개짐 방향, 깨짐 형태, 색, 반투명도, 광택, 반응 등을 종합적으로 판단.

4. 탐구 방법

❶ 교과서, 학술 자료, 인터넷 자원을 통해 규산염 광물 종류와 특성 조사
❷ 쪼개짐과 깨짐 특징, 경도, 색깔, 반응 여부 등 물리적·화학적 특성 정리
❸ 관찰 가능한 사진과 도표 자료를 수집하여 비교
❹ 자료를 분석하여 규산염 광물의 특징과 분류 기준을 도출

5. 조사 결과

(1) 쪼개짐과 깨짐

❶ 장석: 두 방향에서 쪼개짐.
❷ 운모: 한 방향에서 얇게 쪼개짐.
❸ 석영: 쪼개짐 없음, 불규칙하게 깨짐.

(2) 색깔

❶ 석영: 무색, 회색, 분홍색
❷ 장석: 흰색, 분홍색, 회색
❸ 운모: 검은색, 갈색, 녹색

(3) 화학적 반응

대부분 규산염 광물은 약한 산과 반응하지 않음.

탄산염 광물과 달리 염산 반응 없음 → 규산염 구분 포인트

(4) 경도

① 석영: 7(단단함)

② 장석: 6

③ 운모: 2~3(연함)

(5) 분석

쪼개짐 방향과 깨짐 형태는 규산염 광물을 구분하는 중요한 단서.

색과 경도는 식별 보조 자료로 활용 가능.

산과의 반응은 탄산염 광물과 구분할 때 유용.

6. 결론

규산염 광물은 지각에서 매우 흔하며, 결정 구조에 따른 쪼개짐과 깨짐, 색깔, 경도 등의 특징으로 구분할 수 있다. 쪼개짐 방향은 결정 구조를 반영하며, 깨짐 형태는 구조적 약점을 보여 준다. 화학적 반응은 대부분 없으므로 색, 경도, 쪼개짐과 깨짐 특성을 종합적으로 고려해야 한다. 이러한 특성을 이해하면 광물 분류와 지각 구성 이해에 도움이 된다.

Tip

조사형 보고서이며 아이디어를 얻어서 할 경우 직접 조사해 보고 결과를 작성하세요~
규산염 광물의 결정 구조와 쪼개짐 관계 분석, 화강암, 현무암 등 암석 내 규산염 광물 비율 조사, 규산염 광물 색과 불순물 함량의 상관관계 연구, 경도별 암석 마모 및 풍화 과정 조사 등에 대한 탐구도 가능합니다.

예시 2 · 고1

지구과학 : 비행기가 이동하는 경로는 마찰이 없는 게 좋으니까 공기가 희박한 게 좋을까?

1. 주제

비행기가 이동할 때 공기가 희박하면 더 효율적일지, 대기권의 특성을 고려한 탐구

2. 탐구 목표 지구 대기의 구조와 기권의 특성을 이해한다.

비행기의 효율적인 항로와 고도 선택 이유를 조사한다.

3. 배경 이론 **(1) 지구의 대기 구조**

❶ **대류권**: 지표에서 약 12km, 날씨 변화와 대부분의 항공기 운항

❷ **성층권**: 12~50km, 기온 상승, 제트기류 영향

❸ **중간권, 열권, 외기권**: 고도 증가, 공기 희박, 상층 비행기나 우주선 운항

(2) 비행기 운동과 공기

❶ **양력(Lift)**: 날개와 공기 상호작용으로 발생, 공기 밀도가 낮으면 양력 감소

❷ **항력(Drag)**: 공기와의 마찰력, 공기 밀도가 낮으면 항력 감소

❸ **추진력(Thrust)**: 엔진 출력을 통해 양력과 항력을 극복

(3) 공기 밀도와 비행 효율

고도가 높을수록 공기 희박 → 항력 감소 → 속도 유지 효율 ↑

하지만 양력도 감소 → 충분한 양력 확보 위해 더 높은 속도 필요.

실제 항공기는 연료 효율과 안전을 고려하여 약 10~12km 고도에서 운항.

(4) 제트기류(Jet Stream)

고도 약 10km에서 시속 200~400km 속도로 흐름.

비행기는 항로 선택 시 제트기류 활용 → 연료 절약과 시간 단축.

4. 탐구 방법 ❶ 교과서와 항공 관련 자료를 통해 대기 구조와 공기 밀도 변화 조사

❷ 양력과 항력, 비행 효율과 공기 밀도의 관계 분석

❸ 상업용 여객기 운항 고도와 이유 조사

❹ 제트기류와 항로 선택 사례 조사

❺ 자료를 종합하여 공기 희박함과 비행 효율의 관계 설명

5. 조사 결과

(1) 공기 밀도 변화

고도가 높을수록 공기 희박 → 항력 감소, 양력 감소.

비행기 속도 증가로 양력 확보 필요.

(2) 항로 선택

약 10~12km 고도에서 운항 → 항력 감소 + 제트기류 활용 가능.

안전, 날씨, 연료 효율을 고려한 최적 고도.

(3) 제트기류 활용

동쪽 방향 장거리 항공편에서 제트기류 활용 → 연료 절약, 시간 단축.

서쪽 항공편은 맞바람으로 속도 저하 → 항로 계획 필요.

(4) 분석

공기가 매우 희박하면 양력 확보 불가 → 비행 불가능.

적절히 희박한 공기는 항력 감소와 효율 증대에 유리.

실제 항공기는 공기 희박함과 안전 양력 확보의 균형을 고려.

6. 결론

비행기가 이동할 때 공기가 희박하면 항력이 감소하여 이동 효율은 높아질 수 있지만, 양력도 감소하기 때문에 일정 고도 이하에서는 안정적 비행이 어렵다. 실제 항공기는 대류권 상층과 성층권 하층을 이용하여 항력 감소와 양력 확보를 균형 있게 고려한다. 제트기류와 고도 선택을 통한 효율적 항로 설계가 비행 안전과 연료 절약에 핵심적이다.

Tip

조사형 보고서이며 아이디어를 얻어서 할 경우 직접 조사해 보고 결과를 작성하세요~
제트기류 활용 항로와 비행 시간 비교 분석, 공기 밀도와 엔진 효율의 관계 조사, 상업용 항공기와 군용 고고도 비행기 운항 고도 비교, 고도별 날씨 변화가 비행 안전에 미치는 영향 등에 대한 탐구도 가능합니다.

지구과학 : 자연사 박물관에 가서 내가 직접 찍은 사진으로 화석 도감을 만들자.

1. 주제

자연사 박물관에서 직접 촬영한 화석 사진을 활용하여 지질시대별 화석 도감 제작하기

2. 탐구 목표

다양한 지질시대의 대표 화석을 이해하고 구분할 수 있다.

화석의 형태와 구조를 관찰하여 특징을 기록할 수 있다.

3. 배경 이론

(1) 화석(Fossil)

과거 생물의 흔적이나 잔해가 지층 속에서 보존된 것

종류: 본래 생물체가 보존된 체화석, 활동이나 흔적이 남은 흔적화석

(2) 지질시대(Geologic Time Scale)

선캄브리아기 → 고생대 → 중생대 → 신생대로 구분.

각 시대에는 특정 생물군이 번성하고 멸종, 환경 변화가 발생.

(3) 화석 관찰 포인트

형태: 껍데기, 골격, 잎, 발자국 등

크기와 구조

보존 상태 및 색상

화석이 발견된 지층 정보

(4) 화석 도감 제작의 의의

지질 시대별 생물 다양성과 환경 이해.

과거 생물과 현재 생물의 연계 이해.

학습 자료와 탐구 기록으로 활용 가능.

4. 탐구 방법   ❶ 자연사 박물관에서 다양한 화석 관찰 및 사진 촬영

❷ 각 화석의 이름, 지질시대, 특징, 발견 위치를 기록

❸ 사진을 분류하여 도감 형태로 배열

❹ 각 지질시대별 섹션 구성

❺ 화석의 형태, 크기, 특징 설명 정리

❻ 지질시대별 생물군과 화석의 특징을 정리

❼ 도감 제작 후 지질시대별 특징과 생물 변화를 비교 분석

5. 탐구 결과   **(1) 화석 관찰**

❶ **삼엽충(Trilobite, 고생대):** 몸체가 분절되어 있고, 등 쪽이 둥글며, 바닥 지층에서 발견

❷ **암모나이트(Ammonite, 중생대):** 나선형 껍질, 여러 층으로 이루어짐

❸ **공룡 발자국(Footprint, 중생대):** 발가락 배열과 크기 기록 가능

❹ **식물 화석(Fossil Leaf, 신생대):** 잎맥과 형태 보존 상태 관찰

(2) 분석

❶ **고생대 화석:** 바다 생물 위주, 삼엽충, 방추충 등

❷ **중생대 화석:** 공룡, 암모나이트 등 육지와 해양 생물 다양화

❸ **신생대 화석:** 포유류, 식물 화석 증가, 현재 생물과 유사

(3) 도감 제작

지질시대별 사진, 설명, 특징 표기.

시대별 화석 비교로 환경 변화와 생물 다양성 이해.

6. 결론   직접 촬영한 화석 사진을 활용한 도감 제작은 지질 시대별 생물과 환경 변화를 체계적으로 이해하는 데 유용하다. 화석의 형태, 크기, 구조, 보존 상태를 관찰하면서 과거 생물의 생활 양식과 환경 정보를 확인할 수 있다.

도감 제작 과정을 통해 관찰 기록과 학습 자료를 체계화할 수 있으며, 지질학과 생물학적 연계를 이해하는 데 도움을 준다.

조사형 보고서이며 아이디어를 얻어서 할 경우 직접 조사해 보고 결과를 작성하세요~
특정 지층에서 발견된 화석의 생태와 환경 분석, 화석의 비교를 통한 진화 과정 연구, 화석 보존 방법과 화석화 과정 조사, 화석과 현대 생물 형태 비교, 지질 시대별 주요 멸종 사건과 화석 기록 분석 등에 대한 탐구도 가능합니다.

5 국어, 영어, 수학, 사회 등의 영역

**국어 : 개화기에 문학이 영향을 많이 받았을 것 같은데??
조사해 봐야지~**

1. 주제　개화기 문학이 한국 근대문학에 미친 영향

2. 탐구 목표　개화기 문학의 과도기적 특징을 작품 사례를 통해 분석한다.

개화기 문학어의 변화와 그것이 국어 발달에 미친 영향을 연구한다.

3. 배경 이론

(1) 개화기 문학의 시대적 배경

❶ **시기:** 1894년(갑오개혁)~1910년(한일 강제 병합)

❷ **사회 상황:** 전통적인 봉건사회에서 근대 사회로 빠르게 변화

❸ **문화 배경:** 서양 문물 유입, 신교육 확산, 계몽사상 확산

❹ **문학적 의미:** 근대화와 계몽사상이 작품 속 주제로 나타나며, 민족의식과

개혁 의식이 인물과 사건 속에서 드러남.

(2) 과도기적 특징

❶ **전통과 근대의 공존:** 고전 문학과 서양 문학 기법이 섞여 있음.

❷ **형식 실험**: 전통 시가 형식에서 벗어나 새로운 형식 시도.

❸ **내용의 혼합**: 전통 가치관과 근대적 사고가 함께 나타남.

(3) 문학 발전 단계

- 고전 문학 → 개화기 문학 → 근대문학으로 이어지는 변화
- 각 단계에서 형식, 내용, 문학의 역할 변화 관찰

4. 탐구 방법

(1) 문헌 연구

- 개화기 주요 작품 분석: 《광문자전》, 《무정》, 《혈의 누》, 최남선 「해에게서 소년에게」
- 문학사 연구서와 논문 검토
- 당대 신문과 잡지 자료 조사

(2) 비교 분석

시대 비교: 고전 문학 ↔ 개화기 문학 ↔ 근대문학

갈래 비교: 시가, 소설, 희곡

- 작품을 통해 형식과 내용 분석
- 문학어 변화와 발전 과정 확인

5. 탐구 결과

(1) 개화기 문학의 과도기적 특징

❶ **형식**

전통 형식의 변화

- **가사체**: 「독립 정신」(안국선) - 전통 가사 형식을 유지하면서 근대적 내용 수용
- **판소리계 소설 개작**: 「춘향전」 신소설화 - 전통 구조에 근대적 문체와 생각 접목

새로운 형식 실험

- **자유시 초기**: 최남선 「해에게서 소년에게」 - 전통 시가 규칙을 벗어나 산문처럼 감정 표현
- **신체시**: 정형과 자유의 중간 형태로, 후대 자유시 발전 연결

❷ 내용

전통과 근대의 혼합

- **이광수 「무정」**: 전통적 가족 관념과 근대적 개인주의 갈등

- **신채호 「꿈 하늘」**: 전통적 역사의식과 근대적 미래 생각 결합

계몽과 재미 결합

- **이인직 「혈의 누」**: 계몽적 메시지와 대중적 흥미 동시에 추구

(2) 시가 문학의 형식 실험과 자유시 발전

전통 시가 해체

- **「학도가」(1896)**: 서양식 선율과 결합, 새로운 시가 형식

- **정형률 완화**: 3·4조, 4·4조에서 벗어나 다양한 율격 시도

자유시 등장과 영향

- **최남선 「해에게서 소년에게」**: 전통 율격 파괴, 산문적 표현, 상징과 은유 활용

- 감정 직접 표현, 현실적 문제의식 반영

후대 자유시 발전 기여

- 김소월, 한용운 등의 자유시 창작 기반 제공

- 시어 일상화, 현실적 시상 반영 등 현대 시 실험 선구 역할

(3) 개화기 문학어 변화와 국어 발달

❶ **문학어 변화**

한문체 → 국문체 전환: 「구운몽」(전통 문어체) → 「혈의 누」(구어체 도입, 일상어 사용)

외래어와 신조어 유입: 서구 개념어(문명, 자유, 평등), 일본식 한자어(사회, 경제, 정치)

❷ **국어 발달 영향**

표준어 형성: 서울말 중심 문학어 확산

문체 다양화: 설명체, 서술체, 대화체 발달

어휘 확장: 추상 개념어 정착, 감정과 생각 표현 어휘 풍부

| **6. 결론** | 개화기 문학은 한국 근대문학으로 나아가는 과정에서 과거와 현대를 이어 주는 다리 같은 역할을 하였다. 비록 문학적 완성도는 높지 않았지만, 전통적인 문학 양식에서 근대적 사고와 표현으로 전환하는 중요한 시점이었다. 특히 시가 문학의 형식적 실험과 문학어의 변화는 이후 한국 문학의 발전에 기초가 되는 토대를 마련하였다. 따라서 개화기 문학은 오늘날 전통과 현대의 조화를 모색하는 문학적 흐름 속에서도 여전히 의미 있는 전환점으로 평가된다. |

Tip

조사형 보고서이며 아이디어를 얻어서 할 경우 직접 조사해 보고 결과를 작성하세요~
신문과 잡지 속 개화기 문학의 특징 ─《독립신문》,《대한매일신보》의 문학 작품 분석, 개화기 시가 문학과 현대 시의 연속성 ─ 한용운, 최남선 시의 비교, 개화기 문학 속 민족의식 표현 ─ 일제강점기 전후 문학과의 비교, 서양 근대문학과 개화기 문학의 공통점과 차이 등에 대한 탐구도 가능합니다.

예시 2 · 고1　　**국어 : 자기소개서 작성하는 방법을 탐구 보고서로 써 볼까?**

1. 주제　　나의 진로를 위한 자기소개서 작성하기 방법

2. 서론　　자기소개서는 개인의 진로 방향에 있어 필수적인 도구이다. 경쟁 사회에서 자기소개서는 단순한 서류가 아닌 개인의 가치와 잠재력을 보여 주는 중요한 요소이다. 그러나 많은 학생들이 자기소개서 작성을 어려워한다. "무엇을 어떻게 써야 할지 모르겠다.", "나만의 특별함을 어떻게 표현해야 할까?" 등의 고민은 자기소개서를 작성하는 경우 공통적으로 나타나는 문제이다. 이러한 어려움은 작성 방법을 몰라서 비롯되는 경우가 많다. 본 보고서를 통해 자기소개서 작성의 과정을 단계별로 분석하여 활용할 수 있도록 해 보려고 한다.

3. 본론

(1) 자기소개서 작성의 기본 원칙

❶ 목적의식

자기소개서 작성에 앞서 가장 중요한 것은 명확한 목적의식을 갖는 것이다.

지원하는 분야의 요구 사항을 철저히 분석하고, 자신의 경험과 역량 중 어떤 부분을 부각할지 결정해야 한다.

❷ 독자 중심의 사고

자기소개서는 자신에 대한 글이지만, 그것을 읽는 사람의 관점에서 작성되어야 한다. 입학사정관이 무엇을 알고 싶어 하는지, 어떤 인재상을 추구하는지를 파악하여 그에 맞는 정보를 제공해야 한다. 단순히 자신의 이야기를 나열하는 것이 아니라, 원하는 답을 찾을 수 있도록 구성해야 한다.

(2) 문체와 표현 전략

❶ 적절한 문체 선택

자기소개서의 문체는 격식체(합쇼체)가 가장 무난하다.

예 "저는 항상 새로운 도전을 통해 성장해 왔습니다."

❷ 문체 통일의 실천 방법

선택한 문체를 일관되게 유지하는 것은 글의 완성도를 높이는 핵심 요소이다. 과거의 경험은 과거형으로, 현재의 상태나 능력은 현재형으로, 미래의 목표나 포부는 미래형으로 명확히 구분하여 사용한다. 불필요한 시제 변화는 글의 흐름을 끊고 가독성을 떨어뜨린다.

(3) 내용 구성 전략

❶ STAR 기법의 활용

경험을 서술할 때는 STAR(Situation-Task-Action-Result) 기법을 활용하면 구체적이고 설득력 있는 내용을 만들 수 있다.

Situation: 어떤 상황이었는가?

Task: 어떤 과제나 목표가 있었는가?

Action: 어떤 행동을 취했는가?

Result: 어떤 결과를 얻었는가?

❷ 스토리텔링 기법

딱딱한 사실의 나열보다는 이야기 형식으로 구성하면 더욱 인상적이고 기억에 남는 자기소개서를 만들 수 있다. 다만 지나치게 감정적이거나 소설 같은 서술은 피하고, 사실에 기반한 진솔한 이야기로 구성해야 한다.

❸ 차별화된 소재 발굴

남들과 비슷한 경험이라도 자신만의 관점과 해석을 추가하면 차별화된 내용이 될 수 있다. 특별한 경험이 없다고 생각되더라도, 일상적인 경험에서 의미를 찾고 이를 진로와 연결하는 능력이 중요하다.

(4) 작성 과정의 체계화

❶ 사전 준비 단계

자기소개서 작성에 앞서 충분한 준비가 필요하다. 자신의 경험을 시간 순으로 정리하고, 각 경험에서 얻은 교훈이나 역량을 분석해야 한다. 또한 지원하는 분야에 대한 충분한 조사를 통해 어떤 인재상을 추구하는지 파악해야 한다.

- 나의 핵심 가치관은 무엇인가?

- 나의 주요 강점과 약점은 무엇인가?

- 지금까지 가장 의미 있었던 경험은 무엇인가?

- 나만의 차별화된 특징은 무엇인가?

- 나의 진로 목표는 무엇이고, 이를 위해 어떤 노력을 했는가?

❷ 초안 작성과 수정

첫 번째 초안은 완벽하지 않아도 된다. 우선 자신이 하고 싶은 이야기를 자유롭게 써 보고, 이후 구조화하고 다듬어 가는 과정이 중요하다. 초

안 작성 후에는 반드시 소리 내어 읽어 보며 어색한 부분을 찾아 수정해야 한다.

❸ 수정 단계별 체크포인트

- **내용의 적절성**: 질문에 정확히 답하고 있는가?

- **구조의 논리성**: 글의 흐름이 자연스러운가?

- **문체의 일관성**: 처음부터 끝까지 일관된 어조를 유지하는가?

- **표현의 정확성**: 맞춤법과 띄어쓰기가 정확한가?

- **분량의 적절성**: 주어진 글자 수를 적절히 활용했는가?

❹ 피드백 활용

객관적인 시각으로 자기소개서를 평가하기는 어렵다. 가족, 친구, 선배, 교사 등 다양한 사람들의 피드백을 받아 개선점을 찾는 것이 중요하다. 특히 해당 분야에 경험이 있는 사람의 조언은 매우 유용할 수 있다.

(5) 주의 사항과 함정 피하기

❶ 과도한 미화 금지

자신을 어필하려는 욕심에 지나치게 과장하거나 미화하는 것은 오히려 역효과를 낳을 수 있다. 진실한 경험을 바탕으로 한 솔직한 서술이 더욱 설득력 있고 신뢰감을 준다.

❷ 획일화된 표현 탈피

"열정적이다", "성실하다" 등의 진부한 표현보다는 구체적인 사례를 통해 자신의 특성을 보여 주는 것이 효과적이다. 행동으로 보여 주고, 결과로 증명하는 서술 방식을 택해야 한다.

4. 결론

자기소개서는 자신을 표현하는 중요한 도구이자, 진로에 있어 필수적이다. 효과적인 자기소개서 작성을 위해서는 명확한 목적의식을 바탕으로 한 체계적인 접근이 필요하다. 지원 분야와 특성에 맞는 적절한 문체를 선택하고 이를 일관되게 유지해야 한다. STAR 기법과 스토리텔링을 활용하여 구체적이고 설득력 있는 내용을 구성해야 한다. 충분한 사전 준비와 체계적인 수정 과정을 통해 완성도를 높여야 한다. 무엇보다 중요한 것은 자기소개서가 단순한 서류가 아닌, 자신의 가치와 잠재력을 보여 주는 도구라는 점이다. 형식적인 완성도도 중요하지만, 진솔함과 진정성이 담긴 자기소개서가 결국 사람의 마음을 움직일 수 있다.

예시 3 · 고1	국어 : 몽골어는 한국어랑 비슷한 점이 많은 것 같아~

1. 주제　　한국어와 몽골어 문법의 구조 비교 분석

2. 탐구 목표　　한국어와 몽골어의 문법적 특징을 이해하고 언어적 유사성을 탐구한다.

3. 배경 이론
❶ SOV 어순: 주어(S) – 목적어(O) – 동사(V)의 순서를 갖는 문장 구조
❷ 격 조사: 명사가 문장에서 어떤 역할(주격, 목적격 등)을 하는지 표시하는 접미사
❸ 모음 조화: 단어 내 모음이 전후 모음 규칙에 따라 조화를 이루는 현상

4. 탐구 방법
❶ 한국어 문법 주요 특징을 정리한다.
❷ 몽골어 문법 주요 특징과 예문을 정리한다.
❸ 한국어와 몽골어의 문법 요소를 항목별로 비교, 분석한다.

5. 탐구 결과

(1) 어순 비교

구분	한국어	몽골어	예시
기본 어순	SOV	SOV	Би ном уншлаа. (나는 책을 읽었다.)
주어 위치	항상 문두	문두 또는 생략 가능	Тэр алим иднэ. (그는 사과를 먹는다.)
목적어 위치	동사 앞	동사 앞	Би хүүгээ харсан. (나는 아들을 봤다.)

두 언어 모두 기본 SOV 어순을 가지며, 주어와 목적어가 동사 앞에 오는 구조를 공유한다.

(2) 동사 활용과 시제

구분	한국어	몽골어	예시
시제	~았다/~었다(과거), ~겠다(미래)	~лаа(과거), ~на(현재), ~x болно(미래)	Би явлаа.(나는 갔다.) Би явна.(나는 간다.) Би явх болно.(나는 갈 것이다.)

두 언어 모두 동사 어미를 바꾸어 시제를 표현한다.

(3) 부정 표현

한국어	몽골어	예시
안/못/지 않다	үгүй/гүй	Би явсангүй. (나는 가지 않았다.)

부정 표현이 동사 어미와 결합하여 문법적 의미를 나타내며, 두 언어의 구조적 유사성을 보여 준다.

(4) 높임말과 존칭

한국어	몽골어	예시
~습니다/~세요	~на/тай(높임)	Та уншина уу? (당신이 읽으시겠습니까?)

상대방의 지위나 연령에 따라 문장 형태를 달리하는 특징이 있으며, 한국

어보다 몽골어는 제한적이지만 비슷한 경향이 있다.

(5) 한국어와 몽골어의 차이점

구분	한국어	몽골어	차이점
어휘	한자어, 고유어, 외래어 혼합	몽골어 자체 어휘 중심, 외래어는 적음	어휘적 유사성 거의 없음
동사 활용	다양한 시제·상·존칭 표현, 높임말 발달	높임말 제한적, 시제 표현 간단	사회적 존중 표현에서 차이
문법 유연성	어순 일부 변경 가능, 문맥에 따라 생략 가능	어순 상대적으로 엄격, 생략 가능성 적음	문장 구조 유연성 차이
음운	받침 사용, 자음·모음 다양	받침 사용 제한적, 자음·모음 체계 단순	발음과 음절 구조 차이

한국어와 몽골어는 문법 구조가 비슷하지만, 실제 사용되는 어휘, 발음, 문법 유연성, 높임말 체계 등에서 차이가 나타난다. 한국어는 외래어와 한자어가 풍부하며, 존칭과 높임말이 발달해 사회적 표현이 다양하다. 반면 몽골어는 모음 조화가 강하게 적용되고, 격과 어미 체계가 상대적으로 단순하다.

6. 결론

한국어와 몽골어는 SOV 어순, 동사 시제 활용, 부정, 높임말 등에서 구조적 유사성을 가진다. 이러한 점은 두 언어가 공통 조상에서 비롯되었거나 역사적 접촉을 통해 영향을 주고받았을 가능성을 보여 준다. 하지만 어휘 구성, 동사 활용 방식, 음운 체계 등에서는 차이가 존재한다. 한국어는 외래어와 한자어가 풍부하고 존칭 체계가 발달한 반면, 몽골어는 모음 조화가 강하고 격과 어미 체계가 단순하며, 문장 구조가 상대적으로 엄격하다. 따라서 한국어와 몽골어는 구조적 유사성을 공유하면서도 각각의 언어적 특색과 차이를 동시에 지니고 있다고 볼 수 있다. 이러한 비교를 통해 두 언어의 역사적 연관성과 문법 구조의 다양성을 이해할 수 있었다.

예시 4 · 고1

영어 : 셰익스피어부터 오웰까지 책을 읽자~

1. 주제

영문학 작품을 통해 본 시대상 변화 탐구

2. 탐구 목표

셰익스피어, 조너던 스위프트, 찰스 디킨스, T. S. 엘리엇, 조지 오웰의 작품을 분석하여 시대별 사회적, 정치적, 문화적 특징을 이해한다.
문학과 역사적 배경의 상호작용을 탐구한다.

3. 배경 이론

문학 작품은 단순한 이야기를 넘어, 당대 사회, 정치, 문화적 상황을 반영한다.

시대별 문학 특징

❶ **르네상스/고전기**: 인간 중심적 사고와 신분 질서 반영
❷ **계몽주의**: 사회 비판과 풍자, 합리적 사고 강조
❸ **사실주의/산업혁명**: 사회 구조, 빈부격차, 노동 문제 다룸
❹ **현대주의**: 개인 내면과 정신세계 탐구
❺ **디스토피아/현대 사회 비판**: 정치적 권력과 자유 문제 강조

4. 탐구 방법

❶ 각 작가의 대표 작품 선정 및 간단한 줄거리 정리
❷ 작품 속 사건, 등장인물, 주제를 통해 당대 사회적 배경 분석
❸ 시대별 변화와 문학적 특징 비교

5. 탐구 결과

작가	대표 작품	시대적 배경	작품과 시대상 연결
셰익스피어	『햄릿』	르네상스, 16~17세기	군주제, 신분 질서, 인간 본성 탐구 → 인간 중심적 사고 반영
조너던 스위프트	『걸리버 여행기』	계몽주의, 18세기	사회 비판과 풍자 → 인간 사회의 모순과 권력 문제 고발
찰스 디킨스	『두 도시 이야기』	산업혁명, 19세기	빈부격차, 노동 문제 → 산업화로 인한 사회 문제 반영
T. S. 엘리엇	『황무지(The Waste Land)』	현대주의, 20세기 초	전쟁과 도시화로 인한 인간 소외, 내면적 혼란 → 개인과 사회 불안 반영
조지 오웰	『1984』	20세기 중반, 전체주의 시대	권력 감시와 개인 자유 제한 → 정치적 불안과 독재 경고

6. 결론

문학 작품을 시대별로 분석하면, 작품 속 사건과 인물만이 아니라 당대 사회의 문제와 특징을 이해할 수 있다. 셰익스피어에서 오웰까지, 시대가 바뀌면서 작품이 다루는 주제와 표현 방식도 변화했으며, 이는 문학이 시대를 반영하는 거울임을 보여 준다. 따라서 문학 작품을 읽는 것은 과거의 이야기를 접하는 것을 넘어, 현재를 살아가는 우리 자신과 사회를 이해하는 데에도 중요한 의미를 가진다고 할 수 있다.

Tip

조사형 보고서이며 아이디어를 얻어서 할 경우 직접 조사해 보고 결과를 작성하세요~
문학 작품 속 인물과 사건을 분석하여 당대 사회 문제를 어떻게 반영하는지 알아보기, 셰익스피어부터 현대 작가까지 시대별 문학 표현 방식의 변화를 비교·분석, 문학이 사회적 의식 형성과 변화에 미친 영향을 역사적 사례를 통해 고찰, 작품 속 메시지가 오늘날 독자에게 전달하는 의미와 교훈을 분석하기 등에 대한 탐구도 가능합니다.

예시 5 · 고1

영어 : '어젠다' 어제, 오늘이 아닌 영어 단어라고?

1. 주제

최근 사용되는 영어 단어들에 대한 분석

2. 서론

현대 사회에는 새로운 용어들이 등장하고 있다. 특히 국제·글로벌 관계, 과학·기술, 건강·의료, 사회·경제·정치, 환경, 대중문화, 교육 등 여러 분야에서 신조어나 외래어가 빠르게 확산되면서 우리의 사고와 소통 방식에 영향을 미치고 있다. 따라서 최근 자주 사용되거나 나타난 영어 단어들을 정리하고, 뜻과 출현 배경, 신조어 여부를 분석함으로써 현대 사회에서 영어 단어가 어떻게 발전하고 있는지를 살펴보고자 한다.

3. 본론　　　(1) 국제·글로벌 용어

한글(영어)	뜻	출현 배경/유래	신조어 여부
지오폴리틱스(Geopolitics)	지리적 요인이 정치에 미치는 영향	20세기 초 정치학에서 유래	✘ 기존 단어
브렉시트(Brexit)	영국의 EU 탈퇴	‘Britain’과 ‘Exit’의 합성어	✔ 신조어
파리협정(Paris Agreement)	2015년 체결된 기후 변화 협정	UNFCCC에서 유래	✘ 기존 단어
다자주의(Multilateralism)	여러 국가가 참여하는 협력주의	국제 정치 이론에서 유래	✘ 기존 단어
글로벌 사우스(Global South)	개발도상국을 지칭하는 용어	20세기 후반 국제 정치에서 유래	✘ 기존 단어
디지털 외교(Digital Diplomacy)	디지털 기술을 활용한 외교 활동	21세기 초 디지털 기술 발전과 함께 등장	✔ 신조어
소프트 파워(Soft Power)	문화, 가치 등을 통한 영향력	조지프 나이의 이론에서 유래	✘ 기존 단어
하이브리드 전쟁(Hybrid Warfare)	전통적 전쟁과 비전통적 수단의 결합	21세기 초 군사 전략에서 유래	✔ 신조어
글로벌 거버넌스(Global Governance)	국제 사회의 공동 관리 체계	국제 정치 이론에서 유래	✘ 기존 단어
트랜스내셔널(Transnational)	국가를 초월하는	국제 정치 및 경제에서 유래	✘ 기존 단어
시민 외교(Citizen Diplomacy)	개인 또는 민간 단체의 외교 활동	20세기 후반 국제 관계에서 유래	✔ 신조어
크립토 외교(Crypto Diplomacy)	암호화폐를 활용한 외교 활동	암호화폐의 확산과 함께 등장	✔ 신조어
디지털 식민주의(Digital Colonialism)	디지털 기술을 통한 개발도상국의 지배	디지털 기술의 확산과 함께 등장	✔ 신조어
지속 가능한 개발 목표(Sustainable Development Goals, SDGs)	UN이 설정한 2030년까지 달성할 17개 목표	2015년 UN 총회에서 채택	✘ 기존 단어

(2) 과학·기술 용어

한글(영어)	뜻	출현 배경/유래	신조어 여부
양자 컴퓨팅 (Quantum Computing)	양자역학 원리를 이용한 컴퓨터 기술	1980년대 물리학 이론에서 유래	✔ 신조어
디지털 트윈(Digital Twin)	물리적 객체의 가상 모델	2000년대 초 제조업에서 유래	✔ 신조어
인공지능 윤리(AI Ethics)	인공지능 개발과 사용에 대한 윤리적 기준	2010년대 초 AI 기술 발전과 함께 등장	✔ 신조어
블록체인(Blockchain)	분산 원장 기술	2008년 비트코인 백서에서 유래	✔ 신조어
사물인터넷 (Internet of Things, IoT)	인터넷을 통해 연결된 사물들의 네트워크	1999년 케빈 애시턴의 발표에서 유래	✘ 기존 단어
5G(5G)	5세대 이동통신 기술	2010년대 초 이동통신 기술 발전과 함께 등장	✔ 신조어
자율주행 (Autonomous Driving)	인간의 개입 없이 차량이 스스로 주행하는 기술	2000년대 초 자동차 산업에서 유래	✔ 신조어
증강 현실 (Augmented Reality, AR)	현실 세계에 가상의 정보를 추가하는 기술	1990년대 초 컴퓨터 과학에서 유래	✘ 기존 단어
가상 현실 (Virtual Reality, VR)	컴퓨터로 생성된 가상 환경에 몰입하는 기술	1960년대 초 가상 현실 연구에서 유래	✘ 기존 단어
인공지능 (Artificial Intelligence, AI)	인간의 지능을 모방한 기계의 능력	1956년 다트머스 회의에서 유래	✘ 기존 단어
딥 러닝(Deep Learning)	인공 신경망을 이용한 기계 학습 기술	2000년대 초 기계 학습 연구에서 유래	✔ 신조어
자연어 처리 (Natural Language Processing, NLP)	인간의 언어를 컴퓨터가 이해하고 처리하는 기술	1950년대 초 언어학 및 컴퓨터 과학에서 유래	✘ 기존 단어
클라우드 컴퓨팅 (Cloud Computing)	인터넷을 통한 컴퓨터 자원의 제공 및 이용	2000년대 초 인터넷 기술 발전과 함께 등장	✔ 신조어
엣지 컴퓨팅 (Edge Computing)	데이터 처리를 데이터 발생 지점 근처에서 수행하는 기술	2010년대 초 IoT 기술 확산과 함께 등장	✔ 신조어
양자 암호화 (Quantum Cryptography)	양자역학 원리를 이용한 암호화 기술	1980년대 초 물리학 연구에서 유래	✔ 신조어
스마트 팩토리 (Smart Factory)	IoT, AI 등을 활용한 지능형 제조 공장	2010년대 초 제조업 혁신과 함께 등장	✔ 신조어
디지털 헬스케어 (Digital Healthcare)	디지털 기술을 활용한 건강 관리	2010년대 초 헬스케어 기술 발전과 함께 등장	✔ 신조어

(3) 건강·의료·뷰티 용어

한글(영어)	뜻	출현 배경/유래	신조어 여부
헬스케어 (Healthcare)	건강 관리 및 치료 서비스	20세기 초 의료 산업에서 유래	✕ 기존 단어
웰니스 (Wellness)	신체적, 정신적, 사회적 안녕 상태	1950년대 건강 이론에서 유래	✕ 기존 단어
피트니스 (Fitness)	신체 능력 및 건강 상태	19세기 운동 이론에서 유래	✕ 기존 단어
뷰티 테크 (Beauty Tech)	기술을 활용한 뷰티 산업 혁신	2010년대 초 뷰티 산업의 디지털화와 함께 등장	✔ 신조어
스킨케어 (Skincare)	피부 관리 및 치료	20세기 초 피부학에서 유래	✕ 기존 단어
헬스케어 IT(Healthcare IT)	의료 분야의 정보 기술	1990년대 초 의료 정보화와 함께 등장	✔ 신조어
디지털 치료제 (Digital Therapeutics)	디지털 기술을 활용한 질병 예방 및 치료	2010년대 초 디지털 헬스케어 기술 발전과 함께 등장	✔ 신조어
웨어러블 디바이스 (Wearable Device)	착용 가능한 전자기기	2000년대 초 전자 기술 발전과 함께 등장	✔ 신조어
스마트 워치(Smartwatch)	스마트 기능을 갖춘 손목시계	2010년대 초 스마트 기기 시장의 확산과 함께 등장	✔ 신조어
헬스케어 플랫폼 (Healthcare Platform)	의료 서비스를 제공하는 온라인 플랫폼	2010년대 초 디지털 헬스케어 시장의 확산과 함께 등장	✔ 신조어
디지털 헬스케어 솔루션 (Digital Healthcare Solution)	디지털 기술을 활용한 건강 관리 솔루션	2010년대 초 디지털 헬스케어 기술 발전과 함께 등장	✔ 신조어

(4) 사회·경제·정치 용어

한글(영어)	뜻	출현 배경/유래	신조어 여부
어젠다(Agenda)	회의·정책 등에서 논의할 의제	라틴어 'agenda'에서 유래	✖ 기존 단어
거버넌스(Governance)	조직·국가의 관리·통치 체계	1990년대 세계은행 보고서에서 유래	✔ 신조어
포용적 성장 (Inclusive Growth)	사회 구성원 모두가 혜택 받는 경제 성장	2000년대 국제 개발 이론에서 등장	✔ 신조어
기본소득(Basic Income)	모든 시민에게 일정 소득을 보장	1960년대 경제학 연구에서 유래	✔ 신조어
디지털 민주주의 (Digital Democracy)	디지털 기술을 활용한 정치 참여	2010년대 ICT 발전과 함께 등장	✔ 신조어
사회적 기업 (Social Enterprise)	사회 문제 해결을 목적으로 운영되는 기업	2000년대 초 국제 NGO 활동에서 등장	✔ 신조어
플랫폼 노동 (Platform Labor)	배달·택시 등 플랫폼 기반 노동	2010년대 디지털 경제 발전과 함께 등장	✔ 신조어
파급력 (Impact/Ripple Effect)	사건이나 정책의 영향 범위와 강도	일반 경제·사회 용어	✖ 기존 단어
정치적 올바름(Political Correctness)	특정 집단 차별 방지를 위한 표현 및 행동 기준	20세기 후반 미국 사회에서 등장	✔ 신조어
사회적 거리두기(Social Distancing)	감염병 확산 방지를 위한 물리적 거리 유지	2020년 코로나19 팬데믹에서 등장	✔ 신조어
포스트 팬데믹 (Post-pandemic)	팬데믹 이후 사회·경제 변화	코로나19 이후 등장	✔ 신조어
사회적 자본(Social Capital)	사회 구성원 간 신뢰와 네트워크	1990년대 사회학 연구에서 등장	✖ 기존 단어
디지털 시민권 (Digital Citizenship)	디지털 환경에서의 권리와 책임	2000년대 교육·ICT 분야에서 등장	✔ 신조어
노동 유연화 (Labor Flexibility)	노동 시장의 유연한 근로 형태	1990년대 경제학 및 정책에서 등장	✖ 기존 단어
젠더 감수성 (Gender Sensitivity)	성별에 따른 차별이나 불평등 인식	1990년대 국제 개발 및 인권 운동에서 등장	✔ 신조어
사회혁신(Social Innovation)	사회 문제 해결을 위한 혁신적 접근	2000년대 NGO 및 정책 연구에서 등장	✔ 신조어
기후 정책(Climate Policy)	기후 변화 대응 정책	2000년대 기후변화 논의에서 등장	✖ 기존 단어
사회적 책임 (Social Responsibility)	기업·개인이 사회에 기여해야 하는 책임	CSR 개념에서 유래	✖ 기존 단어
경제 회복력 (Economic Resilience)	경제 충격에 대한 회복 능력	2008년 금융위기 이후 경제학에서 등장	✔ 신조어

(5) 환경 용어

한글(영어)	뜻	출현 배경/유래	신조어 여부
탄소 중립 (Carbon Neutrality)	온실가스 순배출을 0으로 만드는 것	2000년대 기후 변화 대응 정책에서 등장	✔ 신조어
그린워싱(Greenwashing)	환경 친화적 이미지 마케팅	1980년대 미국 환경 운동에서 등장	✔ 신조어
재생에너지 (Renewable Energy)	지속적으로 이용 가능한 에너지	20세기 초 에너지 산업에서 등장	✘ 기존 단어
지속 가능성(Sustainability)	환경·사회·경제의 균형 있는 발전	1987년 브룬틀랜드 보고서에서 등장	✘ 기존 단어
제로 웨이스트(Zero Waste)	쓰레기 최소화 라이프스타일	2000년대 환경 운동에서 등장	✔ 신조어
탄소 배출권(Carbon Credit)	온실가스 배출권 거래 제도	1997년 교토의정서에서 등장	✔ 신조어
기후 회복력 (Climate Resilience)	기후 변화 영향 대응 능력	2000년대 기후 정책에서 등장	✔ 신조어
친환경 제품 (Eco-friendly Product)	환경 영향을 최소화한 제품	1990년대 친환경 마케팅에서 등장	✘ 기존 단어
에너지 전환 (Energy Transition)	화석연료에서 재생에너지로 전환	2010년대 에너지 정책에서 등장	✔ 신조어
생물 다양성(Biodiversity)	생태계에 존재하는 다양한 생물	1980년대 환경 과학에서 등장	✘ 기존 단어
도시 녹화(Urban Greening)	도심 녹지 공간 조성	2000년대 도시 환경 정책에서 등장	✔ 신조어
지속 가능한 패션 (Sustainable Fashion)	환경 친화적 의류 산업	2010년대 패션 산업에서 등장	✔ 신조어
그린 빌딩(Green Building)	친환경 건축물	2000년대 건축 환경 정책에서 등장	✔ 신조어
기후 행동(Climate Action)	기후 변화 대응 활동	2010년대 국제 캠페인에서 등장	✔ 신조어
전기차(Electric Vehicle, EV)	배기가스 없는 차량	2010년대 전기차 기술 발전에서 등장	✘ 기존 단어
탄소 발자국 (Carbon Footprint)	개인·기업의 온실가스 배출량	2000년대 환경 캠페인에서 등장	✔ 신조어
업사이클링(Upcycling)	폐기물 재활용과 가치를 높이는 활동	2000년대 친환경 운동에서 등장	✔ 신조어
클린 에너지(Clean Energy)	오염 없는 에너지	2000년대 에너지 정책에서 등장	✔ 신조어
기후 위기(Climate Crisis)	심각한 기후 변화 문제	2010년대 환경 운동에서 등장	✔ 신조어

(6) 대중문화 용어

한글(영어)	뜻	출현 배경/유래	신조어 여부
팬덤(Fandom)	특정 연예인, 작품, 브랜드를 열정적으로 지지하는 집단	20세기 후반 대중문화 연구에서 유래	✕ 기존 단어
팬사인회(Fan Signing Event)	팬과 아티스트가 만나는 사인 행사	1990년대 한국 아이돌 문화에서 등장	✔ 신조어
셀럽(Celebrity)	유명인	영어 'celebrity'에서 유래	✕ 기존 단어
인플루언서(Influencer)	SNS 영향력 있는 개인	2010년대 SNS 확산과 함께 등장	✔ 신조어
버추얼 인플루언서 (Virtual Influencer)	가상 캐릭터 기반 SNS 활동가	2010년대 가상 인물 기술 발전과 등장	✔ 신조어
챌린지(Challenge)	참여형 SNS 이벤트	2010년대 SNS에서 유행	✔ 신조어
숏폼 콘텐츠 (Short-form Content)	짧은 시간 내 소비 가능한 영상 콘텐츠	2010년대 TikTok, 유튜브 숏츠에서 등장	✔ 신조어
OTT(Over The Top)	인터넷 기반 영상 스트리밍 서비스	2000년대 초 인터넷 TV 서비스에서 등장	✔ 신조어
덕질(Fandom Activity)	좋아하는 분야에 열중하는 행동	한국 팬 문화에서 등장	✔ 신조어
굿즈(Goods)	팬들을 위한 상품	일본 팬 문화에서 유래	✕ 기존 단어
라이브 커머스 (Live Commerce)	실시간 방송 중 상품 판매	2010년대 e커머스 발전과 등장	✔ 신조어
팬덤 문화 (Fandom Culture)	팬 활동을 중심으로 한 사회·문화 현상	2000년대 K-POP 글로벌화와 함께 등장	✔ 신조어
콜라보레이션 (Collaboration)	브랜드·작품 간 협업	마케팅 전략에서 유래	✕ 기존 단어
IP(Intellectual Property)	지적재산권, 캐릭터·콘텐츠 원천	1990년대 글로벌 문화 산업에서 등장	✕ 기존 단어
메타버스(Metaverse)	VR·AR·인터넷을 결합한 3차원 가상 세계	1990년대 SF에서 유래, 2020년대 대중문화 적용	✔ 신조어
팬심(Fan Sentiment)	팬이 가지는 감정적 지지	한국 팬 문화에서 등장	✔ 신조어
콘텐츠 크리에이터 (Content Creator)	온라인 콘텐츠 제작자	SNS와 유튜브 발전과 함께 등장	✔ 신조어

(7) 교육 용어

한글(영어)	뜻	출현 배경/유래	신조어 여부
온보딩(Onboarding)	신입생·신입 직원의 적응 과정	2000년대 기업 HR·교육 분야에서 등장	✔ 신조어
플립러닝(Flipped Learning)	교실 수업과 과제를 뒤집은 학습 방식	2007년 미국 교육 혁신 연구에서 등장	✔ 신조어
에듀테크(EduTech)	교육과 IT 기술의 결합	2010년대 교육 ICT 발전과 함께 등장	✔ 신조어
마이크로러닝 (Microlearning)	짧은 단위 학습	2010년대 온라인 학습에서 등장	✔ 신조어
블렌디드 러닝 (Blended Learning)	온라인과 오프라인 학습 병행	2000년대 교육 기술 발전과 함께 등장	✔ 신조어
MOOC (Massive Open Online Course)	대규모 온라인 공개 강좌	2010년대 대학 교육 혁신과 함께 등장	✔ 신조어
교육격차(Education Gap)	사회적·지역적 학습 기회의 차이	20세기 교육 연구에서 등장	✘ 기존 단어
온라인 수업(Online Class)	인터넷 기반 수업	2010년대 온라인 교육 발전	✔ 신조어
학습 분석 (Learning Analytics)	학습 데이터를 분석하여 개선	2010년대 교육 기술 연구	✔ 신조어
역량 중심 교육 (Competency-based Education)	학습자의 능력에 초점	2000년대 교육 정책	✔ 신조어
디지털 리터러시 (Digital Literacy)	디지털 기술 활용 능력	2000년대 정보화 사회에서 등장	✔ 신조어
온라인 평가 (Online Assessment)	디지털 기반 학습 평가	2010년대 온라인 교육과 함께 등장	✔ 신조어
AI 튜터(AI Tutor)	인공지능 기반 학습 보조	2010년대 AI 기술과 교육 결합	✔ 신조어
코딩 교육 (Coding Education)	프로그래밍 학습	2010년대 소프트웨어 교육 의무화	✘ 기존 단어
디지털 교과서 (Digital Textbook)	전자 형태의 교과서	2010년대 교육 디지털화 정책	✔ 신조어
하이브리드 수업 (Hybrid Class)	온라인과 오프라인 병행 수업	2020년 코로나19로 등장	✔ 신조어
학습 플랫폼 (Learning Platform)	온라인 학습 환경	2010년대 교육 ICT 발전과 함께 등장	✔ 신조어

4. 결론

본 연구를 통해 현대 사회의 다양한 분야에서 새롭게 등장한 단어들과 그 의미를 정리함으로써, 사회적·문화적 변화를 반영한 언어 현상을 확인할 수 있었다. 특히 신기술과 디지털 환경, 글로벌화, 환경 문제, 대중문화의 확산, 교육 혁신 등은 새로운 용어와 개념을 만들어 내며 우리의 일상과 사고방식에 직접적인 영향을 주고 있다. 이러한 용어들을 이해하고 활용하는 것은 단순한 언어 학습을 넘어, 현대 사회의 흐름과 가치를 이해하는 데 중요한 역할을 한다. 따라서 앞으로도 변화하는 사회 속에서 새롭게 등장하는 용어들을 지속적으로 관찰하고 분석하는 것이 필요하다.

Tip

조사형 보고서이며 아이디어를 얻어서 할 경우 직접 조사해 보고 결과를 작성하세요~
신기술과 글로벌화가 언어 변화에 미치는 영향을 사례 중심으로 살펴보기, 대중문화 속 용어가 일상 언어와 사고방식에 어떤 영향을 주는지 분석하기, 환경 문제와 교육 혁신 관련 신조어의 출현 배경과 사회적 함의를 고찰하기, 새로운 용어의 등장과 확산이 문화적 가치와 의사소통 방식에 미치는 영향을 비교하기, 현대 사회 용어 변화를 통해 시대적 흐름과 사회적 트렌드를 이해하는 방법 알아보기 등의 탐구도 가능합니다.

예시 6 · 고1 — 영어 : 패스트 패션 시대~ 장단점을 알아볼까?

1. 주제

패스트 패션에 대한 토론 탐구 보고서

2. 서론

패스트 패션이란 패스트 푸드가 음식이 빨리 나와 먹을 수 있는 것처럼, 최신 유행을 따르면서 저가에 의류를 단기에 세계적으로 대량 생산·판매하는 패션 상표 및 그 업종을 말한다. 현대 사회에서 패스트 패션은 빠르게 변화하는 소비 트렌드와 저렴한 가격으로 많은 사람들에게 인기를 끌고 있다. 그러나 이러한 산업 구조가 환경, 노동, 경제 등 다양한 측면에 미치는 영향은 논란의 대상이 되고 있다. 따라서 패스트 패션의 장점과 단점에 대해 토론을 진행해 분석하고자 한다. 이를 통해 우리는 패스트 패션이 현대 사회에 미치는 영향과 이해도를 더 깊이 파악할 수 있을 것이다.

3. 본론

(1) 찬성 측 의견(장점)

❶ **경제적 접근성**

저렴한 가격으로 최신 유행을 쉽게 따라갈 수 있어 소비자 만족도가 높다.

학생1: "제 생각에는 패스트 패션 덕분에 많은 사람들이 큰 비용을 들이지 않고도 유행하는 옷을 즐길 수 있는 것 같습니다."

❷ **패션 산업 활성화**

빠른 생산과 유통으로 의류 산업이 성장하며 일자리 창출에도 기여한다.

학생2: "저의 관점에서는 패스트 패션이 제조업과 유통업에서 일자리를 만들어 경제를 활성화한다고 생각합니다."

❸ **혁신과 다양성**

다양한 스타일을 짧은 시간 안에 제공함으로써 소비자의 선택 폭을 넓힌다.

학생3: "제게는 패스트 패션이 패션 시장에서 혁신과 다양한 선택을 증가시킨다고 보입니다."

(2) 반대 측 의견(단점)

❶ **환경적 영향**

대량 생산과 폐기, 화학 처리로 인해 온실가스 배출과 수질 오염 등 환경 문제가 심각하다.

학생4: "전 패스트 패션이 과도한 폐기물과 이로 인한 오염으로 환경에 심각한 해를 끼친다고 생각합니다."

❷ **노동 문제**

저렴한 생산 비용을 위해 노동 착취와 안전 문제 발생 가능성이 높다.

학생5: "인건비와 안전 비용의 최소화라는 점을 지적하고 싶은데, 많은 노동자들이 패스트 패션 생산 과정에서 열악한 근무 조건에 노출됩니다."

❸ 사회적 영향

'일회용 소비문화'를 조장하며 지속 가능한 소비를 어렵게 만든다.

학생6: "방금 말씀하신 것에 덧붙이자면, 패스트 패션으로 인해 사회적으로 일회용 소비문화가 더 활발해질 수 있습니다."

(3) 토론 결과

❶ 찬반 요약

찬성 측 핵심 주장:

경제적 접근성 향상 → 소비자가 저렴하게 최신 패션 이용 가능

산업 활성화 → 일자리 창출, 패션 시장 성장

스타일 다양성 제공 → 소비 선택 폭 확대

반대 측 핵심 주장:

환경 문제 → 대량 폐기물, 온실가스 배출, 수질 오염

노동 문제 → 열악한 근무 조건과 착취 가능성

사회적 영향 → 일회용 소비문화 조장, 지속 가능한 소비 어려움

❷ 주요 논점과 토론 과정

경제적 혜택 vs. 환경적 비용

소비자 접근성과 산업 성장 vs. 사회적·윤리적 책임

지속 가능성을 위한 해결책 모색 여부

❸ 공감대 / 합의점

패스트 패션이 제공하는 경제적 편익과 편리성을 완전히 무시할 수는 없다.

환경과 사회적 문제 해결을 위해 지속 가능한 패션 또는 책임 있는 소비 필요성 인정.

완전한 찬성, 반대보다는 균형적 접근이 필요하다는 의견에 많은 참여자가 공감.

4. 결론

패스트 패션은 소비자에게 경제적·문화적 혜택이라는 장점을 제공하지만,

동시에 환경적·사회적 문제를 발생시킬 수 있다. 토론을 통해 살펴본 바와 같이, 경제적 편리함과 환경적 부담 사이의 균형을 모색하는 것이 중요하다. 따라서 지속 가능한 패션 산업으로의 전환과 소비자의 환경을 고려한 책임 있는 선택이 함께 이루어질 때, 패스트 패션의 장점을 유지하면서 단점을 최소화할 수 있을 것이다.

<table>
<tr><td>예시 7 ·
고1</td><td>수학 : 의료 기술에 사용된 수학에는 무엇이 있을까?</td></tr>
</table>

1. 주제

CT 진단법과 일차방정식 - 의료 영상 기술 속 숨겨진 수학 원리

2. 서론

(1) 탐구 동기

CT 촬영을 하면 X선이 몸을 돌면서 촬영하고, 몇 분 후 컴퓨터 화면에 몸 속 단면이 선명하게 나타난다. 단순히 X선을 투과시키는 것만으로 어떻게 복잡한 인체 내부 구조를 정확하게 파악할 수 있을까? 이 궁금증에서 시작하여 CT의 원리를 수학적으로 탐구해 보고자 한다.

(2) CT 스캔의 기본 원리

CT(Computed Tomography)는 여러 각도에서 인체를 투과한 X선의 투과량을 측정한 뒤, 이를 컴퓨터로 계산하여 단층 영상을 재구성하는 기술이다. 인체 조직은 밀도에 따라 X선을 흡수하는 정도가 다르다. 뼈와 같이 밀도가 높은 조직은 X선을 많이 흡수해 투과량이 적게 나타나고, 공기처럼 밀도가 낮은 부분은 X선을 거의 흡수하지 않아 투과량이 크게 측정된다. 근육이나 장기는 그 중간 정도에 해당한다. 이처럼 다양한 각도에서 얻은 투과량을 바탕으로 연립일차방정식을 세우면, 각 지점의 흡수 계수를 계산하여 내부 구조를 추정할 수 있다.

3. 본론

우선 CT의 원리를 단순화하여 인체 단면을 2×2 격자로 나누어 보았다. 각 칸에는 X선을 흡수하는 정도를 나타내는 값이 들어가며, 이를 각각 a, b, c, d로 표현하였다.

	1열	2열
1행	a	b
2행	c	d

여기서 X선을 수평 방향으로 통과시켰을 때, 1행의 투과량은 a+b, 2행의 투과량은 c+d가 된다. 마찬가지로 수직 방향에서는 1열이 a+c, 2열이 b+d로 계산된다. 즉, CT 스캐너가 측정한 투과량을 바탕으로 다음과 같은 연립일차방정식을 세울 수 있다.

X선 투과량 측정: CT 스캐너는 다음과 같이 투과량을 측정한다.

❶ **수평 방향 측정 (→):**

　1행을 통과하는 X선: $P_1 = a + b$

　2행을 통과하는 X선: $P_2 = c + d$

❶ **수직 방향 측정 (↓):**

　1열을 통과하는 X선: $P_3 = a + c$

　2열을 통과하는 X선: $P_4 = b + d$

X선이 통과하는 영역에서 각각 흡수한 에너지를 모두 더한 값은 신체를 통과하며 손실된 X선의 전체 에너지양과 같다. 따라서 X선이 신체를 통과할 때 흡수한 에너지양의 합을 일차방정식으로 세워 구할 수 있다. 측정된 투과량으로부터 다음 연립일차방정식을 얻는다.

❶ **방정식 1:** $a + b = P_1$

❷ **방정식 2:** $c + d = P_2$

❸ **방정식 3:** $a + c = P_3$

❹ **방정식 4:** $b + d = P_4$

이때 실제 값을 대입해 계산해 본다.

뼈 5	근육 2
지방 1	뼈 6

예를 들어, 어떤 단면의 네 구역이 각각 뼈(5), 근육(2), 지방(1), 뼈(6)라고 가정하면, 수평 방향에서는 첫 번째 행이 5+2=7, 두 번째 행이 1+6=7이 되고, 수직 방향에서는 첫 번째 열이 5+1=6, 두 번째 열이 2+6=8로 나타난다. 이를 연립방정식으로 세우면 a+b=7, c+d=7, a+c=6, b+d=8이 된다. 그러나 이 네 개의 방정식 중에서 서로 독립적인 것은 세 개뿐이라, 미지수 네 개를 모두 정확히 구할 수는 없다. 따라서 최소한 하나 이상의 추가 측정이 필요하다는 사실을 확인할 수 있다.

실제 CT에서는 이러한 한계를 극복하기 위해 수평과 수직뿐 아니라 대각선 방향에서도 투과량을 측정한다. 예를 들어, \ 방향에서는 a+d, / 방향에서는 b+c가 측정된다. 이렇게 하면 새로운 두 개의 방정식이 추가되어, 더 많은 미지수를 구할 수 있는 근거가 마련된다. 결국 측정 방향을 다양하게 확보할수록 일차방정식의 수가 증가하고, 인체 내부를 더욱 정확하게 재구성할 수 있게 된다.

현대의 CT는 단순한 2×2 격자가 아니라 수백×수백 픽셀로 단면을 나눈다. 예컨대 512×512픽셀로 나누면 미지수의 개수는 수십만 개에 달한다. 이를 해결하기 위해 CT 스캐너는 360° 회전하면서 수백 개의 각도에서 데이터를 수집한다. 이렇게 얻어진 수백만 개의 방정식은 고속의 행렬 연산과 수치해석 기법을 통해 동시에 계산되며, 그 결과 실시간으로 정밀한 영상이 재구성된다. 즉, 우리가 고등학교에서 배우는 단순한 연립일차방정식의 개념이, 실제 의료 현장에서는 방대한 규모의 행렬 연산으로 확장되어 활용되는 것이다.

4. 결론

CT 스캔은 첨단 의료 기술로 보이지만, 그 근본에는 우리가 배우는 일차방정식의 원리가 숨어 있었다. X선의 투과량을 측정하고 이를 연립방정식으로 표현해 내부 구조를 추정하는 과정은 수학이 실제 문제 해결에 어떻게 쓰이는지를 보여 주는 대표적 사례라 할 수 있다. 물론 실제 CT 영상 재구성에는 더 복잡한 알고리즘과 고도의 연산이 필요하지만, 기본적인 아이디어는 고등학교 수준의 수학으로도 충분히 이해할 수 있다. 이번 탐구를 통해 수학 공부의 의미를 다시금 생각해 보게 되었으며, 앞으로는 "이것이 어디에 쓰일까?"라는 의문보다는 "이 수학으로 무엇을 해낼 수 있을까?"라는 기대감을 가지고 학습할 수 있을 것이다.

Tip

조사형 보고서이며 아이디어를 얻어서 할 경우 직접 조사해 보고 결과를 작성하세요~
CT 스캔과 같은 의료 영상 기술에서 수학적 원리가 어떻게 활용되는지 조사하기, 연립방정식과 함수 개념이 실제 문제 해결, 특히 의료 분야에서 어떤 역할을 하는지 분석하기, 고등학교 수학 개념이 첨단 기술 개발과 응용에 어떻게 연결되는지 사례 중심으로 조사하기, 수학적 모델링이 과학 기술 문제 해결에 기여하는 과정을 CT 스캔 사례를 통해 분석하기, 수학적 이해가 의료 기술 발전과 정확도 향상에 미치는 영향 고찰하기 등에 대한 탐구도 가능합니다.

예시 8 · 고1   수학 : 사회 문제 해결에 수학을 이용할 수 있을까?

1. 주제

제임스 콜먼의 사회학 문제 해결을 위한 수학적 접근

2. 서론

대다수의 사람들은 수학이 흔히 이공계에서 계산 문제를 풀 때 쓰인다고 생각한다. 그러나 사회학자 제임스 콜먼(James Coleman)은 사회 문제, 교육의 불평등 문제를 수학적으로 풀어내려 했다. "사람들의 사회적 문제도 수학으로 설명할 수 있을까?"라는 호기심에서 이 주제를 선택하게 되었다.

3. 본론

(1) 콜먼 보고서의 배경

1966년, 미국 정부는 대규모 조사를 통해 학생들의 성적과 가정, 학교 환경을 비교했다. 이 결과는 콜먼 보고서라고 불리는데, 이 보고서에서는 "학교의 시설보다 가정의 배경이 성적에 더 큰 영향을 준다."라는 결론을 내렸다. 이때 단순히 의견을 말한 것이 아니라 수학적 방법으로 분석했다고 알려져 있다.

(2) 콜먼이 사용한 수학적 방법

❶ 상관관계(두 변수의 관련성)

예 "부모 학력이 높을수록 자녀 성적이 올라가는가?"

수학적으로는 두 변수를 좌표평면에 점으로 찍어 보고, 오른쪽 위로 모이면 양의 상관관계, 흩어져 있으면 상관이 약함이라고 해석한다. 즉 "기울기가 양수인 직선에 가까울수록 강한 관계"라고 이해할 수 있다.

❷ 간단한 직선 모형(회귀식의 기초)

콜먼은 여러 요인이 성적에 미치는 영향을 직선 식으로 표현했다.

예를 들어, 성적 $(Y) = a \times$(학교 자원)$+ b \times$(가정 배경)$+$일정한 값

여기서 a, b는 각각의 영향력 크기이다.

실제 계산 결과, b(가정 배경의 영향력)가 a(학교 자원의 영향력)보다 더 크게 나왔다.

❸ 집단 차이 비교(분산의 개념 활용)

예 백인 학생과 흑인 학생의 평균 성적을 비교했을 때, 차이가 의미 있는지 확인.

평균의 차이와 데이터 흩어짐(분산)으로 이해할 수 있다.

(3) 콜먼의 사회학적 수학 모델("콜먼 보트")

콜먼은 개인의 선택이 모여 사회 현상이 된다고 보았다.

개인 수준: "학생이 공부를 더 할지 말지" → 수학적으로는 함수 입력처럼 개인의 조건이 영향을 줌.

사회 수준: "전체 학생들의 성적 평균" → 여러 값이 모여 하나의 큰 결과가됨. → 즉, 미시적(개인) 현상과 거시적(사회 전체) 현상을 연결하는 모델링을 한 것이다.

4. 결론

제임스 콜먼은 사회 문제를 단순히 글로 설명하지 않고, 수학적 분석을 통해 교육 불평등을 연구했다. 특히 상관관계, 직선 모형(회귀의 기초), 집단 평균 비교 같은 방법을 활용하여, 가정 배경이 학교 자원보다 성적에 더 큰 영향을 준다고 밝혔다. 이번 탐구를 통해 사회 문제도 수학으로 분석할 수 있다는 점을 알게 되었고, 수학이 단순 계산을 넘어서 사회를 이해하는 도구가 될 수 있음을 깨닫게 되었다.

Tip

조사형 보고서이며 아이디어를 얻어서 할 경우 직접 조사해 보고 결과를 작성하세요~
수학적 통계 방법을 활용하여 교육 불평등과 학업 성취 간의 관계를 분석하기, 회귀 분석과 상관관계 기법이 사회 문제 연구에 어떻게 적용되는지 사례 중심으로 조사하기, 가정 배경, 학교 자원, 사회적 요인이 학생 성적에 미치는 영향을 수학적으로 비교 분석하기, 사회학적 현상을 수학적 모델로 표현하고 해석하는 방법을 연구하기, 데이터 기반 분석이 교육 정책과 사회적 의사결정에 미치는 영향을 고찰하기 등에 대한 탐구도 가능합니다.

예시 9 · 고1

수학 : 견우와 직녀가 만날 가능성을 수학으로 분석한다면 어떨까?

1. 주제

경우의 수를 활용한 견우와 직녀의 만남 가능성 탐구

2. 서론

칠월 칠석 설화에 따르면, 견우와 직녀는 일 년에 단 한 번, 7월 7일에만 은하수를 건너 서로 만날 수 있다고 전해진다. 그러나 이 만남에는 특별한 조건이 붙어 있다. 날씨가 맑으면 은하수를 건널 수 있는 다리가 놓이지 않아 만나지 못하고, 비가 내려야 까마귀와 까치가 다리를 만들어 주어 만남이 가능하다고 한다. 이러한 전통 설화를 수학적 시각으로 바라본다면, 7월 7일에 비가 내릴 확률을 통해 두 사람이 실제로 만날 수 있는 가능성을 계산할 수 있다. 본 탐구에서는 확률과 경우의 수 개념을 적용하여 견우와 직녀의 만남 가능성을 분석하고, 수학적으로 불확실성을 이해하는 방법을 살펴본다.

3. 본론

(1) 확률 계산

7월 7일에 비가 올 확률을 p라고 정의한다. 이때 두 사람이 만날 수 있는 확률은 곧 비가 내릴 확률 p와 동일하다. 예를 들어, 특정 지역에서 7월 7일의 강수 확률이 40%(p=0.4)라고 한다면, 견우와 직녀가 만날 수 있는 확률 역시 40%가 된다. 즉, 설화 속 만남이라는 사건을 '비가 오는 사건'으로 수학적으로 대응해 확률을 직접적으로 계산할 수 있다.

(2) 경우의 수 분석 — 다양한 가정

❶ 기본 가정

최근 10년간 7월 7일의 날씨는 서로 영향을 주지 않는 독립 사건이라고 가정한다.

각 해의 날씨는 비가 오는 날(만남 가능)과 맑은 날(만남 불가) 두 가지 경우만 존재한다고 전제한다. 따라서 10년 동안 가능한 모든 날씨의 조합 경우의 수는 $2^{10}=1024$이다.

❷ 만난 횟수에 따른 경우의 수

10년 동안 7월 7일의 날씨가 독립적으로 결정된다고 가정하면, 두 사람이 실제로 몇 번 만날 수 있는지는 이항계수를 통해 구할 수 있다. 예를 들어, 10년 중 단 한 번만 만난다고 하면, 10년 가운데 어떤 해를 선택하느냐에 따라 경우가 달라지므로 경우의 수는 10C1=10가지가 된다. 마찬가지로 10년 중 두 번 만난다고 하면, 만남이 이루어진 두 해를 고르는 방법의 수가 곧 경우의 수가 되고, 이는 10C2=45가지이다. 이와 같은 방식으로 계산하면, 10년 동안 세 번 만날 수 있는 경우의 수는 10C3=120가지, 네 번 만날 경우는 10C4=210가지이다. 가장 많은 경우의 수가 나오는 것은 다섯 번 만나는 경우로, 10C5=252가지이다. 이후 여섯 번 만나는 경우는 다시 210가지로 줄어들고, 일곱 번 만나는 경우는 120가지, 여덟 번은 45가지, 아홉 번은 10가지가 된다. 마지막으로, 열 번 모두 만나는 경우와 한 번도 만나지 못하는 경우는 각각 한 가지밖에 없다.

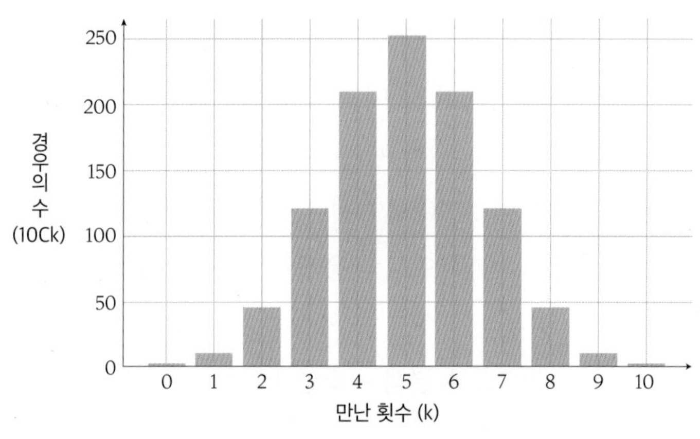

▲ 만난 횟수(k)에 따른 경우의 수(10Ck)

즉, 10년 동안 두 사람이 만날 수 있는 경우의 수는 '몇 번 만나는가'에 따라 달라지며, 이 분포는 대칭성을 가지고 있다. 다섯 번 만나는 경우가 가장 가능성이 크고, 양쪽으로 갈수록 경우의 수가 점차 줄어드는 형태를 보인다. 이러한 패턴은 이항분포의 전형적인 특징이다.

4. 결론

이번 탐구에서는 칠월 칠석 설화를 수학적으로 해석하여, 7월 7일의 비가 올 확률과 경우의 수 분석을 통해 두 사람이 만날 수 있는 가능성을 계산해 보았다. 실제로 특정 지역의 강수 확률 데이터를 적용하면, 설화 속 만남이 얼마나 어려운지 보다 구체적으로 평가할 수 있다. 수학적으로는 확률과 이항정리를 활용하여 불확실한 사건을 정량적으로 분석할 수 있음을 확인하였다. 따라서 이번 탐구는 단순한 전통 설화가 '확률과 경우의 수'라는 수학적 도구를 통해 현실적으로 재해석될 수 있음을 보여 주며, 수학이 일상과 문화를 연결하는 흥미로운 방법임을 확인할 수 있었다.

예시 10 · 고1 — 사회 : 미디어 리터러시가 중요한 이유?

1. 주제

미디어 리터러시란 무엇인가?(인스타그램과 유튜브 가짜뉴스)

2. 서론

현대 사회에서 사람들은 TV, 신문뿐만 아니라 인스타그램, 유튜브와 같은 SNS를 통해 정보 대부분을 접한다. 특히 청소년들도 짧은 영상이나 게시물을 통해 사회적 이슈를 쉽게 알게 되지만, 그 정보가 언제나 사실인 것은 아니다. 이러한 경험 속에서 "우리가 어떻게 정보를 올바르게 받아들일 수 있을까?"라는 문제의식을 가지게 되었고, 이를 탐구하기 위해 '미디어 리터러시'의 개념과 필요성을 조사해 보고자 한다.

3. 본론

(1) 미디어 리터러시의 개념

미디어 리터러시(Media Literacy)란 다양한 매체에서 제공되는 정보를 비판적으로 수용·분석·활용하는 능력을 말한다. 단순히 정보를 읽는 데서 그치지 않고, 그 속에 담긴 의도와 맥락, 정보를 제공하는 사람의 입장을 이해하는 과정까지 포함한다.

(2) 가짜뉴스 사례와 문제점

❶ 인스타그램 사례 : 특정 인플루언서가 잘못된 건강 정보를 올려 수많은 청소년이 따라 하는 경우

❷ **유튜브 사례** : 자극적인 제목과 편집을 사용해 정치적 사실을 왜곡하거나 음모론을 퍼뜨리는 채널

이러한 가짜뉴스는 사실 확인이 어려운 환경에서 빠르게 확산되며, 이용자에게 부정적 영향을 준다.

(3) 미디어 리터러시의 필요성

❶ **비판적 사고**: 정보를 그대로 믿지 않고, 출처와 사실 여부를 확인하는 습관 필요.

❷ **민주시민의 자질**: 올바른 정보에 기반한 의사결정은 민주 사회의 핵심.

❸ **청소년의 미디어 생활**: 또래 집단이나 학교에서 접하는 정보도 스스로 판단할 수 있어야 함.

(4) 미디어 리터러시 교육 방안

❶ 학교에서 뉴스 기사 비교·분석 활동 실시

❷ 가짜뉴스 검증 사이트(팩트체크 사이트) 활용 방법 익히기

❸ SNS 사용 시 "좋아요"와 "공유" 전에 출처와 근거 확인하는 습관 들이기

4. 결론

SNS 시대의 우리는 엄청난 양의 정보를 손쉽게 접하지만, 그 안에는 진실과 거짓이 뒤섞여 있다. 인스타그램과 유튜브에서 퍼지는 가짜뉴스는 단순한 정보 문제가 아니라 사회적 신뢰와 민주주의에 직결된 문제이다. 따라서 미디어 리터러시는 현대 사회의 필수 역량이며, 청소년인 우리부터 비판적이고 주체적인 태도로 정보를 다루는 연습을 해야 한다. 나아가 개인의 정보 선택이 사회 전체의 건강한 의사소통에 기여한다는 점에서 그 중요성은 더욱 커진다.

조사형 보고서이며 아이디어를 얻어서 할 경우 직접 조사해 보고 결과를 작성하세요~
SNS와 디지털 미디어에서 가짜뉴스가 확산되는 원인과 사회적 영향을 분석하기, 청소년의 미디어 리터러시 능력이 정보 판단과 사회적 의사소통에 미치는 영향을 분석하기, 디지털 정보 과잉 속에서 올바른 정보 선택 전략과 교육 방안을 고찰하기 등에 대한 탐구도 가능합니다. 뉴스 사례를 첨부하거나 설문 조사 형식으로 가는 것도 좋습니다.

사회 : 질소 과자?
가격은 그대로인데 과자 양이 줄어든 이유

1. 주제   슈링크플레이션에 대한 탐구

2. 서론   현대 사회에서 소비자는 제품 가격 변화를 민감하게 인식한다. 최근 기업들은 물가 상승에도 불구하고 제품 가격을 그대로 유지하면서 용량을 줄이는 전략을 사용하는 경우가 많다. 이를 슈링크플레이션(Shrinkflation)이라고 한다. 슈링크플레이션은 첫째, 제품의 중량을 줄이거나 둘째, 품질이나 성능을 낮추거나 셋째, 제품 구성을 바꾸는 방식이 있다. 본 탐구에서는 기업이 가격을 올리지 않고 용량을 줄이는 이유를 탐구하고, 그 전략이 소비자 심리와 기업 매출에 미치는 영향을 분석해 보려고 한다.

3. 본론   **(1) 연구 질문**

기업은 왜 가격을 올리지 않고 용량을 줄이는 전략을 선택하는가?

(2) 탐구 방법

❶ 마케팅 관점 분석

제품 가격 변화에 민감한 소비자 심리를 조사

브랜드 이미지와 고객 신뢰도를 유지하면서 비용을 조절하는 전략 분석

❷ 심리학적 요소 분석

'가격은 그대로지만 양이 줄었다'라는 사실을 소비자가 쉽게 인식하지 못하는 점 조사

이를 통한 소비자 구매 행동의 변화 관찰

❸ 기업 비용 구조 분석

원재료 비용 상승과 제조 비용 증가가 기업에 미치는 영향 조사

가격을 올리지 않고 용량을 줄이는 방식이 장기 매출에 미치는 효과 분석

(3) 분석

❶ 가격 민감도와 소비자 심리

소비자들은 제품 가격 인상에 민감하지만, 용량 감소는 눈에 잘 띄지 않는 경우가 많다.

따라서 기업은 가격을 유지하면서도 실제 단위당 가격을 올리는 효과를 얻을 수 있다.

❷ 브랜드 이미지 관리

직접적인 가격 인상은 소비자 반발을 일으킬 수 있다.

슈링크플레이션은 브랜드에 대한 부정적 인식을 최소화하면서 수익성을 유지할 수 있는 전략이다.

❸ 장기적 매출 영향

단기적으로는 매출이 유지되지만, 장기적으로 소비자가 용량 감소를 인식하면 신뢰도에 영향을 줄 수 있다. 기업은 이를 최소화하기 위해 포장 디자인, 프로모션 등으로 소비자 체감 변화를 조절한다.

4. 결론

기업이 가격 대신 용량을 줄이는 슈링크플레이션 전략은 소비자의 가격 민감도를 회피하면서 비용 상승을 조절할 수 있는 효과적인 방법이다. 그러나 소비자가 이러한 변화를 인식하면 브랜드 신뢰도와 장기 매출에 영향을 줄 수 있어, 기업은 심리적 요소와 마케팅 전략을 함께 고려해야 한다. 결과적으로 슈링크플레이션은 단순한 가격 조정이 아니라, 기업의 전략적 선택이자 소비자 심리와 경제적 요인을 동시에 고려한 복합적 현상임을 알 수 있다.

Tip

조사형 보고서이며 아이디어를 얻어서 할 경우 직접 조사해 보고 결과를 작성하세요~
슈링크플레이션의 실제 사례를 활용하면서 설명하면 더 좋습니다. 식품, 생활용품, 라면 등 다양한 실제 사례를 이용할 수 있습니다. 슈링크플레이션이 소비자 행동과 브랜드 신뢰도에 미치는 영향을 사례 중심으로 분석하기, 가격과 용량 조절 전략이 기업의 장기 매출과 시장 점유율에 어떤 영향을 주는지 조사하기, 소비자의 가격 민감도와 심리적 반응이 마케팅 전략 설계에 미치는 역할을 분석하기 등에 대한 탐구도 가능합니다.

<table><tr><td>예시 12 ·
고1</td><td>사회 : 비교 문화?
　　　　비교 문화란 무엇일까?</td></tr></table>

1. 주제　　비교 문화 연구의 의의와 문화적 이해

2. 서론　　오늘날 우리는 세계화 시대를 살고 있다. 다양한 문화적 배경을 가진 사람들이 서로 교류하며 살아가는 사회에서는 다른 문화를 이해하는 능력이 점점 더 중요해지고 있다. 이때 단순히 다른 문화를 '관찰'하는 것이 아니라, 문화의 차이와 공통점을 깊이 탐구하는 비교 문화 연구가 필요하다. 본 보고서에서는 비교 문화 연구의 중요성과 그 방법, 문화적 상대주의와 문화 충격의 의미, 그리고 한국과 서양 문화의 차이점을 살펴보려 한다.

3. 본론

(1) 비교 문화 연구의 중요성

비교 문화 연구는 우리 자신의 문화를 객관적으로 바라볼 수 있도록 도와준다. 또 다른 문화를 이해하고 존중하는 태도를 기를 수 있게 하며, 국제 사회에서 협력과 소통을 가능하게 한다. 기업 활동, 외교, 교육 등 다양한 분야에서 비교 문화 연구는 성공을 위한 중요한 기반이 된다.

(2) 문화적 상대주의의 개념과 의의

문화적 상대주의란 다른 문화를 평가할 때, 자신의 기준이 아니라 그 문화의 맥락을 고려해야 한다는 관점이다. 이는 자문화 중심주의와 대비되는 개념으로, 문화적 오해와 갈등을 줄이고 다양성을 존중하는 태도를 길러 준다. 결국 문화적 상대주의는 세계 시민으로서 가져야 할 중요한 자세라고 할 수 있다.

(3) 비교 문화 연구 방법

비교 문화 연구에는 설문조사, 인터뷰, 참여 관찰, 문헌 연구, 통계 분석 등 다양한 방법이 있다. 최근에는 빅데이터나 네트워크 분석도 활용되면서

연구 방법이 더욱 발전하고 있다. 이러한 방법들은 서로 보완적으로 사용되어 문화 현상을 폭넓게 이해하는 데 도움을 준다.

(4) 문화 충격과 극복 방법

새로운 문화에 적응할 때 느끼는 혼란을 문화 충격이라고 한다. 언어 장벽, 가치관 차이, 생활 방식의 차이 등이 원인이 된다. 극복을 위해서는 먼저 이러한 감정을 자연스럽게 받아들이고, 새로운 문화를 배우려는 태도를 갖는 것이 중요하다. 현지 언어를 배우고 사람들과 교류하며, 자신의 문화를 유지하면서 새로운 문화를 수용하는 균형을 찾는 것도 필요하다.

(5) 한국과 서양 문화의 차이

한국과 서양 문화는 집단주의와 개인주의, 간접적·직접적 의사소통, 권위주의와 평등주의 등에서 큰 차이를 보인다. 이러한 차이를 이해하는 것은 서로 다른 문화권의 사람들이 협력할 때 오해를 줄이고 원활한 관계를 유지하는 데 도움을 준다.

4. 결론

비교 문화 연구는 단순히 다른 문화를 아는 것에 그치지 않고, 우리 문화를 돌아보며 세계 시민으로 성장하는 데 중요한 역할을 한다. 문화적 상대주의는 다양성을 존중하는 태도를 길러 주며, 문화 충격을 극복하는 과정은 개인적 성장을 이끌어 준다. 또한 한국과 서양 문화의 차이를 이해하는 것은 국제적 협력에 필수적이다. 따라서 비교 문화 연구는 포용적이고 성숙한 사회를 만드는 데 꼭 필요한 학문적 탐구라고 할 수 있다.

Tip

조사형 보고서이며 아이디어를 얻어서 할 경우 직접 조사해 보고 결과를 작성하세요~
비교 문화 연구를 통해 다른 문화와의 차이를 이해하고 국제적 협력의 필요성을 탐구하기, 문화적 상대주의가 개인의 가치관과 사회적 태도 형성에 미치는 영향을 분석하기, 문화 충격 경험이 개인적 성장과 사회적 적응에 어떤 역할을 하는지 연구하기, 한국과 서양의 생활 양식, 의사소통 방식, 가치관 차이를 사례 중심으로 비교하기 등에 대한 탐구도 가능합니다.
구체적인 사례나 예시(예 한국의 식문화 vs. 서양의 식문화, 기업의 글로벌 마케팅 사례 등)를 넣어서 작성해 보는 것도 좋습니다.

예시로 배우는
고등학교 2~3학년
탐구 보고서

물리학 영역

물리 : 전기력을 이용한 현미경도 있었다는데??

1. 주제

정전기적 현미경 ─ 주사 탐침 현미경의 원리

2. 탐구 목표

전기력을 이용하여 물질의 표면 구조를 관찰하는 정전기적 현미경(특히 주사 탐침 현미경, STM과 AFM)의 원리를 이해하고, 전자 현미경과의 차이점을 비교한다.

전기적 상호작용(정전기력, 전자터널링 등)이 미시 세계를 관찰하는 도구로 활용될 수 있는 이유를 물리적으로 분석한다.

3. 배경 이론

(1) 정전기력

정전기력은 두 전하 사이에 작용하는 힘이다. 정전기력은 짧은 거리에서도 매우 강하게 작용할 수 있어, 미세한 전하 분포의 변화를 감지하는 데 유용하다.

(2) 주사 탐침 현미경(STM, Scanning Tunneling Microscope)

STM은 전도성 탐침(tip)을 시료 표면에 매우 가깝게 접근시켜, 탐침과 시료 사이에서 발생하는 전자터널링 전류를 측정함으로써 표면의 원자 구조를 관찰하는 현미경이다. 탐침과 시료 사이의 거리가 1nm 이하로 좁아지면, 양자역학적 터널링 현상이 일어나 탐침으로 전류가 흐른다. 이 전류는 거리 변화에 매우 민감하므로, 탐침을 이동하며 전류의 변화를 기록하면 원자 단위의 표면 지도를 얻을 수 있다.

(3) 원자력 현미경(AFM, Atomic Force Microscope)

AFM은 전류 대신 정전기력이나 원자 간 힘(반데르발스 힘, 접촉력 등)을 이용하여 표면을 측정한다. 탐침 끝과 시료 사이에 작용하는 힘의 변화를 감지해 표면 형상을 파악한다. 탐침 끝이 시료에 너무 가까워지면 척력이 커지고, 멀어지면 인력이 작용하므로, 힘의 변화를 정밀하게 측정하면 나노미터 수준의 표면 지도를 얻을 수 있다.

4. 탐구 방법

(1) 탐구 자료 수집

주사 탐침 현미경(STM)과 원자력 현미경(AFM)의 구조 및 작동 원리를 문헌과 논문을 통해 조사한다.

전자 현미경(SEM, TEM)과의 비교 자료를 정리한다.

(2) 이론적 분석

전기력(정전기력)의 거리 의존성을 계산하여 미시적 영역에서의 민감도를 추정한다.

터널링 전류와 거리의 관계를 그래프로 나타낸다.

(3) 모의실험 또는 시뮬레이션

간단한 시뮬레이터(예 PhET Simulation 또는 공개된 STM 작동 시뮬레이션 자료)를 활용해 탐침-시료 간 거리 변화에 따른 전류 변화를 관찰한다.

5. 탐구 결과

정전기적 상호작용은 거리의 제곱에 반비례하므로, 매우 짧은 거리 변화에도 큰 힘의 차이가 발생한다.

STM의 경우, 탐침과 시료의 거리 변화가 0.1nm만 달라져도 전류가 수

배 차이가 날 정도로 민감하게 반응한다.

AFM은 전류가 흐르지 않는 절연체에서도 활용할 수 있으며, 전기적·기계적 특성까지 동시에 분석할 수 있다.

두 현미경 모두 기존의 광학 현미경으로는 관찰할 수 없는 원자 수준의 해상도를 제공한다.

6. 결론

정전기적 현미경은 전기력 또는 전자터널링과 같은 전자적 상호작용을 이용하여 물질의 표면을 관찰하는 장치이다. 전기력의 거리 의존성이 강하고, 양자역학적 터널링 현상이 미시적 거리를 민감하게 반영하기 때문에, 이 원리를 활용하면 원자 단위의 해상도를 얻을 수 있다. 즉, 전기력은 단순한 정전기적 힘을 넘어, 미시 세계를 "감지하는 물리적 눈"의 역할을 한다고 볼 수 있다.

Tip

조사형 보고서이며 아이디어를 얻어서 할 경우 직접 조사해 보고 결과를 작성하세요~
전자 터널링 현상의 양자역학적 해석, 전자 현미경(SEM, TEM)과 탐침 현미경(STM, AFM)의 해상도 비교, 나노 기술에서의 주사 탐침 현미경 응용 사례, 정전기력과 자기력의 상호 비교 — 전자기력의 통합적 관점, 터널 다이오드와 터널링 전류의 관계 등에 대한 탐구도 가능합니다.

예시 2 · 고2~3

**물리 : BAT(Buoyant Airborne Turbine)
공중에 띄우는 풍력 발전기?**

1. 주제

상공에 띄우는 풍선형 풍력 발전기(BAT)가 전기를 생산하는 원리와 특징 탐구

2. 탐구 목표

BAT가 기존 지상 풍력 발전기와 다른 점을 이해한다.

기술적, 환경적, 경제적 관점에서 BAT의 가능성을 평가한다.

3. 배경 이론

(1) 풍력발전 원리

바람의 운동에너지가 터빈을 돌리면 전기에너지로 변환된다.

(2) 고도와 풍속 관계

높은 고도에서는 바람이 더 강하고 일정하게 불어, 에너지 효율이 증가한다.

(3) 부력의 활용

헬륨 등 가벼운 가스를 이용한 풍선 구조물은 상공에서 장치를 띄울 수 있다.

(4) 전력 송전

상공에서 발생한 전기는 케이블을 통해 지상으로 전달된다.

4. 탐구 방법

❶ BAT의 구조와 원리를 문헌과 영상 자료를 통해 조사한다.

❷ 상공 풍속과 지상 풍속 차이를 비교하여 효율성을 분석한다.

❸ 설치 환경과 유지보수 조건, 안전성 문제를 검토한다.

❹ 기존 지상 풍력 발전기와 BAT를 비교하며 장점과 단점을 정리한다.

5. 탐구 결과

(1) 장점

지상 설치 공간 제약이 적다.

고도 활용으로 풍속이 일정하여 효율적이다.

접근이 어려운 지역(섬, 오지)에서도 활용 가능하다.

(2) 한계

기상 변화에 취약하여 안정성 관리가 필요하다.

상공과 지상 연결 케이블 유지보수에 어려움이 있다.

초기 투자 비용과 상용화 기술 검토가 필요하다.

6. 결론

BAT 풍선형 풍력 발전기는 단순한 풍력 발전기를 상공으로 옮긴 혁신적 설계이다. 이를 통해 바람에너지를 보다 효율적으로 활용할 수 있으며, 지리적 제약이 큰 지역에서도 전력 공급 가능성을 높일 수 있다. 하지만 안정성과 유지보수, 상용화 문제는 여전히 해결해야 할 과제로 남아 있다. 이 탐구를 통해 과학적 원리, 기술적 설계, 환경적·경제적 고려가 복합적으로 작용한다는 점을 이해할 수 있었다.

Tip

예시 3 · 고2~3

물리 : 투명 망토가 물리학적으로 가능하다고??

1. 주제

음의 굴절률을 가지는 메타물질에 대한 탐구

2. 탐구 목표

메타물질과 음의 굴절률의 개념 및 물리적 의미를 이해한다.

3. 배경 이론

(1) 메타물질이란 무엇인가?

메타물질은 구성 물질 자체의 물성(예 구리·플라스틱 등)보다 그 내부 구조(주기적인 소구조, unit cell)의 배치와 형태로 인해 전자기적 성질이 만들어지는 인공 물질을 말한다. 일반 물질에서 얻기 어려운 유전율(ε)·투과율(μ)·굴절률(n)을 구조 설계로 실현할 수 있다.

(2) 음의 굴절률의 의미

굴절률 n이 음수라는 것은 전자기파의 위상 벡터와 에너지 흐름의 방향이 반대임을 뜻한다. 이로 인해 음의 굴절과 같은 비정상적인 광학 현상이 발생한다.

(3) 대표적 구성 소자: Split-Ring Resonator(SRR) 등

음의 자기투과율($\mu < 0$)을 만드는 대표 구조로 SRR이 널리 사용된다. 금속 링을 쪼개어 만든 SRR은 특정 공진 주파수에서 인공적인 자기 반응(인공 자화)을 만들어 낸다. 전기적 요소(전선·단락선)는 ε을 조절하는 데 사용된다.

(4) 응용: 초해상도 렌즈와 '투명 망토'(클로킹)

음의 굴절률 매질(특히 $\varepsilon = -1$, $\mu = -1$ 이론적 조건)을 이용하면 평면 슬랩으로도 초점 형성(superlensing)이 가능하다는 이론이 있으며(Pendry 제안), 변환광학(transformation optics) 이론을 이용하면 전파를 물체 주위를 굽혀 보내는 클로킹(숨김) 설계가 가능하다.

4. 탐구 방법

(1) 주요 원리 정리

ε, μ, n의 정의와 음수일 때의 물리적 의미(위상·군속도), SRR의 공진 해석(LC 회로적 모델) 등을 수식과 그림으로 정리한다.

(2) 선행 연구 분석

Shelby et al.(2001) 음의 굴절률 실험, Schurig et al.(2006) 메타물질 클로킹 실험, 관련 리뷰 논문(예 Smith·Pendry 리뷰)을 읽고 핵심 결과를 표로 정리한다.

(3) 한계·윤리·응용 토의

손실(감쇠), 대역폭 협소성, 제작 난이도, 가시광선으로의 확장 어려움, 군사·상업적 응용 가능성 및 윤리적 고려 등을 정리한다.

5. 탐구 결과

이론적으로 ε와 μ를 적절히 설계하면 굴절률 n이 음수가 될 수 있고, 이로 인해 빛(또는 전자기파)의 굴절 방향이 역전되는 현상이 나타난다.

실험적으로 음의 굴절률은 주로 마이크로파 대역에서 SRR 등 구조로 구현되었고, Shelby(2001)와 그 이후의 여러 실험이 이를 확인하였다.

변환광학을 이용한 클로킹(투명화) 개념은 2006년에 메타물질을 이용해 마이크로파에서 부분적 실현이 보고되었으며, 이후 다양한 접근(스캐터링 캔슬링, 카펫 클로크 등)이 발전하고 있다. 다만 대역폭·손실·시야각 등 기술적 제약이 크다.

6. 결론

메타물질과 음의 굴절률은 기존 자연 물질에서 얻기 어려운 전자기적 성질을 구조적 설계를 통해 구현할 수 있는 혁신적인 분야임을 알 수 있었다. 이를 활용하면 빛의 진행 방향을 역전시키는 음의 굴절, 초해상도 렌즈, 전파 클로킹과 같은 응용이 이론적으로 가능하다. 그러나 현실적으로는 주로 마이크로파 대역에서 구현이 이루어지고 있으며, 가시광선 영역으로 확장하려면 제작 기술의 미세화, 재료 손실 최소화, 대역폭 확보 등 해결해야 할 기술적 과제가 많다. 이번 탐구를 통해 메타물질 연구는 단순한 이론적 흥미를 넘어서, 미래 광학·전자공학·통신 기술 발전에 직접적으로 기여할 수 있는 잠재력을 가진다는 점을 이해할 수 있었다.

Tip

조사형 보고서이며 아이디어를 얻어서 할 경우 직접 조사해 보고 결과를 작성하세요~
음향 메타물질(소리의 음의 굴절, 소음 차단) 실험 및 응용, 초해상도 렌즈(superlens)의 원리와 실험적 한계, 변환광학(Transformation optics)과 클로킹 설계 원리 비교, 메타물질의 손실(감쇠)과 대역폭 문제를 해결하는 연구 동향 조사, 광대역(가시광선) 메타물질의 설계와 나노패터닝 기술 등에 대한 탐구도 가능합니다.

2　화학 영역

**화학 : 광학이성질체,
약이거나 독이거나 ~**

1. 주제

광학이성질체의 구조적 차이가 의약품의 생리 작용에 어떤 영향을 미치는
지를 조사한다.

2. 탐구 목표

광학이성질체의 개념과 생성 원리를 이해한다.

거울상 이성질체가 서로 다른 생리적 효과를 나타내는 이유를 탐구한다.

3. 배경 이론

(1) 광학이성질체(Optical Isomer, Enantiomer)

광학이성질체는 분자 구조가 서로 거울상 관계를 이루지만, 서로 겹쳐지
지 않는 형태를 가진 이성질체이다. 중심 탄소 원자가 네 개의 서로 다른
치환기를 가지면 그 탄소를 비대칭 탄소(Chiral center) 또는 키랄 탄소라
부른다. 이런 분자는 두 가지 형태로 존재할 수 있는데, 각각을 L형(left-
handed), D형(right-handed) 이성질체라고 한다. 두 형태는 물리적·화학적
성질(녹는점, 끓는점 등)은 거의 같지만, 편광면 회전 방향과 생체 내 반응
성에서 큰 차이를 보인다.

(2) 광학 활성(optical activity)

광학이성질체는 편광된 빛의 진동면을 회전시키는 성질을 가진다.

오른쪽으로 회전시키면 우회전성(dextrorotatory, (+)-이성질체),
왼쪽으로 회전시키면 좌회전성(levorotatory, (−)-이성질체)이라고 한다.
이 특성은 생체의 단일 거울상 선택성과 밀접하게 관련된다.

(3) 생체의 거울상 선택성(Chiral selectivity)

생체 내 효소와 수용체 단백질은 대부분 하나의 거울상 구조를 가진 분자로 이루어져 있다. 따라서, 생체는 특정한 이성질체만을 인식하고 결합할 수 있다. 즉, D형과 L형 중 하나만 '열쇠와 자물쇠'처럼 맞아 효능을 나타내며, 다른 하나는 거의 효과가 없거나 부작용을 일으킬 수 있다.

4. 탐구 방법

(1) 문헌 조사

화학 교과서의 '입체이성질체' 단원과 대학 교양 화학 자료를 검토한다.
과학 학술지, 제약사 자료, 식품의약품안전처(DB)에서 실제 사례(약물, 독성 등)를 조사한다.

(2) 사례 분석 기준 설정

❶ 광학이성질체를 가지는 의약품
❷ 두 이성질체의 구조식 비교
❸ 각 이성질체의 약리 효과 및 부작용
❹ 제약 현장에서 어떤 이성질체가 사용되는지 여부

(3) 대표 사례 조사

❶ 탈리도마이드(Thalidomide)
❷ 이부프로펜(Ibuprofen)
❸ 메탐페타민(Methamphetamine)
❹ 도파민 전구체(L-DOPA, D-DOPA 비교)
❺ 시탈로프람(Citalopram, 항우울제)

(4) 정리 및 비교

표와 구조 그림을 이용해 두 이성질체의 차이를 도식화하고, '하나의 분자 구조 변화가 약리 효과를 어떻게 바꾸는지' 논리적으로 서술한다.

5. 탐구 결과

의약품	(-)/(+) 또는 D/L 형태	구조적 특징	약리 효과	부작용 또는 무효 형태
탈리도마이드 (Thalidomide)	(R)-형 / (S)-형	1개의 키랄 중심	(R)-형 : 진정·수면 효과	(S)-형 : 태아 기형 유발(독성)
이부프로펜 (Ibuprofen)	(R)/(S)-형	카르복실기 근처 비대칭 탄소	(S)-형 : 진통·소염 작용	(R)-형 : 체내에서 S형으로 전환되지만 작용 느림
도파민 전구체 (DOPA)	L-DOPA / D-DOPA	아미노산형 구조	L-DOPA : 파킨슨병 치료 효과	D-DOPA : 생리적 효능 거의 없음
메탐페타민 (Methamphetamine)	D형 / L형	아민기 비대칭 구조	D형 : 중추신경 자극, 각성 효과	L형 : 비충혈 제거제(약한 효과)
시탈로프람 (Citalopram)	(R)- / (S)-형	방향족 에터 구조	(S)-형 : 항우울제 효과(상품명 렉사프로)	(R)-형 : 효과 거의 없음

같은 화학식이라도 거울상 구조의 차이가 약효를 완전히 바꾸며, 심지어 독성으로 전환되기도 한다.

6. 결론

광학이성질체는 거울상 관계라는 작은 구조적 차이만으로도 생체 내에서 전혀 다른 결과를 일으킨다. 이는 생체 분자가 모두 거울상 선택성을 가지는 키랄 환경이기 때문이다. 따라서 의약품 개발에서는 두 이성질체를 분리하거나, 효과가 있는 이성질체만 합성하는 기술이 매우 중요하다. 실제로 과거 탈리도마이드 사건 이후 제약업계에서는 단일 광학이성질체 의약품(enantiopure drug) 개발이 필수적으로 이루어지고 있다. 광학이성질체에 대한 이해는 약효뿐 아니라 독성 예측, 신약 설계, 생명 윤리적 안전 관리에도 필수적이다.

예시 2 · 고2~3	화학 : 영화 오펜하이머에 나온 과학자들이 노벨상을 이후에 많이 탔다던데?

1. 주제

맨해튼 프로젝트에 참여한 과학자들이 전쟁 이후 노벨상을 받은 사례

2. 탐구 목표

제2차 세계대전 중 핵무기 개발 프로젝트였던 맨해튼 프로젝트에 참여한 과학자들의 연구 경로를 조사한다. 전쟁 후 이들이 수행한 핵물리학, 핵화학, 양자역학 등에서의 과학적 성취를 이해한다.

3. 배경 이론

(1) 맨해튼 프로젝트와 오펜하이머

맨해튼 프로젝트는 1942년부터 미국이 중심이 되어 추진한 핵무기 개발 연구이다. 주요 목표는 핵분열 반응을 이용하여 막대한 에너지를 방출하는 폭탄, 즉 원자폭탄을 만드는 것이었다. 핵분열은 우라늄-235 또는 플루토늄-239 원자핵이 중성자를 흡수하며 두 개의 가벼운 핵으로 분열되고, 이때 에너지와 중성자가 방출되는 과정이다. 이 프로젝트의 과학적 기반은 1930~40년대에 확립된 양자역학과 핵화학, 핵반응 단면적 등의 개념에 있었다. 오펜하이머(J. Robert Oppenheimer)는 이 프로젝트의 과학 총책임자로서 핵 이론 연구를 총괄하였다.

(2) 노벨상과 기초과학

노벨상은 인류의 지식 확장에 기여한 과학적 발견과 혁신적 이론을 평가한다. 맨해튼 프로젝트에 참여했던 많은 과학자들은 전쟁 후 핵무기 연구를 떠

328

나, 기초과학(핵물리학, 원자 구조, 반응 메커니즘 등)으로 돌아가 중요한 업적을 남겼다.

4. 탐구 방법

(1) 자료 조사

- 노벨상 공식 웹사이트(NobelPrize.org)에서 수상자 이력 및 업적 검토
- 과학사 논문,『맨해튼 프로젝트의 과학자들』등 관련 서적 및 온라인 자료 조사
- 전쟁 전후 연구 주제 변화 및 사회적 영향 비교

(2) 대상 과학자 선정

맨해튼 프로젝트 직접 참여자 또는 협력자 중 노벨상 수상자 중심으로 선정

예 엔리코 페르미, 닐스 보어, 리처드 파인만, 한스 베테, 글렌 시보그 등

(3) 정리 및 분석

- 인물별 역할, 전쟁 후 연구 분야, 노벨상 수상 연도 및 업적을 표로 정리
- 수상 업적이 핵물리학·화학 발전에 미친 영향 분석

5. 탐구 결과

과학자	전쟁 중 역할	전쟁 이후 업적	노벨상 수상 연도 및 분야	주요 공헌
엔리코 페르미 (Enrico Fermi)	시카고 파일 (최초 핵분열 연쇄반응) 실험 주도	중성자 물리학, 핵반응 연구	1938년 노벨 물리학상 (전쟁 전 수상)	핵분열 연구의 기초 확립, 원자로 개발 주도
한스 베테 (Hans Bethe)	로스앨러모스 이론부 수석 과학자	항성 핵융합 반응 이론 정립	1967년 노벨 물리학상	태양 에너지 발생 원리(양성자-양성자 사슬) 규명
리처드 파인만 (Richard Feynman)	폭발 계산 및 이론 모델링 참여	양자전기역학 (QED) 발전	1965년 노벨 물리학상	전자기 상호작용의 양자이론 확립
글렌 시보그 (Glenn Seaborg)	플루토늄 등 초우라늄 원소 발견	핵화학적 원소 주기율표 확장	1951년 노벨 화학상	퀴륨, 아메리슘 등 합성 원소 발견

닐스 보어 (Niels Bohr)	이론 자문 및 핵분열 모델 자문	원자 구조와 핵 이론 연구	1922년 노벨 물리학상 (이전 수상)	보어 원자 모형 정립, 핵분열 해석 기여
아이시도 라비 (I. I. Rabi)	핵자 자기모멘트 측정 기술 자문	핵자 자기공명법 (NMR) 개발	1944년 노벨 물리학상	NMR 원리 확립 → MRI 기술의 기반

맨해튼 프로젝트 이후에도 다수의 과학자들이 핵물리학과 양자이론의 발전을 이끌며, 그 업적이 현대 과학기술(의학 영상, 에너지, 재료과학 등)에 지대한 영향을 주었다.

6. 결론

오펜하이머 프로젝트는 인류 역사상 가장 거대한 과학 연구였으며, 참여한 과학자들은 전쟁 후에도 세계 과학사에 길이 남을 업적을 남겼다. 핵무기 개발은 비극적 결과를 낳았으나, 그 과정에서 발전한 핵물리학, 방사화학, 양자역학 계산 기술은 이후의 의학 영상, 핵에너지, 재료 분석 기술로 이어졌다. 따라서 이들의 노벨상 수상은 단순히 개인의 명예를 넘어, 전쟁을 넘어선 과학의 지속성과 윤리적 성찰을 상징한다. 이 탐구를 통해 과학 지식은 '힘'이 될 수도, '평화의 도구'가 될 수도 있음을 이해할 수 있었다.

Tip

조사형 보고서이며 아이디어를 얻어서 할 경우 직접 조사해 보고 결과를 작성하세요~
핵분열과 핵융합의 에너지 비교 실험·계산, 원자 모형의 발전사 — 보어에서 현대 양자역학까지, 방사능의 발견과 의학적 활용(방사선 치료, PET 등), 과학자의 사회적 책임과 과학 윤리 등에 대한 탐구도 가능합니다.

예시 3 · 고2~3　　**화학 : 화학 평형의 원리는 다양한 곳에서 확인이 되는구나!**

1. 주제　　충치 발생과 화학 평형의 원리

2. 탐구 목표　　충치가 세균에 의한 치아 손상으로만 생기는 것이 아니라, 치아 표면의 무

기염 평형 반응과 완충 작용의 붕괴에 의해 진행된다는 점을 이해한다.

3. 배경 이론　　(1) **치아의 무기 성분과 평형 반응**

치아의 주성분은 수산화인회석(Hydroxyapatite, $Ca_{10}(PO_4)_6(OH)_2$)인데, 이는 약한 산에도 서서히 녹는다. 평형 반응으로 나타내면 다음과 같다.

$$Ca_{10}(PO_4)_6(OH)_2(s) \rightleftharpoons 10Ca^{2+}(aq)+6PO_4^{3-}(aq)+2OH^-(aq)$$

산성 환경에서 H+ 이온이 증가하면, OH^-와 반응하여 물을 형성하므로 평형이 오른쪽으로 이동해 고체가 더 녹게 된다.(르샤틀리에의 원리)

(2) **구강 내 pH 변화와 완충 작용**

타액에는 H_2CO_3/HCO_3^- 완충계가 존재한다.

$$H_2CO_3 \rightleftharpoons H^+ + HCO_3^-$$

음식물 섭취 시 세균이 당을 분해하며 산을 생성하면, 이 완충계가 일부 중화 작용을 하여 pH를 6.8~7.4 정도로 유지한다. 그러나 산의 생성이 지나치면 완충 용량이 한계에 도달해 pH가 급격히 떨어지고, 수산화인회석이 녹아 충치가 진행된다.

(3) **불소화 반응**

치약 속 불소(F^-) 이온은 수산화기 대신 결합하여 불화인회석(Fluoroapatite, $Ca_{10}(PO_4)_6F_2$)을 형성한다. 불화인회석은 용해도가 낮아 산성 환경에서도 더 안정적이다.

$$Ca_{10}(PO_4)_6F_2(s) \rightleftharpoons 10Ca^{2+}+6PO_4^{3-}+2F^-$$

4. 탐구 방법　　(1) **문헌 조사**

- 치아의 주요 화학 성분, 타액의 완충계, 충치 발생 시 pH 변화 등의 관련 논문 및 교과 자료 조사
- 식품의 산도(pH)와 충치 발생률 상관관계 조사
- 불소 치약, 무불소 치약의 보호 효과 비교 실험 사례 검토

(2) 간단한 모의실험

- 달걀 껍질(탄산칼슘 성분)을 산성 용액(pH 3~6)에 넣고, pH에 따른 질량 감소량 비교
- 동일 조건에서 불소수용액에 담가 용해 속도 차이 관찰

5. 탐구 결과

산성 용액의 pH가 낮을수록 달걀 껍질의 질량이 빠르게 감소함을 확인하였다. 이는 치아의 수산화인회석이 산성 환경에서 빠르게 용해되는 것과 유사하다. 불소가 포함된 용액에서는 질량 감소가 상대적으로 적었으며, 이는 불소 치약이 충치 예방에 효과적임을 간접적으로 시사한다.

문헌에 따르면, 구강 내 pH가 5.5 이하로 떨어질 경우 인회석의 용해가 급격히 증가하며, 타액의 완충 능력은 약 2~3분 내 회복된다고 한다.

6. 결론

본 탐구를 통해 충치 발생은 단순히 세균 감염이 아니라 화학 평형의 이동에 의해 치아의 무기 성분이 용해되는 과정임을 알 수 있었다. 특히, 구강 내 산성 환경이 유지되면 평형이 용해 방향으로 이동하여 치아가 손상되며, 타액의 완충 작용은 이를 방어하는 주요 메커니즘이다. 또한, 불소 처리로 형성된 불화인회석은 용해도가 낮아 평형 이동이 억제되어 충치 예방 효과를 가진다. 따라서 충치 예방을 위해서는 산성 음식 섭취 후 즉시 물로 헹구거나, 완충 능력을 회복할 시간을 주는 것이 중요하다.

조사형 보고서이며 아이디어를 얻어서 할 경우 직접 조사해 보고 결과를 작성하세요~
타액의 완충 용량을 모의실험으로 측정하기, pH 변화에 따른 인공 치아(에그쉘 등) 용해 속도 비교, 불소 농도에 따른 보호 효과 실험, 탄산음료와 과일즙이 치아 표면에 미치는 화학적 영향, 치아 세정제 속 완충제의 종류와 화학적 작용 비교 등에 대한 탐구도 가능합니다.

3 생명과학 영역

<table>
<tr><td>예시 1 ·
고2~3</td><td>생명 : 후~
어깨나 다리를 주무르면 시원한 이유가 뭘까?</td></tr>
</table>

1. 주제   인체 순환계 기능과 국소적 안마가 미치는 영향을 비교·분석한다.

2. 탐구 목표   순환계 구조와 기능, 국소적 안마가 심박수, 피부 온도에 미치는 생리적 영향을 실험적으로 관찰한다.

3. 배경 이론

(1) 순환계의 기본 구조

순환계는 심장, 동맥, 정맥, 모세혈관으로 구성되어 혈액을 통해 산소와 영양분을 운반하고 노폐물을 제거한다.

말초 혈관은 혈관 평활근의 수축과 이완으로 혈류 저항을 조절하며, 온도, 산소 요구량, 화학적 자극에 따라 확장 또는 수축한다.

(2) 안마와 순환계 반응

안마는 피부와 근육을 기계적으로 자극하여 혈관 확장과 혈류 증가를 유도한다.

혈류 증가 → 근육 산소 공급 증가 → 피로물질 제거 촉진

피부 온도 상승과 심박수 변화는 교감·부교감 신경계 반응을 반영한다.

(3) 측정 지표

❶ 심박수(HR, bpm): 스마트워치 사용 또는 손목 맥박 측정

❷ 혈압(BP, mmHg): 전자 혈압계 사용

❸ 피부 온도(℃): 적외선 온도계 사용

4. 탐구 방법

(1) 대상자

건강한 고등학생 5명 이상

(2) 측정 부위

상완, 전완, 허벅지 등 안마 전후 측정

(3) 측정 항목

❶ 심박수(bpm) → 스마트워치 사용

❷ 피부 온도(℃) → 적외선 온도계

❸ 혈압(mmHg) → 전자 혈압계

(4) 실험 절차

❶ 안정 상태에서 심박수, 피부 온도, 혈압 측정

❷ 지정 부위 3~5분간 안마 시행(가벼운 압력, 원형 마사지)

❸ 안마 직후 동일 부위에서 심박수, 피부 온도, 혈압 재측정

❹ 5분간 휴식 후 회복 상태 측정

(5) 데이터 분석

❶ 안마 전후 변화량 비교

❷ 평균 ± 표준편차 계산

5. 탐구 결과

항목	안마 전	안마 직후	회복 후
피부 온도(℃)	32.8 ± 0.5	34.1 ± 0.6	33.0 ± 0.5
심박수(bpm)	72 ± 5	78 ± 6	73 ± 5
혈압(mmHg)	118/76	122/78	119/77

혈압은 약간 상승했으나 빠르게 회복됨.

혈류 속도는 직접 측정하지 않았으나, 심박수와 피부 온도 변화를 통해 국소 혈류 증가를 간접적으로 확인.

6. 결론

국소 안마는 혈관 확장과 국소 혈류 증가를 유도하며, 피부 온도 상승과 심박수 변화를 통해 그 효과를 확인할 수 있다. 심박수와 혈압 변화는 미미하며, 안마가 전신 순환에 큰 부담을 주지 않고 국소적 효과만 나타남을 알 수 있다. 이번 실험을 통해 순환계 기능과 안마 효과의 관계를 과학적 근거로 설명할 수 있었다.

Tip

실험형 보고서이며 아이디어를 얻어서 할 경우 직접 실험해 보고 결과를 작성하세요~
다양한 압력과 속도로 안마 시 혈류 변화 비교, 온열 마사지와 물리적 마사지의 혈류 개선 효과 비교, 장시간 앉아 있을 때 근육 마사지의 말초 혈관 영향 분석, 운동 전후 마사지의 순환계 반응 비교 실험 등에 대한 탐구도 가능합니다.

예시 2 · 고2~3

생명 : 예전에 콘서트장에서 사람이 쓰러지는 사고를 본 적이 있어.

1. 주제

과호흡 증후군의 생리학적 원인과 발생 메커니즘을 분석한다.

2. 탐구 목표

과호흡 증후군이 발생하는 생리적, 신경학적, 심리적 원인을 분석한다.

3. 배경 이론

(1) 정상 호흡과 산-염기 조절

정상 호흡은 혈액 내 산소(O_2) 공급과 이산화탄소(CO_2) 배출을 조절하여 혈중 pH를 안정적으로 유지한다. 혈액의 정상 pH는 7.35~7.45로 유지되며, 이는 호흡계와 신장의 조절 작용을 통해 산-염기 평형이 유지된다. 이때, CO_2 농도와 pH는 다음 식에 의해 조절된다.

$$CO_2 + H_2O \rightleftharpoons H_2CO_3 \rightleftharpoons H^+ + HCO_3^-$$

CO_2가 과도하게 배출되면 혈중 H^+ 농도 감소 → 알칼리혈증이 발생한다.

(2) 과호흡 증후군의 발생 원인

❶ 생리적 요인

운동, 고온 환경, 고지대 등에서 호흡량 증가

산소 요구량과 관계없이 과도한 호흡 → CO_2 과도 배출

❷ 심리적 요인

공황, 긴장, 스트레스, 공포 상황에서 교감신경 활성화 → 호흡률 증가

❸ 신경학적 요인

뇌간의 호흡 조절 중추(Chebyshev 및 연수 호흡중추) 과민 반응

호흡 중추가 혈액 CO_2 농도 변화에 민감하여 과호흡 유발

❹ 혈액 화학 변화

혈중 CO_2 감소 → 탄산(H_2CO_3) 농도 감소 → H^+ 감소 → pH 상승

알칼리혈증으로 혈관 수축 발생 → 뇌 혈류 감소 → 현기증, 실신

(3) 주요 증상

현기증, 손발 저림, 흉부 압박감, 심계항진, 실신

근육 수축 증가 → 손가락, 발가락 경련 발생 가능

(4) 대처 방법

❶ 호흡 조절

천천히, 얕게, 코로 호흡 → CO_2 축적 정상화

종이봉투 호흡: CO_2 재흡입으로 혈중 pH 정상화

❷ 환경 조절

환기, 서늘한 장소로의 이동, 군중이 밀집된 공간 피하기

❸ 응급 조치

- 실신 시 측면으로 눕히고, 다리를 약간 올려 뇌혈류 증가
- 증상이 지속되거나 의식 저하 시 의료기관으로 신속 이송

4. 탐구 방법

(1) 문헌 조사

- 의학 논문, 생리학 교과서, 응급처치 지침에서 과호흡 증후군 사례 분석
- 혈액 가스 변화, 산-염기 평형, 신경계와 호흡 조절 관련 내용 정리

(2) 사례 분석

- 콘서트, 스포츠 경기, 공황 상황 등 실제 발생 사례 조사
- 증상, 발생 원인, 대처 방법 비교

5. 탐구 결과

과호흡 증후군은 호흡 과다로 인한 CO_2 과배출 → 알칼리혈증 → 혈관 수축 → 뇌 혈류 감소 과정에서 발생함을 확인, 심리적 요인(공황, 군중 밀집)이 생리적 요인과 결합하여 발현 가능.

사례 분석 결과, 종이봉투 호흡, 심호흡, 안정적 자세 등 간단한 대처로 증상 완화 가능.

산-염기 평형과 혈관 반응의 연결 고리를 이해하면, 증후군 발생 원인과 증상 간 관계를 과학적으로 설명 가능.

6. 결론

과호흡 증후군은 호흡과 혈액 화학의 불균형에서 비롯되며, 단순한 심리적 현상이 아닌 생리학적·화학적 원인이 명확히 존재함을 확인하였다. CO_2 감소로 인한 알칼리혈증과 혈관 수축이 뇌 혈류 감소와 실신의 직접적 원인이다. 예방과 대처는 호흡 조절, 환경 조절, 심리적 안정화를 포함한 다면적 접근이 필요하며, 이는 생리학적 근거에 기반해야 한다.

예시 3 · 고2~3 — 생명 : 정상적인 ABO식 혈액형이 아닌 특이한 혈액형에는 어떤 것이 있을까?

1. 주제

Cis AB형, 봄베이(Bombay)형 등 특이한 혈액형의 발생 원리와 특성을 조사하고 분석한다.

2. 탐구 목표

희귀 혈액형 사례를 통해 혈액형 유전학의 복잡성을 이해한다.

3. 배경 이론

(1) ABO 혈액형의 기본 구조

ABO 혈액형은 적혈구 표면의 당단백질(항원, antigen) 발현 여부에 따라 구분된다.

❶ A형: A항원 발현

❷ B형: B항원 발현

❸ AB형: A항원과 B항원 모두 발현

❹ O형: 항원 미발현

항원 발현은 Glycosyltransferase 효소에 의해 결정되며, A형 효소는 N-아세틸갈락토사민을, B형 효소는 D-갈락토스를 적혈구 표면에 부착한다.

(2) Cis AB형

일반 AB형은 A형 유전자와 B형 유전자가 각각 다른 염색체에서 상속된다. Cis AB형은 한 염색체에 A와 B 유전자가 모두 존재하는 경우이다.

❶ 결과: 부모 중 한 명이 O형이라도 자녀에게 AB형이 나타날 수 있음.

❷ **발생 빈도**: 매우 드물며, 일부 동남아시아 인구에서 보고됨.

❸ **유전적 특징**: 유전자 위치와 발현 효소의 변이로 인해 항원이 동시에 발현

(3) 봄베이(Bombay) 혈액형

일반 ABO 체계에서 H항원은 A 또는 B 항원을 만드는 전구체 역할을 한다. 봄베이형(Hh hh, FUT1 유전자 결손)은 H항원 자체가 결핍되어 A형이나 B형으로 표기가 불가하다.

❶ **결과**: 적혈구 표면에 A/B/H 항원 모두 없음, O형으로 잘못 분류될 수 있음.

❷ **수혈**: 일반 ABO 혈액형과는 수혈 불가, 같은 봄베이형 혈액만 수혈 가능.

❸ **발생 빈도**: 인도 일부 지역에서 드물게 보고됨.

(4) 임상적·유전적 의미

희귀 혈액형은 수혈, 장기이식, 임신 합병증에서 중요한 의미가 있다.

유전자 변이 연구를 통해 혈액형 유전학의 복잡성과 항원 발현 조절 메커니즘 이해가 가능하다.

일부 혈액형은 인류 집단 유전 다양성 연구에서도 활용된다.

4. 탐구 방법

(1) 문헌 조사

의학 논문, 유전학 교과서, 혈액학 자료에서 Cis AB형과 봄베이형 사례 수집

항원 발현 원리, 유전자 변이, 효소 작용 정리

(2) 사례 분석

- 전 세계에 보고된 희귀 혈액형 사례 조사
- 수혈, 장기이식, 임상적 문제 사례 분석

(3) 데이터 정리

표와 그림을 이용하여 혈액형별 항원 발현과 유전자 구조 비교

5. 탐구 결과

혈액형	유전자 구조	항원 발현	특이 사항
Cis AB	한 염색체에 A·B 유전자 모두 존재	A항원 + B항원	부모 중 O형이 있어도 AB형 자녀 가능
봄베이(Bombay)	FUT1 유전자 결손	항원 없음(A/B/H 없음)	일반 ABO와 수혈 불가, O형으로 오인 가능
일반 ABO	A/B/O 유전자	A형, B형, AB형, O형	가장 흔한 혈액형 체계

Cis AB형과 봄베이형은 항원 발현과 유전자 구조에서 정상 ABO형과 큰 차이를 보임.

희귀 혈액형 사례는 수혈 안전성과 임상 대응에 중요함.

유전적 변이 연구를 통해 ABO 항원 발현 조절 메커니즘 이해 가능.

6. 결론

Cis AB형과 봄베이형 등 특이 혈액형은 유전자 변이와 항원 발현 차이로 인해 일반 ABO형과 구분됨을 확인하였다. 희귀 혈액형은 수혈 및 임상적 응급 상황에서 정확한 혈액형 확인이 필수적임을 알 수 있다. 이러한 사례를 통해 혈액형 유전학의 복잡성과 인류 유전자 다양성을 이해할 수 있었다.

Tip

조사형 보고서이며 아이디어를 얻어서 할 경우 직접 조사해 보고 결과를 작성하세요~
희귀 혈액형과 면역 반응의 상관관계 연구, ABO 항원과 감염병 감수성 연구, 혈액형 유전 다양성과 인구 집단 유전학 연구, FUT 유전자 변이와 기타 희귀 혈액형 사례 조사, 임신 중 혈액형 부적합과 Rh 인자 문제 분석 등에 대한 탐구도 가능합니다.

4 지구과학 영역

지구과학 : 나비의 날갯짓으로 태풍이 발생??

1. 주제

나비효과(Butterfly Effect)가 기상 및 지구 시스템에서 나타나는 사례를 조사한다.

2. 탐구 목표

나비효과의 개념과 지구과학 현상에서 나비효과의 사례를 고찰한다.

3. 배경 이론

(1) 나비효과의 정의

나비효과는 미세한 초기 조건 변화가 장기적으로 큰 결과를 초래할 수 있다는 혼돈 이론(Chaos Theory)의 개념이다.

용어 유래: 기상학자 에드워드 로렌츠(Edward Lorenz, 1963)의 "브라질에서 나비가 날갯짓을 하면 텍사스에서 토네이도가 발생할 수 있다." 라는 비유에서 시작됨.

(2) 혼돈 이론과 비선형 시스템

혼돈 시스템(Chaotic System): 결정론적 법칙에 의해 움직이지만, 예측 불가능성이 높은 시스템

비선형 방정식: 작은 입력 변화가 결과에 큰 차이를 만들 수 있음.
기상 시스템, 해류, 지진 활동 등 복잡한 지구 시스템에서 흔히 발견됨.

(3) 기상 예측과 나비효과

날씨 예측은 초기 조건(온도, 습도, 기압 등)에 매우 민감함.

측정 오차나 작은 변화가 1~2주 후의 예보에 큰 차이를 유발.

수치 예보 모델에서는 랜덤성 제거 불가 → 예측 범위 확대.

(4) 지구과학적 의미

지구 기후, 해류, 대기 순환 등 복잡한 자연 시스템의 예측 한계 이해.

장기 기후 모델과 단기 날씨 예보 차이 설명.

작은 자연적·인위적 변화가 장기적 환경 변화에 영향 가능.

4. 탐구 방법

(1) 문헌 조사

- Lorenz의 혼돈 이론 논문 및 현대 기상학 교과서 참고
- 나비효과 관련 수치 모델 사례 조사

(2) 사례 분석

토네이도, 허리케인, 엘니뇨 발생 사례에서 초기 조건과 영향 분석

(3) 모델 및 도식 이해

- 간단한 비선형 방정식과 초기 조건 민감성 시각화
- Lorenz attractor 모형을 통해 패턴 분석

5. 탐구 결과

❶ **정의**: 작은 초기 변화가 큰 결과를 유발할 수 있는 비선형 시스템 특성

❷ **기상 적용**: 초기 기상 상태 변화가 수일~수주 후 날씨 패턴에 큰 영향

❸ **예측 한계**: 초기 조건 측정 오차로 인한 장기 예측 불확실성 존재

❹ **사례**: 브라질 나비 날갯짓 비유, 엘니뇨/라니냐 발생, 허리케인 경로 변화

나비효과는 기상 시스템의 비선형성과 초기 조건 민감성을 직관적으로 설명

장기 예보 정확도 제한의 과학적 근거 제공

작은 변화가 장기적 기후 패턴, 생태계 변화, 자연재해 발생에 잠재적 영향

6. 결론

나비효과는 작은 원인이 큰 결과를 초래할 수 있는 복잡계 특징으로, 지구과학에서 매우 중요한 개념임을 확인하였다. 기상 예측과 기후 모델의 한계는 초기 조건 민감성과 혼돈 시스템 특성에 기인한다. 자연 현상을 이해할 때, 단기적 변화뿐만 아니라 장기적 영향까지 고려해야 하며, 작은 변화가 큰 결과를 낳을 수 있다는 시스템적 사고가 필요하다.

Tip

조사형 보고서이며 아이디어를 얻어서 할 경우 직접 조사해 보고 결과를 작성하세요~
Lorenz attractor를 이용한 간단한 혼돈 모델 시뮬레이션, 나비효과와 엘니뇨/라니냐 연계 분석, 인류 활동과 초기 조건 변화가 기후 변화에 미치는 영향, 비선형 시스템과 지진, 화산 활동 연계 연구, 날씨 예보 정확도 향상을 위한 초기 조건 개선 연구 등에 대한 탐구도 가능합니다.

예시 2 · 고2~3 　지구과학 : 인도네시아에서 발생한 지진이 먼 아프리카에 영향을 준 이유는?

1. 주제

인도네시아에서 발생한 쓰나미가 인도양을 넘어 아프리카까지 영향을 미친 원리

2. 탐구 목표

쓰나미 발생 원리와 해저 지형이 파동 전파에 미치는 영향을 이해한다.

3. 배경 이론

(1) 쓰나미 발생 원리

쓰나미는 해저 지진, 해저 산사태, 화산 폭발 등으로 해수면이 급격히 변동할 때 발생한다.

지진 발생 시 단층 이동으로 바닷물에 큰 에너지 전달 → 장거리 파동 발생.

파장은 일반 파보다 매우 길고, 속도는 수심에 따라 달라진다.

(2) 해저 해령과 파동 전파

해저 해령(mid-ocean ridge)은 해저의 길고 좁은 산맥 구조.

파동이 해령을 따라 진행할 때, 해저 깊이 변화 → 파동 속도 변화 → 굴절 발생.

파동은 해령에서 굴절되어 진행 방향이 바뀌거나 전반사(total internal reflection)되어 에너지가 먼 거리까지 전달 가능.

(3) 굴절과 전반사

굴절(refraction): 파동이 서로 다른 매질(수심 변화)에 진입할 때 경로가 꺾이는 현상

전반사(total internal reflection): 파동이 깊이 변화로 굴절각이 임계각을 초과할 때, 파동이 매질 경계에서 완전히 반사됨.

해저 해령 구조가 파동의 에너지를 손실 없이 먼 거리까지 전달하도록 도와준다.

(4) 인도네시아 쓰나미의 지구과학적 의미

발생 지진 규모: M9.1~9.3

쓰나미 파장은 수백 km, 속도 500~800km/h.

해저 해령과 해양 분지 구조에 의해 인도양을 가로질러 아프리카 해안까지 전파.

4. 탐구 방법

(1) 문헌 조사

- 2004년 인도네시아 쓰나미 관측 자료, 해저 해령 지도, 쓰나미 시뮬레이션 논문 수집
- 물리학 굴절, 전반사 관련 문헌 조사

(2) 사례 분석

쓰나미 전파 경로를 지도에 표시, 해저 깊이 변화와 굴절·전반사 위치 분석

(3) 모델 분석

- 수심 변화에 따른 파의 속도 계산
- 굴절각과 임계각을 이용하여 전반사 가능 지역 추정

5. 탐구 결과

항목	내용
쓰나미 원인	M9급 해저 지진으로 해수면 급격 변동
전파 속도	수심 4000m 기준 약 625km/h
해저 지형 역할	해저 해령과 해양 분지가 파동 경로를 안내, 굴절·전반사로 에너지 유지
물리적 해석	굴절로 방향 변화, 전반사로 먼 거리까지 전달 가능
아프리카 도달	에너지 손실 최소화 → 모잠비크 해안, 동부 아프리카 해안 영향

쓰나미 파동은 해저 지형의 굴절과 전반사 작용으로 인도양 전체에 넓게 확산한다.

단순 직진이 아닌 해저 구조와 물리적 특성이 복합적으로 작용하여 먼 거리까지 피해를 준다.

6. 결론

2004년 인도네시아 쓰나미는 '해저 지진 발생 → 해수면 변동 → 파동 전파'의 순서로 발생하였다. 해저 해령과 수심 변화에 따른 굴절과 전반사 현상이 파동 에너지 유지 및 전파 경로에 중요한 역할을 했다. 이를 통해, 지구과학에서는 해저 지형이 해양 파동과 기상재해 전파에 결정적 영향을 미친다는 사실을 확인할 수 있었다. 물리학적 원리(굴절, 전반사)와 지구과학적 원리(해저 해령, 수심, 해양 파동)가 상호작용하여 장거리 재해를 유발함을 알 수 있다.

Tip

조사형 보고서이며 아이디어를 얻어서 할 경우 직접 조사해 보고 결과를 작성하세요~

해저 지진 규모와 쓰나미 파장·속도 관계 분석, 해저 구조와 전반사/굴절을 고려한 쓰나미 피해 예측 모델 연구, 다른 해역(일본, 칠레) 쓰나미 사례와 해저 구조 비교, 쓰나미 조기 경보 시스템에서 물리학적 파동 모델 적용 연구, 인공 구조물(방파제 등)이 굴절, 전반사에 미치는 영향 시뮬레이션 등에 대한 탐구도 가능합니다.

**지구과학 : 해수의 pH가 높아지거나 낮아질 경우
해양 생물은 어떤 영향을 받게 될까?**

1. 주제

해수의 pH 변화가 해양 생태계와 생물 다양성에 미치는 영향

2. 탐구 목표

해수의 pH 개념과 변화 원리를 이해한다.

해양 산성화가 해양 생태계, 특히 산호, 조개류, 갑각류에 미치는 영향을 탐구한다.

3. 배경 이론

(1) 해수의 pH 개념

pH는 수소이온 농도의 척도이다. $pH=-\log[H^+]$

정상 해수 pH는 약 8.1로 약간 알칼리성.

대기 중 CO_2 증가 → 해수 흡수 → 탄산 형성 → H^+ 증가 → pH 감소(해양 산성화)

(2) pH 변화 원인

❶ **해양 산성화(Ocean Acidification):** CO_2 증가 → 해수의 탄산(H_2CO_3) 농도 증가

❷ **알칼리화:** 염기성 물질 유입, 수산화물 증가

❸ **자연적 요인:** 화산 활동, 해수 순환, 강수 등

(3) 해양 생물의 pH 민감성

❶ **산호**

탄산칼슘($CaCO_3$) 구조 형성에 H^+ 농도 증가가 영향을 줌.

pH 감소 → 탄산 이온(CO_3^{2-}) 감소 → 석회질 골격 약화 → 성장 둔화, 백화현상(coral bleaching)

❷ **조개류와 갑각류**

조개, 굴, 새우 등 $CaCO_3$로 이루어진 외골격 형성 장애

낮은 pH → 껍데기 성장 지연, 생존율 감소

❸ **플랑크톤**

석회화 생물(planktonic calcifiers) 성장 및 번식 저해

❹ **물리적·화학적 영향**

해수 pH 변화 → 용존 무기 탄소 균형 변화 → 산소 용해도 및 영양 염류 변화

(4) 생태계적 영향

먹이사슬 불균형: 산호, 조개 등 기초 서식 생물 감소 → 어류, 포식자 개체 수 감소.

해양 생물 다양성 감소.

어업이나 인간 식량 자원에 경제적 영향.

4. 탐구 방법

(1) 문헌 조사

국제 해양학 논문, IPCC 보고서, 해양 산성화 연구 자료 조사

(2) 사례 분석

- 태평양, 카리브해 산호 백화현상 사례
- 북해, 일본 근해 조개류 성장 저해 사례

(3) 비교·정리

pH 감소, 증가에 따른 해양 생물 반응, 생태계 영향, 경제적 영향 표 정리

5. 탐구 결과

해양 생물군	pH 감소 영향	pH 증가 영향	사례
산호	골격 약화, 성장 둔화, 백화현상	일부 생장 촉진 가능성 연구, 과도한 알칼리화 부정적 영향	태평양 산호 백화 사건
조개류, 갑각류	껍데기 성장 지연, 생존율 감소	미약한 성장 촉진 가능성	굴, 조개 양식 영향
석회화 플랑크톤	성장 및 번식 저해	일부 종 성장 증가 가능성	북대서양 및 남극 해양 연구
해양 생태계	먹이사슬 불균형, 생물 다양성 감소	제한적 영향, 특정 종 증가	카리브해, 북태평양 사례

pH 변화는 대부분 해양 산성화로 인한 부정적 영향이 지배적이다.

알칼리화는 단기적 또는 일부 종에 한정된 영향만 확인된다.

기후 변화와 인간 활동이 해수 pH 변화와 생태계 영향을 증폭시킨다.

6. 결론

해수 pH 변화는 해양 생물의 생리적 기능과 서식 환경에 직접적 영향을 미친다. 산성화가 진행될 경우, 산호, 조개류, 석회화 플랑크톤 등의 성장과 생존율이 감소하며, 이는 해양 생태계와 먹이사슬 전반에 악영향을 미친다. 해수 pH 변화는 단순 화학적 현상이 아니라, 생태계 안정성과 인간 식량 자원까지 연결되는 지구 시스템적 문제임을 확인할 수 있었다.

Tip

조사형 보고서이며 아이디어를 얻어서 할 경우 직접 조사해 보고 결과를 작성하세요~

해양 산성화와 온도 상승이 해양 생물 성장에 미치는 복합 영향 연구, 지역별 해수 pH 변화와 어업 생산량 변화 상관관계 분석, pH 변화와 해양 탄소 저장 능력 변화 연구, 산호 복원 프로젝트와 pH 안정화 전략 사례 조사, 알칼리화 물질 투입을 통한 해수 pH 조절 실험 사례 연구 등에 대한 탐구도 가능합니다.

국어, 영어, 수학, 사회 등의 영역

<table><tr><td>예시 1 ·
고2~3</td><td>국어 : 비슷한 주제를 다룬 작품을 비교해 보자~</td></tr></table>

1. 주제

성장을 다룬 작품 〈데미안〉과 〈어린 왕자〉 비교

2. 서론

성장은 인간의 삶에서 필수적인 과정이며, 문학에서도 자주 다루어지는 주제이다. 이 보고서에서는 헤르만 헤세의 〈데미안〉과 생텍쥐페리의 〈어린 왕자〉를 비교하여 두 작품이 '성장'을 어떤 방식으로 표현하는지 살펴본다. 두 작품은 모두 성장의 여정을 그리지만, 그 과정과 의미는 다르다. 이를 통해 작품이 전달하는 메시지와 현대 사회에서의 의미를 탐구하고자 한다.

3. 본론

(1) 성장이란 무엇인가?

〈어린 왕자〉는 외부 세계와의 관계 속에서 성장이 이루어진다. 어린 왕자는 여러 행성을 여행하며 어른들의 허영심과 권력욕을 관찰하고, 사랑과 책임의 진정한 의미를 배운다. 즉, 세상과의 관계를 통해 성장한다. 반면 〈데미안〉은 내면 탐구를 중심으로 성장한다. 싱클레어는 데미안을 만나 자신의 마음을 바라보고, 선과 악이 공존하는 인간의 본성을 깨닫는다. 그는 내면의 갈등을 수용하며 진정한 자아를 찾는다. 따라서 〈어린 왕자〉는 외적 성장, 〈데미안〉은 내적 성장을 보여 준다.

(2) 인물의 역할

두 작품에서 인물들은 주인공의 성장을 돕는다. 〈어린 왕자〉에서는 여러 행성의 인물들이 어른들의 잘못된 가치관을 보여 주고, 여우는 관계의 소중함을 일깨운다. 〈데미안〉에서는 데미안, 피스토리우스, 에바 부인이 싱클레어의 내면적 성숙을 이끈다. 이들은 각기 다른 방식으로 주인공이 스스로를 이해하고 자립하도록 돕는다.

(3) 상징의 의미

〈어린 왕자〉의 '장미'는 사랑과 관계를, '사막'은 고독과 성찰을 상징한다. 어린 왕자는 이를 통해 성장의 의미를 깨닫는다. 〈데미안〉의 '새'는 틀을 깨는 변화를, '아브락사스'는 선악이 공존하는 인간의 내면을, '카인의 표식'은 자유로운 사고를 상징한다. 두 작품의 상징은 주인공의 성장 과정을 명확히 드러낸다.

(4) 현대 사회에서의 의미

〈어린 왕자〉는 물질 중심 사회 속에서 관계와 순수함의 가치를 다시 생각하게 한다.
〈데미안〉은 획일적인 사회 속에서도 자신만의 길을 찾아야 함을 강조한다. 내면의 불안과 갈등을 인정하고 자신을 수용하는 것이 성숙의 출발점임을 보여 준다.

4. 결론

〈어린 왕자〉와 〈데미안〉은 모두 성장의 과정을 다루지만, 그 방향은 다르다. 어린 왕자는 타인과의 관계를 통해 성숙해지고, 데미안은 내면의 성찰로 자아를 완성한다. 두 작품은 모두 인간의 성숙과 자기 발견의 중요성을 강조한다. 독자는 이를 통해 성장의 의미를 다시 생각하고, 자신만의 길을 찾을 수 있다는 생각을 하게 되었다.

예시 2 · 고2~3

국어 : 포스트모더니즘이란 무엇일까?

1. 주제

포스트모더니즘 문학의 이해

2. 서론

포스트모더니즘은 20세기 후반 이후 문학, 예술, 철학 등 다양한 분야에 영향을 미친 사조이다. 포스트모더니즘 문학은 기존의 규칙을 깨고 새로운 형식과 해석을 시도한다. 독자는 작품을 직접 해석하며 의미를 구성한다. 변화가 빠르고 다양한 가치가 공존하는 현대 사회를 이해하기 위해 포스트모더니즘 문학의 특징을 살펴볼 필요가 있다.

3. 본론

(1) 전통적 틀의 해체

포스트모더니즘 문학은 기존의 서사 구조를 깨뜨린다. 사건의 순서가 뒤섞이거나 인물 관계가 불분명하게 제시되기도 한다.

예 토머스 핀천의 《중력의 무지개》는 시간과 사건이 혼란스럽게 얽혀 있어 독자가 직접 의미를 찾아야 한다.

(2) 패러디와 풍자

익숙한 형식을 비틀어 새로운 의미를 만든다. 단순한 모방이 아니라 기존 질서를 풍자한다.

예 공지영의 《즐거운 나의 집》은 가족 소설의 틀을 빌려 현대 사회의 가족 문제를 드러낸다.

(3) 혼란과 모호함

현실과 환상, 기억과 망상이 섞여 독자가 스스로 판단하게 만든다.

⑩ 김영하의 《살인자의 기억법》은 기억이 뒤섞인 서사를 통해 진실을 독자가 추론하게 한다.

(4) 다양한 목소리의 공존

하나의 시각이 아닌 여러 관점을 통해 세상을 바라본다.

⑩ 황석영의 《장길산》은 민중의 입장에서 역사를 서술해 기존 시각을 뒤집는다.

(5) 형식의 실험

포스트모더니즘 작가들은 문학 형식을 자유롭게 실험한다. 시와 산문을 섞거나 그림을 함께 사용하기도 한다.

⑩ 박민규의 《삼미 슈퍼스타즈의 마지막 팬클럽》은 대화와 서술을 교차시켜 독자에게 새로운 읽기 경험을 준다.

4. 결론

포스트모더니즘 문학은 기존 문학의 틀을 깨고 독자에게 해석의 자유를 준다. 패러디, 해체, 다양성, 실험적 서술은 복잡한 현대 사회를 반영한다. 이러한 문학은 독자로 하여금 세상을 다양한 시각에서 바라보게 하고, 비판적 사고력을 기른다. 따라서 포스트모더니즘 문학의 이해는 단순한 독서 활동을 넘어 현대 사회를 깊이 성찰하는 과정이라 할 수 있다.

Tip

조사형 보고서이며 아이디어를 얻어서 할 경우 직접 조사해 보고 결과를 작성하세요~
포스트모더니즘 문학에서 '현실과 가상의 경계'가 어떻게 표현되는지 구체적 작품을 중심으로 탐구, 포스트모더니즘 문학이 디지털 시대의 웹소설이나 SNS 서사에 어떤 영향을 주었는지, 포스트모더니즘 문학의 '다양성'이 사회적 약자나 주변인의 시각을 어떻게 드러내는지 등에 대한 탐구도 가능합니다.

<table><tr><td>예시 3 ·
고2~3</td><td>국어 : 문헌 정보학에 대해 알아보자~</td></tr></table>

1. 주제

문헌 정보학이 담당하는 역할과 중요성 탐구

2. 탐구 목표

문헌 정보학이 단순한 도서관 운영 기술이 아닌, 정보 사회의 핵심 문제를 다루는 학문임을 이해하고, 이와 관련된 직업, 자질, 최신 동향, 자격 제도를 종합적으로 살펴본다.

3. 배경 이론

문헌 정보학(Library and Information Science)은 인간이 만들어 낸 지식과 정보를 체계적으로 수집·분류·저장·검색·활용하는 방법을 연구하는 학문이다. 과거에는 주로 도서관 운영과 서지 작성, 기록 보존 등에 초점을 두었지만, 오늘날에는 디지털 기술의 발달로 인해 정보 시스템, 데이터 분석, 인공지능 활용 등으로 범위가 확장되었다. 이 학문은 정보의 전 생애주기를 다루며, '정보의 가치 극대화'를 목표로 한다.

4. 탐구 내용

문헌 정보학의 연구 대상은 정보 그 자체이며, 정보가 생성되어 이용자에게 전달되기까지의 전 과정을 탐구한다.

첫째, 정보의 조직과 관리 측면에서는 자료를 효율적으로 분류하고, 이용자가 필요한 정보를 신속히 찾을 수 있도록 체계를 구축한다.

둘째, 정보 서비스와 접근성 향상 측면에서는 정보 불평등을 줄이고, 누구나 공평하게 지식에 접근할 수 있는 환경을 조성한다.

셋째, 기술과의 융합 측면에서는 인공지능(AI), 빅데이터, 메타버스, 디지털 큐레이션 등 최신 기술을 활용하여 정보 활용 방식을 혁신한다.

넷째, 전문 인력 양성 측면에서는 사서, 기록물 관리자, 정보 아키텍트, 데이터 분석가 등 다양한 직업군이 활동하며, 이들은 각각 정보의 관리, 분석, 시각화, 보존을 담당한다.

이와 같은 역할을 수행하기 위해서는 논리적 사고력, 분석 능력, 정보 윤리

의식, 협업 및 소통 능력이 필수적이며, 변화하는 정보 환경에 유연하게 대
응할 수 있는 태도가 요구된다.

5. 탐구 결과

문헌 정보학은 단순히 자료를 보관하는 학문이 아니라, 지식의 흐름을 설
계하고 사회적 가치를 창출하는 핵심 분야임이 드러났다. 특히 AI 기반 정
보 검색, 데이터 리터러시 교육, 오픈액세스 확대, 개인정보 보호 등의 최
신 이슈는 문헌 정보학이 정보 사회에서 차지하는 실질적 중요성을 보여
준다. 또한 문헌 정보학 관련 자격증(사서, 기록물관리사 등)과 데이터 분석
이나 정보처리 관련 자격증은 학문적 기반 위에 실무 능력을 강화하는 수
단으로 작용한다. 따라서 문헌 정보학은 인문학적 통찰과 과학 기술적 이
해를 융합하여, '정보의 시대'를 이끌어 가는 지식 기반 학문이라 할 수
있다.

6. 결론

이번 탐구를 통해 문헌 정보학이 단순히 과거 자료를 정리하는 학문이 아
니라, 현재와 미래의 정보 환경을 설계하고 관리하는 핵심 분야임을 알게
되었다. 정보의 생성부터 활용, 보존에 이르기까지 전 과정을 다루는 문헌
정보학은 인공지능, 빅데이터, 디지털 문화와의 융합을 통해 끊임없이 진
화하고 있다. 따라서 문헌 정보학은 '정보를 다루는 기술'이 아니라 '정보
를 통해 사회를 발전시키는 지혜'를 다루는 학문이라고 할 수 있다.

Tip

조사형 보고서이며 아이디어를 얻어서 할 경우 직접 조사해 보고 결과를 작성하세요~
인공지능이 도서관 서비스에 미치는 영향에 대한 탐구, 디지털 시대의 기록물 관리 전략과 윤리적 문제 분석, 메타버스 기반 가상
도서관의 정보 접근성 향상 방안 탐구, 데이터 리터러시 교육의 필요성과 학교 교육과정 적용 방안 연구 등에 대한 탐구도 가능합
니다.

<table><tr><td>예시 4 ·
고2~3</td><td>영어 : 학생들이 자주 실수하는 영어 문법에는 무엇이 있을까?</td></tr></table>

1. 주제

학생들의 영어 학습 과정에서 나타나는 문법적 오류의 유형을 정리하고, 원인과 개선 방안 탐구

2. 탐구 목표

영어는 우리말과 문법 체계가 크게 다르기 때문에, 학습 과정에서 반복적인 오류가 자주 나타난다. 본 탐구를 통해 영어 작문 및 말하기 능력의 정확성과 자연스러움을 향상하는 방법을 알아보려고 한다.

3. 배경 이론

문법(grammar)은 언어의 구조를 규정하는 체계로, 시제, 수, 관사, 전치사, 부사 등의 규칙을 포함한다. 언어학적 관점에서 문법 오류는 학습자의 모국어 간섭(L1 interference), 과잉 일반화(overgeneralization), 규칙의 불완전한 습득(incomplete acquisition) 등에서 비롯된다. 특히 영어는 시제의 구분, 관사 사용, 수 일치, 어순 등에서 한국어와 구조적으로 차이가 크기 때문에, 한국 학습자에게는 문법적으로 까다로운 영역이 많다.

4. 탐구 내용

(1) 시제 혼동 — 현재완료 vs. 단순 과거

예 (×) I lost my wallet.

(○) I have lost my wallet.

현재완료는 '지금까지 영향을 미치는 과거 사건'을 나타내므로, 단순히 과거 시점을 언급하는 단순 과거와 구분해야 한다.

→ **원인:** 한국어에는 현재완료에 해당하는 시제 구분이 명확하지 않음.

(2) 비교급·최상급의 중복 사용

예 (×) He is more taller than me.

(○) He is taller than me.

'more'와 '-er'은 둘 다 비교의 의미를 가지므로 중복 사용은 문법적으로 틀리다.

→ **원인**: 문장 강조를 위해 중복 표현하는 한국어식 사고의 영향.

(3) 'wish' 문장의 시제 오류

예 (×) I wish I can go there.

(○) I wish I could go there.

'wish'는 현재 사실과 반대되는 상황을 가정하므로 과거 시제를 사용한다.

→ **원인**: 가정법과 실제 시제의 불일치에 대한 이해 부족.

(4) 관계대명사의 잘못된 사용

예 (×) The man which lives next door is friendly.

(○) The man who lives next door is friendly.

사람에는 who, 사물에는 which를 사용해야 한다.

→ **원인**: 관계대명사 구분이 모호하거나 암기식 학습에 의존함.

(5) so와 such의 혼동

예 (×) It was such hot.

(○) It was so hot.

(○) It was such a hot day.

→ 'so + 형용사', 'such + (a/an) + 형용사 + 명사' 구문 구분 필요.

→ **원인**: 유사한 의미의 단어로 인한 구조적 혼동.

(6) 조건문에서 시제 오류

예 (×) If I will see him, I will tell him.

(○) If I see him, I will tell him.

조건절은 현재 시제, 결과절은 미래 시제를 사용한다.

→ **원인**: '미래의 일은 미래형으로 말해야 한다'는 과잉 일반화.

(7) 수 일치 오류

예 (×) The quality of the pictures are great.

(○)The quality of the pictures is great.

주어는 'quality'이므로 단수 동사 사용이 옳다.

→ **원인**: 주어와 가까운 명사에 동사를 일치시키는 오류.

(8) 부정문에서 any와 some의 혼동

예 (×) I don't have some money.

(○) I don't have any money.

부정문에는 일반적으로 'any'를 사용한다.

→ **원인**: 'some'을 '어느 정도 있다'는 의미로 잘못 이해.

(9) 관사의 누락 또는 오용

예 (×) I bought new car.

(○) I bought a new car.

'car'는 셀 수 있는 명사이므로 관사 'a' 필요.

→ **원인**: 한국어에는 관사 개념이 존재하지 않음.

(10) 가정법 과거완료 vs. 과거 혼동

예 (×) If I studied harder, I would have passed.

(○) If I had studied harder, I would have passed.

과거의 사실과 반대되는 상황은 가정법 과거완료를 사용.

→ **원인**: 가정법 시제 체계에 대한 정확한 이해 부족.

5. 탐구 결과

한국 학습자의 영어 문법 오류는 단순한 부주의보다 언어 구조 차이에서 비롯된 경우가 많다. 특히 시제, 관사, 가정법, 수 일치 등은 한국어에 없는 문법 요소이므로, 문법 규칙을 암기하는 것보다 문맥 속에서 자연스럽게 체화하는 학습이 필요하다. 또한 문장 쓰기 후, 오류를 스스로 점검할 수 있는 자기 교정 능력(self-monitoring)의 향상이 중요하다.

6. 결론 이번 탐구를 통해 영어 문법 오류는 단순한 실수가 아니라 언어 간 구조적 차이와 인지적 전이(cross-linguistic transfer)에서 비롯됨을 확인하였다. 따라서 문법 학습은 규칙 암기보다, 문맥 이해, 사례 중심 학습, 반복적 피드백이 병행될 때 효과적이다. 정확한 문법은 단순히 시험 점수 향상을 넘어, 명확하고 설득력 있는 의사소통의 기반이 된다.

Tip

조사형 보고서이며 아이디어를 얻어서 할 경우 직접 조사해 보고 결과를 작성하세요~
한국어와 영어의 시제 체계 비교 연구, 관사 사용 오류의 인지 언어학적 원인 분석, 영어 글쓰기에서 자기 교정 전략의 효과 연구, 영어 학습자의 오류 수정 방식별 학습 효과 비교 등에 대한 탐구도 가능합니다.

<table><tr><td>예시 5 ·
고2~3</td><td>영어 : 우리말에는 없는 관사, 한번 정리해 볼까?</td></tr></table>

1. 주제 영어 관사의 이해와 올바른 사용

2. 탐구 목표 영어 문장에서 관사가 의미에 미치는 영향을 탐구하고 실제 문장 속에서 관사를 올바르게 사용하는 방법을 익힌다.

3. 배경 이론 영어의 관사(article)는 명사 앞에 붙어 그 명사가 특정한 것인지, 일반적인 것인지를 구별하는 기능을 한다. 관사는 크게 부정관사(a, an), 정관사(the), 그리고 무관사(zero article)로 나뉜다.

❶ 부정관사(a, an): '하나의', '어떤'의 의미로, 불특정한 대상을 처음 언급할 때 사용된다.

I saw a cat in the garden. (정체를 모르는 '어떤 고양이')

❷ **정관사(the):** 화자와 청자가 모두 알고 있는 특정한 대상을 가리킬 때 사용된다.

The cat was sleeping under the tree. (앞서 언급된 '그 고양이')

❸ **무관사(zero article):** 일반적인 개념이나 불가산 명사를 표현할 때 관사를 사용하지 않는다.

Water is essential for life. (물 전체를 가리킴)

4. 탐구 방법

❶ 영어 교재와 문법서에서 관사 사용 규칙을 조사한다.

❷ 실제 영어 문장을 수집하여 관사 사용 여부와 의미의 차이를 분석한다.

❸ 잘못된 문장과 올바른 문장을 비교하여 관사의 기능을 구체적으로 확인한다.

5. 탐구 결과

(1) 부정관사 a/an의 특징

발음에 따라 구분한다: 자음 발음 앞에는 a, 모음 발음 앞에는 an을 사용한다.

a car, an apple, an hour ('h'가 묵음인 경우 모음 취급)

처음 등장하는 명사, 직업, 종류, 수량('하나')을 나타낼 때 쓰인다.

She is a teacher.

I need a pen.

A dog is a loyal animal.

(2) 정관사 the의 특징

앞에서 언급된 명사나 문맥상 특정한 대상을 가리킬 때 사용한다.

I bought a book. The book was interesting.

세상에 하나뿐인 것이나 고유명사 일부에도 사용된다.

The sun, The Pacific Ocean, The United States

형용사의 최상급, 서수, 특정 명사 앞에도 쓰인다.

the best student, the first time

(3) 무관사(관사 생략)의 경우

불가산 명사나 일반적 개념 앞에는 관사를 쓰지 않는다.

Love is important.

I like pizza.

식사명, 과목명, 운동명 앞에서도 관사를 생략한다.

We had lunch together.

She plays soccer.

(4) 관사 오용의 대표 사례

(×) I bought new car. → (○) I bought a new car.

(×) The water is important for life. → (○) Water is important for life.

(×) He is the doctor. (처음 언급 시) → (○) He is a doctor.

이러한 오류들은 관사의 유무에 따라 의미가 완전히 달라질 수 있음을 보여 준다.

6. 결론

관사는 문장의 자연스러움과 정확성을 결정짓는 중요한 요소이다. 한국어에는 이에 해당하는 개념이 거의 없기 때문에, 학습자는 명사가 '특정한 것인지', '일반적인 것인지'를 의식적으로 구분해야 한다. 관사의 올바른 사용은 단순한 문법 암기보다 문맥을 이해하는 능력과 밀접하게 관련되어 있으며, 다양한 예문을 통해 '의미의 초점'을 파악하는 연습이 필요하다. 관사를 정확히 활용할 수 있다면 영어 문장은 훨씬 명확하고 자연스럽게 표현될 것이다.

Tip

조사형 보고서이며 아이디어를 얻어서 할 경우 직접 조사해 보고 결과를 작성하세요~
영어 원어민이 관사를 생략하거나 강조할 때의 담화적 기능 탐구, 영어에서 관사와 수량 표현(much, many, some, any)의 상관관계 탐구, 셀 수 없는 명사와 셀 수 있는 명사 구분의 의미론적 기준 분석 등에 대한 탐구도 가능합니다.

1. Topic

The Discovery of Mosquitoes in Iceland: Evidence of Climate Change

2. Research Objective

This study aims to explore how the first discovery of mosquitoes in Iceland can be interpreted as scientific evidence of global climate change and what environmental factors contributed to this unusual event.

3. Background Theory

Mosquitoes are insects that thrive in warm and humid climates. Their breeding requires temperatures above 10°C and stagnant water for larval development. Traditionally, Iceland's cold climate and long freezing winters have made it impossible for mosquitoes to survive. However, as global temperatures continue to rise, even regions near the Arctic are becoming increasingly suitable for species that were once restricted to warmer zones. This phenomenon is consistent with ecological migration and species range expansion caused by climate change. Similar cases have been observed in Alaska, northern Canada, and Scandinavia, where new species have recently been reported.

4. Research Method

I examined multiple news articles, scientific reports, and climate data related to Iceland's recent temperature patterns. In particular, I analyzed the mean annual temperature of Iceland over the past 30 years, focusing on the correlation between the rise in average temperature and the appearance of insects previously unable to survive there. I also compared Iceland's case with other northern regions to identify a global pattern.

5. Research Findings

Recent data show that Iceland's average temperature has risen by about 1.5°C over the last three decades. Warmer summers and milder winters have reduced the number of frost days and increased periods suitable for insect breeding. In 2025, mosquitoes were observed for the first time in Reykjavik and nearby wetland areas. Scientists concluded that higher temperatures and human-related water storage (such as artificial ponds and drains) created microhabitats where mosquito larvae could survive. This discovery indicates that even small climatic changes can significantly alter local ecosystems, leading to the introduction of new species.

6. Conclusion

The emergence of mosquitoes in Iceland is not an isolated incident but part of a broader ecological shift driven by global warming. This case demonstrates how rising temperatures are transforming ecosystems even in subarctic regions once considered insect-free. Therefore, the event serves as an alarming signal that climate change is affecting not only weather patterns but also biodiversity and disease risks worldwide.

예시 6 영문 보고서의 한글 번역

1. 주제 아이슬란드에서 발견된 모기: 기후 변화의 증거

2. 탐구 목표 아이슬란드에서 모기가 처음으로 발견된 사건이 지구 온난화의 과학적 증거로 해석될 수 있는 이유와 이 현상이 발생하게 된 환경적 요인을 탐구한다.

3. 배경 이론 모기는 따뜻하고 습한 기후에서 잘 번식하는 곤충으로, 일반적으로 10℃ 이상의 온도와 고인 물이 있어야 유충이 자랄 수 있다. 그러나 아이슬란드는 오랫동안 낮은 기온과 긴 겨울로 인해 모기가 생존할 수 없는 지역으로 알려져 있었다. 하지만 최근 전 세계적인 기온 상승으로 북극권에 가까운 지역에서도 점차 온난한 환경이 형성되고 있으며, 그 결과 기존에는 살 수 없었던 생물종들이 새로운 지역으로 확산되는 '생태계 이동(Ecological Migration)'이 일어나고 있다. 이러한 사례는 알래스카, 북부 캐나다, 스칸디나비아반도 등에서도 보고되고 있다.

4. 탐구 방법 아이슬란드의 최근 기후 변화와 관련된 여러 뉴스 기사, 과학 보고서, 기후 데이터를 조사하였다. 특히 최근 30년간 아이슬란드의 연평균 기온 변화를 분석하여, 온도 상승과 모기 같은 곤충의 출현 사이의 상관관계를 살펴보았다. 또한 다른 북반구 고위도 지역에서 나타난 비슷한 사례를 비교하여 공통적인 기후적·생태적 패턴을 도출하고자 하였다.

5. 탐구 결과 최근 30년 동안 아이슬란드의 평균 기온은 약 1.5℃ 상승하였다. 이로 인해 여름철은 더 따뜻해지고, 겨울철에는 결빙 기간이 짧아지면서 곤충이 번식할 수 있는 기간이 늘어났다. 2025년에는 수도 레이캬비크와 인근 습지에서 모기가 처음으로 관찰되었으며, 과학자들은 기온 상승과 인공 연못, 배수로 등 인간 활동으로 생긴 물웅덩이가 유충의 서식지를 제공했다

고 분석하였다. 이 발견은 미세한 기후 변화조차 지역 생태계에 큰 영향을 미칠 수 있음을 보여 준다.

6. 결론

아이슬란드에서의 모기 출현은 단순한 일시적 사건이 아니라, 지구 온난화로 인한 생태계 변화의 한 단면이다. 기온 상승은 기후뿐만 아니라 생물 다양성과 질병 확산 위험까지 변화시키고 있음을 시사한다. 따라서 이번 사례는 북극권에서도 기후 변화의 영향이 본격적으로 나타나고 있음을 보여 주는 중요한 경고라 할 수 있다.

Tip

조사형 보고서이며 아이디어를 얻어서 할 경우 직접 조사해 보고 결과를 작성하세요~
열대 곤충의 북상 현상이 인간의 건강과 생태계에 어떤 영향을 미치는가?, 기후 변화로 인한 외래종 확산을 예방하기 위한 생태학적 관리 방안은 무엇인가?, 북극 지역에서 기후 변화가 먹이사슬과 생태 균형에 미치는 영향은 어떠한가?, 고산지대나 극지방 등 다른 지역에서 새롭게 발견된 생물종 사례 비교 연구 등에 대한 탐구도 가능합니다.

예시 7 · 고2~3 **수학 : 수학의 난제 타원곡선 이산 로그 문제에 대해서~**

1. 주제

타원곡선 이산 로그 문제(ECDLP)와 실생활

2. 탐구 목표

타원곡선과 이산 로그 문제(Elliptic Curve Discrete Logarithm Problem, ECDLP)의 수학적 원리를 이해한다.

3. 배경 이론

(1) 타원곡선(Elliptic Curve)

타원곡선은 일반적으로 다음과 같은 형태의 방정식으로 정의된다.

$$y^2 = x^3 + ax + b \ (4a^3 + 27b^2 \neq 0)$$

이는 특이점(singularity)이 없는 매끄러운 곡선이며, 점 덧셈(point addition) 연산을 정의할 수 있다.

이 연산을 통해 타원곡선 위의 점들은 군(Group)을 이룬다.

(2) 이산 로그 문제(Discrete Logarithm Problem, DLP)

일반적인 DLP는 정수론에서 $a^x \equiv b \pmod{p}$의 형태로 주어질 때, x를 찾는 것이 매우 어렵다는 성질을 이용한다.

$\pmod{p}$뜻 : a^x를 p로 나눈 나머지가 b를 p로 나눈 나머지와 같다.

(3) 타원곡선 이산 로그 문제(ECDLP)

타원곡선 위에서 한 점 P와 Q=kP가 주어졌을 때, 정수 k를 찾는 것은 계산적으로 매우 어렵다. 즉, Q가 P의 몇 배인지를 알아내는 문제는 현실적인 시간 내에 풀 수 없다는 점을 이용하여 ECC(Elliptic Curve Cryptography, 타원곡선 암호)가 개발되었다.

4. 탐구 방법

❶ 타원곡선의 정의와 군 연산 방식을 수학적으로 정리한다.

❷ ECDLP의 계산 원리를 예시 수로 단순화하여 직접 계산해 본다.

❸ 기존의 RSA 암호와 ECC 암호의 효율성과 보안성을 비교한다.

❹ ECDLP가 실생활의 어디에서 활용되는지 구체적인 사례를 조사한다.

（예 디지털 서명, 비트코인, 인터넷 보안 프로토콜 등)

5. 탐구 결과

조사 결과, ECDLP는 해독이 거의 불가능한 계산적 난이도를 가지며, 이 성질이 현대 정보 보안의 핵심 기반으로 사용되고 있음을 확인하였다. 특히 ECC 암호는 RSA 암호보다 짧은 키 길이로 동일한 수준의 보안을 제공한다. 예를 들어, 'RSA 2048비트 ≈ ECC 256비트' 정도의 보안 강도를 가진다. 또한 블록체인(비트코인, 이더리움 등), 스마트카드, 공인인증서, HTTPS 보안 통신 등에서 실제로 활용되고 있다.

6. 결론

타원곡선 이산 로그 문제는 이론적으로 정의된 수학적 개념이지만, 현대 사회의 암호 기술과 데이터 보안의 실질적 기반이 되고 있다. 순수수학의

한 분야였던 타원곡선 이론이 실제 사회의 보안과 금융 기술에 직접 응용
된다는 점에서 수학의 실용성과 확장 가능성을 보여 준다. 이번 탐구로 수
학이 단순히 학문이 아니라, 현대 기술 발전의 근간이 되는 실용적 도구임
을 깨달았다. 특히 '어려운 문제를 이용해 안전을 지킨다'는 발상이 흥미로
웠으며, 수학과 컴퓨터 과학의 융합 연구에 더 관심을 가지게 되었다.

Tip

조사형 보고서이며 아이디어를 얻어서 할 경우 직접 조사해 보고 결과를 작성하세요~
타원곡선 군의 구조와 점 덧셈 공식의 수학적 증명, 양자컴퓨터 시대에 대비한 ECDLP의 취약성 분석, RSA, ECC, 양자암호의 보안성 비교 연구 등에 대한 탐구도 가능합니다.

예시 8 · 고2~3　　**수학 : QR코드 속에 숨어 있는 수학을 찾아보자~!**

1. 주제　　QR코드의 구조와 원리를 수학적으로 분석

2. 탐구 목표　　QR코드의 생성 및 판독 과정에 사용되는 이진수, 다항식, 행렬, 오류 정정 코드 등의 수학적 개념을 이해한다.

3. 배경 이론　　**(1) QR코드의 기본 구조**

QR코드는 흑백 격자무늬로 이루어져 있으며,

❶ 위치 탐지 패턴(Position Detection Pattern)

❷ 정렬 패턴(Alignment Pattern)

❸ 버전 정보 영역

❹ 데이터 영역

등으로 구성된다.

데이터는 이진수(0과 1)로 저장되며, 각 모듈(사각형)이 이를 표현한다.

(2) 이진수와 다항식 표현

QR코드의 데이터는 이진수로 변환된 후, 다항식(polynomial) 형태로 처리된다. 이러한 다항식 표현은 오류 수정 코드 계산에 사용된다.

(3) 오류 수정 코드 — Reed-Solomon Code

QR코드가 일부 훼손되어도 읽을 수 있는 이유는 Reed-Solomon 오류 정정 코드 덕분이다. 이는 유한체(有限體, finite field) 위의 다항식 연산을 이용하여, 일부 데이터가 손상되어도 원래 데이터를 복원할 수 있게 한다.

(4) 행렬의 활용

QR코드는 2차원 배열(행렬) 구조로 되어 있다. 데이터 배치는 행렬 인덱싱으로 이루어지며, 마스크 패턴(mask pattern)을 적용하여 0과 1의 분포를 최적화한다. 이 과정은 행렬 연산과 패턴 최적화의 개념과 관련이 있다.

4. 탐구 과정

(1) QR코드 생성 원리 조사

QR코드의 구성 요소와 데이터 인코딩 과정에 대한 문헌 조사
이진 데이터가 어떻게 배치되는지 학습

(2) 오류 수정 원리 분석

Reed-Solomon 코드의 원리를 간단한 예시로 계산

(3) 직접 실험

간단한 문자열(⑩ "MATH")을 QR코드로 변환
이미지 편집 프로그램으로 일부 영역을 가려 손상시킨 뒤, 여전히 인식 가능한지 실험

(4) 수학적 해석

손상된 QR코드가 인식되는 이유를 오류 정정 코드의 수학적 원리로 설명

QR코드의 데이터 배치를 행렬 형태로 분석하여 0과 1의 분포 패턴 확인

5. 탐구 결과

QR코드의 구조에는 이진수, 행렬, 다항식, 유한체 연산 등 다양한 수학 개념이 내포되어 있음을 확인하였다. 일부 모듈(최대 약 30%)이 손상되어도 복원 가능한 것은 Reed-Solomon 코드의 수학적 원리 덕분이었다. QR코드의 데이터 배열과 마스크 패턴은 수학적 최적화를 통해 오류율을 최소화한다는 것을 실험을 통해 확인하였다.

6. 결론

QR코드는 단순한 흑백 패턴이 아니라, 수학의 결정체라고 할 수 있다. 이진수, 다항식, 유한체, 행렬, 확률과 통계의 개념이 조화되어 정보를 안정적으로 저장하고 복원할 수 있게 한다. 이번 탐구를 통해 일상 속 기술이 수학에 얼마나 깊이 의존하고 있는지를 깨닫게 되었으며, 수학의 응용력을 실감할 수 있었다.

Tip

조사형 보고서이며 아이디어를 얻어서 할 경우 직접 조사해 보고 결과를 작성하세요~
바코드(Barcode)와 QR코드의 데이터 구조 비교, Reed-Solomon 코드의 수학적 유도 과정 심화 탐구, 유한체의 구조와 암호학에서의 활용, QR코드의 데이터 압축과 정보이론, 인공지능(AI)과 QR코드 인식 기술의 수학적 알고리즘 등에 대한 탐구도 가능합니다.

예시 9 · 고2~3 **수학 : 스마트 볼 마커의 거리 측정 원리를 알아보자.**

1. 주제

스마트 볼 마커의 거리 측정 원리에 숨어 있는 수학적 개념 탐구

2. 탐구 목표

스마트 볼 마커가 남은 거리를 계산하는 과정에서 사용되는 삼각측량과 좌표기하학적 원리를 이해하고, GPS 신호를 이용한 거리 계산의 수학적 구조를 분석한다.

3. 배경 이론

(1) 삼각측량(Trilateration)

GPS는 세 개 이상의 위성으로부터의 거리 정보를 이용하여 현재 위치를 계산한다. 각 위성은 구면상의 일정한 반지름을 가진 원의 형태로 거리 조건을 제공하며, 세 구면의 교점이 수신기의 위치가 된다. 이 과정은 3차원 공간에서의 거리 방정식의 해집합 교차 문제로 표현된다.

(2) 좌표기하학(Coordinate Geometry)

지표면의 한 점을 위도(latitude)와 경도(longitude)로 표현할 수 있으며, 이를 직교좌표로 변환하면 두 점 사이의 거리는 유클리드 거리식으로 계산된다. 실제 GPS 연산에서는 지구가 완전한 구체가 아니므로, 타원체 모델(WGS-84)을 이용한다.

(3) 오차 보정(Error Correction)

위성 신호의 시간 지연, 대기 굴절, 반사 등에 의한 오차를 줄이기 위해 평균화, 필터링, 보정 위성 데이터를 적용한다. 이러한 보정은 통계적 추정과 최적화 알고리즘으로 수행된다.

4. 탐구 과정

(1) GPS 좌표 개념 이해

위성 세 개 이상으로부터 신호가 도달하는 시간을 이용해 각 거리 조건을 설정한다. 거리 조건은 구면 방정식 형태로 나타나며, 이를 연립하여 수신기의 좌표를 계산한다.

(2) 볼 마커 거리 계산 모형화

홀의 위치(H)와 마커의 위치(M)를 좌표로 두고, 두 점 사이의 거리를 계산한다. 고저의 차가 있을 경우, 단순한 평면 거리 대신 고도를 포함한 공간 좌표 거리로 확장한다.

(3) 오차 요인 분석

실제 측정값은 신호 지연과 수신기 정밀도에 영향을 받는다.

이에 따라 거릿값은 ±1~2m 정도의 오차 범위를 가진다.

5. 탐구 결과　스마트 볼 마커의 핵심은 삼각측량 기반 좌표 연산이며, 이는 고등수학의 좌표기하학과 공간벡터 거리 개념에 근거한다. 세 점 이상의 거리 조건을 이용하여 한 점의 위치를 결정하는 것은 단순한 도형 문제가 아니라 실제 GPS 기술의 수학적 구현이다. 이 과정을 통해 측정된 좌표 간의 유클리드 거리를 이용하면 홀까지의 남은 거리를 자동으로 계산할 수 있다.

6. 결론　스마트 볼 마커의 거리 측정 원리는 단순한 전자기기 기술이 아니라, 삼각측량, 좌표기하학, 벡터 거리 계산 등 수학의 응용을 바탕으로 한다. 특히 GPS의 거리 계산은 3차원 공간에서의 다구면 교차 문제를 해결하는 과정으로, 수학적 모델링의 대표적인 실제 활용 예시라 할 수 있다.

예시 10 · 고2~3	사회 : 그로스 해킹(Growth Hacking)이란?

1. 주제　그로스 해킹이 현대 사회에서 미치는 영향과 사회적 의미를 탐구한다.

2. 탐구 목표　그로스 해킹의 개념과 원리를 이해한다.

사회적·경제적 관점에서 그로스 해킹의 효과와 한계를 분석한다.

3. 배경 이론

그로스 해킹(Growth Hacking)은 전통적 마케팅과 달리 데이터 분석, 창의적 아이디어, 기술적 전략을 결합해 빠른 성장을 추구하는 방법을 의미한다. 일반적으로 스타트업에서 자금과 자원이 제한적인 상황에서 효율적 성장을 위해 사용된다. 핵심 원리는 '실험 → 분석 → 최적화'의 반복이다. 성공 사례로는 페이스북, 에어비앤비, 드롭박스 등이 있으며, 이들은 그로스 해킹을 통해 사용자 기반을 빠르게 확장했다. 사회적 관점에서 보면 그로스 해킹은 사용자 경험, 정보 확산, 경제적 가치 창출에 직결된다. 그러나 지나친 데이터 수집이나 사용자의 행동을 조작하는 방식으로 이루어질 경우 윤리적 문제가 발생할 수 있다.

4. 탐구 과정

❶ 그로스 해킹 관련 문헌과 사례 조사
❷ 국내외 스타트업의 성장 전략 분석
❸ 그로스 해킹이 사회와 경제에 미친 영향 사례 정리
❹ 장점과 단점을 비교, 분석

5. 탐구 결과

그로스 해킹은 저비용으로 빠른 성장을 가능하게 하여, 창업 초기 기업의 생존율을 높인다. 데이터를 기반으로 한 전략적 의사결정이 가능해 효율적 자원 활용에 기여한다. 사용자 맞춤 경험을 제공하여 사회적 편의성과 디지털 참여 기회 확대에 도움을 준다. 하지만 지나친 사용자 데이터 활용, 개인정보 침해 가능성, 조작적 마케팅 등 윤리적 문제도 동반된다.

6. 결론

그로스 해킹은 현대 사회에서 기업과 개인의 성장 전략으로 강력한 도구이다. 효율적 자원 활용과 빠른 성장이라는 장점에도 불구하고, 사회적 책임과 윤리적 고려가 필수적이다. 따라서 기업과 사회가 함께 균형을 유지하며 전략을 활용하는 것이 필요하다.

Tip

조사형 보고서이며 아이디어를 얻어서 할 경우 직접 조사해 보고 결과를 작성하세요~
SNS 기반 그로스 해킹과 사회적 영향 분석, 데이터 윤리와 그로스 해킹의 조화 방안 탐구, 국내 스타트업의 성공과 실패 사례 비교 연구 등에 대한 탐구도 가능합니다.

사회 : 뉴욕 지하철에서는 열차가 운행 중일 때 차량 간 이동이 금지래!

1. 주제

뉴욕 지하철 열차 칸 이동 금지 규정에 대한 사회 탐구 보고서

2. 탐구 목표

뉴욕 지하철 열차 칸 이동 금지 규정의 배경과 목적을 이해한다.
규정 준수와 사회적 책임이 사회 질서 유지에 미치는 영향을 평가한다.

3. 배경 이론

뉴욕 지하철은 MTA(New York Metropolitan Transportation Authority)가 운영하는 세계적인 대규모 도시철도 시스템이다. 기관은 열차 운행 중 차량 간 이동 금지 규정을 두고 있으며, 이를 위반할 경우 경고나 벌금이 부과될 수 있다. 이러한 규정은 시민 안전을 위한 것으로, 열차의 곡선 구간, 출발·정차 시 충격, 차량 간 틈 등 사고 위험이 큰 상황을 예방하기 위한 것이다. 사회학적 관점에서 보면, 규범과 규칙은 개인행동을 제한하면서도 사회 전체의 안전과 질서를 보장하는 역할을 한다.

4. 탐구 과정

뉴욕 지하철 운영 규정을 조사하고 차량 간 이동 금지 관련 내용을 확인한다.
사고 사례 및 안전 안내 자료를 검토하여 규정의 필요성을 분석한다.
시민 행동과 사회적 규범 준수의 상관관계를 문헌과 사례를 통해 탐구한다.

5. 탐구 결과

열차 칸 이동 금지는 시민 안전과 직결되며, 사고 위험을 크게 줄일 수 있다. 규정 준수 여부는 사회적 책임 의식과 연결되며, 개인의 선택이 사회 안전에 영향을 미침을 보여 준다. 실제로 규정을 위반하면 벌금이나 경고를 받을 수 있으며, 이는 사회 규범을 유지하는 실질적 수단으로 작용한다.

6. 결론

뉴욕 지하철의 열차 칸 이동 금지 규정은 불편을 강요하는 것이 아니라 공공 안전과 질서 유지를 위한 중요한 규제이다. 시민이 이러한 규정을 이해하고 준수할 때, 사회 전체의 안전과 효율적인 도시 교통 운영이 가능하다.

| 예시 12 · 고2~3 | 사회 : 밴드왜건, 스놉, 베블런 소비란? |

1. 주제 밴드왜건(Bandwagon), 스놉(Snob), 베블런(Veblen) 소비가 사회와 경제에 미치는 영향

2. 탐구 목표 밴드웨건, 스놉, 베블런 소비의 개념과 특징을 이해한다.

사회적, 경제적 맥락에서 이러한 소비 행동이 나타나는 이유를 분석한다.

3. 배경 이론

(1) 밴드왜건 소비

다른 사람들이 많이 소비하니까 나도 따라 소비하게 되는 현상이다. 사회적 모방과 유행을 기반으로 하며, 제품이나 서비스의 가치가 많은 사람이 사용할수록 증가한다.

예 인기 있는 스마트폰, 유행하는 운동화, 소셜 미디어 앱

(2) 스놉 소비

희소하거나 소수가 소유한 제품을 선택하는 소비 행동이다. 다른 사람이 갖지 못한 것을 갖고 싶어 하는 욕구에서 발생하며, 제품의 가치가 소유자가 적을수록 높아지는 특징이 있다.

예 한정판 시계, 희귀 예술품, 특수 수집품

(3) 베블런 소비

가격이 높거나 명품일수록 구매 욕구가 증가하는 과시적 소비다. 사회적 지위를 나타내는 수단으로서 소비되며, 높은 가격이 오히려 매력을 높이는 특성을 가진다.

🅔 명품 가방, 고급 자동차, 유명 브랜드 의류

(4) 네트워크 효과와의 관계

네트워크 효과란 다수 사용자가 있을수록 제품이나 서비스의 가치가 증가하는 현상을 말한다. 밴드왜건 소비와 유사하게, 사용자가 많을수록 제품 가치는 상승하며, 사회적 모방을 강화한다. 반대로 스놉 소비는 네트워크 효과와 반대 방향으로 작용한다.

4. 탐구 과정

❶ 소비 심리 관련 문헌과 사례 조사
❷ 현대 사회에서 유행, 희소성, 가격 과시와 연결된 소비 사례 수집
❸ 각 소비 유형이 사회적 지위, 유행, 경제적 선택에 미치는 영향 분석
❹ 네트워크 효과와의 관련성을 중심으로 소비 패턴 비교

5. 탐구 결과

밴드왜건 소비는 사회적 모방을 통해 유행을 확산시키며, 특정 제품이나 서비스의 빠른 시장 점유를 가능하게 한다.

스놉 소비는 희소성과 차별화를 중시하여 소수 고급 소비층의 수요를 창출한다.

베블런 소비는 과시적·지위적 욕구와 결합하여 고가 제품 시장을 형성한다.

각 소비 유형은 사회적 관계, 정보 흐름, 경제적 선택에 영향을 주며, 시장 구조와 가격 형성에도 기여한다.

6. 결론

밴드왜건, 스놉, 베블런 소비는 단순한 경제적 선택을 넘어, 사회적 가치, 지위, 유행과 연결된 복합적 소비 행위이다. 이러한 소비 유형은 기업의 마케팅 전략, 제품 개발, 가격 정책에 영향을 미치며, 사회적 행동과 문화 형

성에도 중요한 역할을 한다. 소비자의 심리와 사회적 맥락을 이해하면, 보다 효율적이고 공정한 시장 운영과 사회적 정책 설계가 가능하다.

조사형 보고서이며 아이디어를 얻어서 할 경우 직접 조사해 보고 결과를 작성하세요~
SNS와 밴드왜건 소비의 연관성 분석, 한정판·희귀 제품을 통한 스놉 소비 사례 연구, 명품 시장과 베블런 소비의 사회적·경제적 영향 분석, 네트워크 효과가 소비 패턴에 미치는 실제 사례 연구 등에 대한 탐구도 가능합니다.

바로 꺼내 쓰는
중고등
탐구
보고서